U0732616

张文台文丛

生态文明卷

中央文献出版社

图书在版编目（CIP）数据

张文台文丛·生态文明卷／张文台著．—北京：中央
文献出版社，2013.12

ISBN 978 - 7 - 5073 - 3963 - 5

Ⅰ.①张… Ⅱ.①张… Ⅲ.①张文台—文集②生态
文明—建设—中国—文集 Ⅳ.①Z427②X321.2 - 53

中国版本图书馆 CIP 数据核字（2013）第 282446 号

张文台文丛·生态文明卷

著　　者／张文台

责任编辑／李庆田

出版发行／中央文献出版社

地　　址／北京西四北大街前毛家湾 1 号

邮　　编／100017

网　　址／www. zywxpress. com

销售热线／010 - 63097018　66880064

经　　销／新华书店

排　　版／北京方方照排中心

印　　刷／深圳市国际彩印有限公司

710×1000mm　　16 开　　总 159. 75 印张　　总 1700 千字

2014 年 1 月第 1 版　　　　2014 年 1 月第 1 次印刷

ISBN 978 - 7 - 5073 - 3963 - 5　　总定价：468. 00 元（共 7 卷）

本社图书如存在印装质量问题，请与本社联系调换

版权所有　违者必究

张文台，男，汉族，中共党员，研究生学历，上将军衔。1942年生于山东胶州，1958年入伍。青年时就读于洛阳第八步校和解放军政治学院，中年时就读于国防大学和中央党校，曾担任过团副政委、政委，师副政委、政委，集团军副政委、政委，济南军区副政委、政委和中国人民解放军总后勤部政委等职务。中共第十三大、十六大代表，十六届中央委员。全国人大第八至十一届代表、第十届和十一届环境与资源保护委员会副主任委员。从事过军事、政治、后勤和环境资源保护等工作。

文台将军素有"军中儒将"之美誉，著书十几部、发表重要文章百余篇，多篇被主流媒体转载并被中组部、中宣部、中央党校、军事科学院等有关方面编入重要文献，在军内外产生了一定影响。

将军酷爱书法和诗词，先后三次获得全国全军书法大赛头等奖，并多次担任评委，发表过许多思想性和艺术性完美结合、有独特风格的诗词书法作品，还担任过备受关注的纪录片《毛泽东在1949》、《天下为公》和《绿色大业》顾问。现任中国书画联合会和中国毛泽东书法研究院顾问、北京将军诗书画研究会和北京戎马情怀诗书画院院长等职务。他文化修养扎实，理论功底深厚，实践体会颇多，演讲风格生动幽默、实在管用，涉猎广泛，经常应邀到党政军机关、干部培训学院、科研院所、大型企业、著名大学等单位讲演。演讲富有哲理，贴近实际，可操作性强，很受广大官兵和干部群众的欢迎。

出版说明

  《张文台文丛》是张文台将军在五十多年戎马生涯中著述的精品。张文台将军著述十余部，这次将军事科学出版社出版的《来自实践的领导艺术》、《来自实践的思想政治工作艺术》，中央文献出版社出版的《哲语论修》、《讲堂文思录》，华夏出版社出版的《聊天心语》，中央党校出版社出版的《生态文明建设论——领导干部需要把握的十个基本体系》，中国环境科学出版社出版的《生态文明十论》，人民文学出版社出版的《中国百名书法名家书录张文台将军诗三百首》、《病中抒怀》等著作进行修订，与新作《和谐吟》、《修心养性话健康》汇集一并出版，内容涉及政治、经济、军事、文化、企业、生态等各个方面，反映了他在政治工作、领导艺术、人生修养、企业管理、生态文明建设、健康养生及诗词等方面深厚的理论功底、丰富的实践经验和高尚的人格修养。

本书编委会

二〇一四年元旦

自　序

从士兵到上将，从小学到研究生，我军旅生涯半个多世纪，虽无过人之敏，但从不敢懈怠；虽出身贫寒，但从不放弃努力；虽身居要职，但从不主观武断；虽历尽坎坷，但从不怨天尤人；虽干群赞誉，但从不居功自傲。无论驻守海岛，锁钥渤海；还是经略中原，拱卫京津；无论沙场点兵，还是援建维稳；无论抗洪抢险，还是后勤保障；无论是政治理论研究，还是军事思想谋略学习；无论是环境保护、企业文化，还是古今养生、文化历史等，都能认真学习，周密思考；深入实际，调查研究；集思广益，探索规律；点滴积累，或编辑成文，或口头传授群众，共同提高，或写成文章著作，启迪后人。虽然内容形式不同、表达方法各异，但这些书稿都是来自于实践，集中群智，发自于内心，简明易记，操作性强，切实管用，在广大群众中广为流传和称道，也得到各级领导及专家们的一致好评和赞誉。

金杯银杯不如群众的口碑。群众的赞誉不是我学富五车、知识渊博，而是肯定我在现实生活中的深切感悟、体会，对实践调查与探索。由于工作忙碌，这些手稿多数形成于飞机上、旅途中以及集体学习讨论时，有的铭记在心，有的作为交流，并随时记录，日积月累，积少成多，便成此书。

应大家的邀请，我发表了不少的作品，也出版了一些专著。尽管内容涉猎广泛，也不是一个完整体系和风格，但其精神实质是完全一致的。这就是：一个人不管你职位高低，为人民服务的宗旨是一样的；不管你权力大小，集思广益的领导艺术是一样的；不管你从事什么行业，辩证思考的工作方法是一样的；不管你工作岗位如何变化，求真务实的工作作风是一样的；不管你待遇如何，艰苦奋斗的传统是一样的；不管你官位大小，身先士卒的要求是一样的；不管你工作中困难多少，改革创新的追求是一样的；不管你贫穷还是富贵，向往健康和幸福的目标是一样的；不管你文化高低，提高文化艺术修养的愿望是一样的等等。实践证明，万物一理，大道相通，一通百通。所以我们要努力做到古今贯通、中西贯通、文理贯通、文武贯通。任何人想在短暂的一生中要想干成几件事，做一个毫不利己专门利人的人，做一个有益于国家和人民的人，必须读万卷书，学习古人的知识，继承前人的优良传统，升华自己的思想境界；行万里路，学习实践的知识，不断与时俱进，跟上时代的步伐；拜万名师，学习群众的知识，把个人的经验与群众的智慧结合起来；历万般苦，形成自己的知识，提高自己的能力，指导工作实践。只有这样，才能做到像古人讲得那样："知天下之势，通天下之变，友天下之士，谋天下之策，求天下之利，留天下之名。"

　　愿本书能给您心灵上带来一些启迪，为实现中国梦尽一点微薄之力。

张文台

二〇一三年国庆节于北京

生态文明十论

姜春云题

2012 年，原中共中央政治局委员、中央书记处书记、国务院副总理、全国人大副委员长姜春云为中国环境科学出版社出版此卷时题写书名

目　　录

第四章　绿色的产业经济体系

第五章　先进的科技支撑体系

第六章　生态的企业运营体系

第七章　繁荣的生态文化体系

序　言*

　　党的十七大开启了建设生态文明的伟大征程。胡锦涛总书记指出：建设生态文明，基本形成节约能源资源和保护生态环境的产业结构、增长方式、消费模式。主要污染物排放得到有效控制，生态环境质量明显改善，生态文明观念在全社会牢固树立。人类文明由原始文明、农业文明和工业文明进入生态文明的新时代。生态文明建设使我国社会主义现代化建设的任务由经济建设、政治建设、文化建设、社会建设和党的建设五个建设向涵盖生态文明建设在内的六项战略性建设任务并举转移。

　　生态文明建设从现在和长远看，已经成为我们党转变发展理念，实现以人为本、全面协调可持续发展的重要指导思想。在哥本哈根全球气候变化会议之前，我国就宣布到2020年单位国内生产总值二氧化碳排放比2005年下降40%～45%，作为约束性指标纳入国民经济和社会发展中长期规划，并制定相应的国内统计、监测、考核办法。这种布置，被国外媒体盛赞为中国向世界亮出的"低碳路线图"。我国把应对气候变化作为国家经济社会发展的重大战略，增强全社会应对气候变化的意识，加快形成低碳绿色生产方式和消费方式。

　　张文台同志是一名从戎50多年的老战士和老党员，连续四届全国人大代表，并担任了两届全国人民代表大会环境与资源保护委员会副主任委员。他多次参加了国际、国内有关应对气候变化的高层次论坛会议，并提出了诸多独树一帜的见解和观点；他积极深入一线开展调研，总结实践经验，掌握了大量翔实的一手材料，撰写了《生态文明十论》著作，并由中国环境科学出版社出版发行。

　　生态文明理念还远没有牢固树立，生态文明实践也在摸索之中。该书的出版为社会各界提供了一本深入学习生态文明理论，把握生态文明实践的重要参考资料，很有意义。张文台同志为该书的出版付出辛勤的劳作，预祝该书胜利完成。

*此为 2012 年中国环境科学出版社出版的《生态文明十论》一书的序言。

第一章
坚强的领导决策体系

党的十七大报告指出"要按照科学执政、民主执政、依法执政的要求，改进领导班子思想作风，提高领导干部执政本领，改善领导方式和执政方式，健全领导体制，完善地方党委领导班子配备改革后的工作机制，把各级领导班子建设成为坚定贯彻党的理论和路线方针政策、善于领导科学发展的坚强领导集体。以加强领导班子执政能力建设，影响和带动全党，使党的全部工作始终符合时代要求和人民期待。"

这段论述系统而简明地阐述了领导班子建设的要求和目标。党章修正案在党的领导部分也写入了坚持科学执政、民主执政、依法执政，促进经济社会全面发展的内容。这是对全党首先是对各级领导班子的要求。

生态文明建设是胡锦涛总书记在党的十七大报告中确立的我国和谐社会建设、小康社会实现的重要奋斗目标。建设生态文明，首先要在组织领导体系方面下功夫，使生态文明有坚强的组织领导体系保障。

思想建设、执政能力，领导班子队伍建设，制度建设和考评机制，既构成了组织领导体系的重要组成部分，更是生态文明建设加强组织领导体系的着眼点、着力点。

第一节 统一思想 明确方向

一、深化认识理念是前提

采用什么样的指导思想进行生态文明建设，是检验领导班子执政能力水平的重要标志，是关系到生态文明建设的方向问题。我们要积极适应生态文明建设的客观要求，这就需要我们在实践中用党的实事求是的思想路线不断地校正生态文明建设的指导思想，以保证各级领导班子对生态文明建设事业实施正确的领导。在确定正确指导思想的过程中，领导集体的群体政治素质起着直接的和决定的作用；领导集体的工作指导思想正确了，也会有力地促进自身政治素质的提高。把树立正确指导思想和提高政治素质密切地结合起来，使之相辅相成，相互促进，非常关键，非常重要。

（一）对生态文明建设的"三个充分认识"

1. 充分认识建设生态文明推进科学发展的必然性

2009 年 11 月 17 日，胡锦涛主席和美国总统奥巴马举行会谈后发表的《中美联合声明》称：向绿色经济、低碳经济转型十分关键。声明表示，双方就气候变化问题进行了建设性和富有成效的对话。双方强调气候变化是我们时代的重大挑战之一。双方相信，应对气候变化应该尊重发展中国家把经济和社会发展作为优先事项，并相信向低碳经济转型是促进所有国家经济持续增长和可持续发展的机会。

2010 年，党的十七届五中全会通过的《中共中央关于制定国民经济和社会发展第十二个五年规划的建议》，首次明确提出以科学发展为主题，以加快转变经济发展方式为主线，以及提高生态文明水平的新要求，标志着环境保护真正进入经济社会发展的主干线、主战场和大舞台，成为加快转变经济发展方式、推动科学发展新局面的重要抓手，为从国家宏观战略层面和再生产全过程切入统筹解决环境问题创造了良好条件。这对于推动实现经济发展、社会进步、生态文明共赢具有重要的里程碑意义。

这种情况表明，生态文明成为一个国家、区域、行业和企业发挥竞争优势的必然。要在未来的竞争中取得一席之地，就必须从建设生态文明的战略高度高举生态文明旗帜、打生态文明品牌、走生态文明道路。无论是从区域功能定位、特定发展阶段看，还是从提升综合竞争力的现实需要看，我们都要充分认识高品质的生态环境就是稀缺要素和重要生产力，一个区域要及早培育和增强对新型生产要素的吸引力和集聚力。

2. 充分认识科学发展观和正确政绩观的统一性

在生态文明建设的实践中，要处理好"金山银山"和"绿水青山"的关系，一方面，要看到"绿水青山"是"金山银山"的基础和源泉。如果拼资源、拼环境、亦步亦趋走老路，虽有可能获得一时的发展，但是由此造成的生态破坏、环境污染和资源耗费，必将动摇区域发展的根本。必须在科学发展中建设和保护好"绿水青山"，确保我们的优势真优、优势长优、优势更优。另一方面，要在科学保护的前提下，在环境承载力的范围内，积极促进经济生态化、生态经济化，发展循环经济，不断夯实生态文明建设的物质基础。

3. 充分认识生态文明建设的长远性和艰巨性

整体来看，我国国民经济整体结构和区域经济发展都存在经济结构不合理和整体素质薄弱的制约，统筹发展与保护的难度较大，节能减排的压力较大，转变经济发展方式的任务很重；自主创新能力不强的瓶颈制约十分明显；生产力布局、人口布局还不能完全适应生态文明社会的内在要求。必须按照全面协调可持续发展的要求，既要立足于发挥生态优势，又要坚持发展是第一要务的社会主义初级阶段的基本国情，只有经济发展了，人民群众的生活水平提高了，生产、生活方式转变了，才能真正建设起生态文明。

实践使我们认识到：什么时候领导集体坚持了实事求是的思想路线，工作指导思想就树立正确，政治素质就高，各项事业建设就稳步发展，不断前进；反之，政治素质就低，各项事业建设就偏离正确方向，出现失误。

（二）生态文明思想建设应当坚持的"四项基本原则"

1. 实事求是，因地制宜

确立正确的指导思想离不开实事求是的思想路线。实事求是是党的思想路线的核心，是领导集体"一班人"最重要的政治素质。一个领导集体在想问题、作决策、办事情、抓工作的时候，能否做到从实际出发，讲究实效，正视问题，揭露矛盾，排除干扰，抵制错误，都与此密切相关。我们过去一些工作出现大起大落的问题，也往往是急于求成，提出不切实际的口号，被表面的"轰轰烈烈"冲昏头脑，看不到被掩盖着的问题。因此，领导集体在实事求是上做得怎么样，直接关系生态文明建设工作能否拥有正确的指导思想，影响着整个生态文明建设事业的发展。不求实的领导不是好领导，更带不出求实的工作班子。在生态文明建设中我们必须坚持的另一个重要的思想就是对生态文明要"全面建设区别对待"，也就是我们经常讲的，要具有自己的特点。我们国家太大，如此大的国家不能"一刀切"，实践证明这也是不可取的，我们要各有各的发展模式，各有各的发展道路，这样发展才会又好又快。

2. 以人为本，服务人民

确立正确的指导思想离不开对人民群众高度负责的精神。科学发展观的核心是以人为本，以科学发展观为指导的生态文明建设，也就必须将以人为本的精神摆在核心位置。坚持以人为本与建设生态文明是内在统一、和谐共生的。坚持以人为本，促进人的全面发展是一种新的发展理念，它并不仅指我们日常所理解的经济的、政治的、文化的、社会的等等各项指标的满足，而是认为人的需求是包括基本的物质需求在内的一系列复杂的社会的、文化的和精神的需求，它超越了纯粹的功利目的，以实现完整的人的全面发展和人的解放为终极目的。这种发展理念是在人与自然亲密关系的基础上向人本主义的真正复归，是人道主义和自然主义的真正统一。这种新的发展理念和生态文明的理念是统一的。建设生态文明以现实的人的生存状态为思考核心，以塑造人的完整性和人的自我实现为价值理想，力图通过人的实践活动，重建人与自然、人与社会、人与人的内在统一。在此意义上，建设生态文明与坚持以人为本紧密统一在一起，并且，只有二者的统一才能实现人对人的总体性的全面占有，才能实现人的真正自由。

一位领导、一届班子，如果对人民群众没有高度负责的精神，就谈不上政治素质。在树立正确指导思想的问题上，如何摆正对上负责与对下负责的关系，是各级反复强调的问题，也是领导班子应着力研究解决的问题。对上负责与对下负责应是一致的，不是对立的。摆正这个关系，立足点要放在对人民群众负责上，放在以人为本的博爱主义基础之上，把人民群众的事情做好了，就是从根本上对上级负责。我们应该悟出这样一个道理：对人民群众高度负责，就会着眼于长远建设，可持续发展，留下充足的资源，留下良好的生态环境，不将事业平台当作炫耀自身功绩的"展台"；就会注重经济社会的全面建设，扎扎实实地做好基础工作，不以经济发展速度论英雄；就会从实际出发执行上级的指示，创造出富有特色的经验，把对上负责与对下负责一致起来。

3. 联系群众，关注基层

密切联系群众是马克思主义群众观点在工作方法上的具体体现，是我们党的优良作风，是为生态文明建设确立正确指导思想的群众基础。能否坚持和发扬这一优良作风，是检验领导集体一班人政治素质高低的重要标志。密切联系群众的作风反映到生态文明建设上，就是要深入基层，调查研究，了解实际情况，倾听群众呼声，从实际出发制定政策，服务群众。是否联系群众，服务群众，在指导思想上反映得最为明显。有的领导干部随着职务的升高，离下面远了，对人民的感情有所淡化，想问题，办事情，考虑基层、考虑老百姓的少了，自觉不自觉地扩大了与基层的反差。这既是不正确树立指导思想的问题，也反映了群众观念的淡薄。不解决好对基层的感情和对老百姓的感情这两个根本问题，指导思想就不可能真正正确树立。

4. 常抓不懈，尽职尽责

职能意识，对领导干部而言，就是思想上要树立正确的生态文明观，政治要敏锐，工作要勤奋，作风要扎实，尽职尽责地做好本职工作。确立正确的指导思想离不开强烈的职能意识，为群众谋福祉是各级领导干部的根本职能，也是我们一切工作的出发点和归宿点。强烈的职能意识，不仅关系到生态文明建设的目的和方向，也反映着领导班子的政治素质。领导班子称职不称职是通过群众的满意度来体现的。领导班子在加强经济建设工作的同时，注重生态建设的思想始终不能忘，在各项工作头绪比较多的情况下，始终抓住生态文明建设这个经济发展的大前提不放松，从而确保社会各项事业协调发展。

二、提高执政能力是重点

（一）建设生态文明是执政理念的转变

党的十七届四中全会通过《中共中央关于加强和改进新形势下党的建设若干重大问题的决定》，是党执政转型的新起点。党的执政能力，就是党提出和运用正确的理论、路线、方针、政策和策略，领导制定及实施宪法和法律，采取科学的领导制度和领导方式，动员和组织人民依法管理国家和社会事业、经济和文化事业，有效治党治国治军，建设社会主义现代化国家的本领。简言之，执政能力就是党掌握和运用国家权力的本领。执政能力建设，从狭义上来说，应当是党自身素质、自身本领、自身水平的提高。从广义上来说，执政能力建设，应当从党的自身内在的执政素质、执政本领、执政水平、执政意识、理念、方略等等这些党的自身主观要素的提高，提升、扩大到党的执政基础、执政方式、执政体制、执政资源、执政环境等方面的建设。胡锦涛同志指出："以党的执政能力建设为重点，从党的执政理念、执政基础、执政方略、执政体制、执政方式、执政资源和执政环境等方面进行努力，全面加强和改进党的思想、组织、作风和制度建设。"

在我们党执政60年之际，在新中国取得60年辉煌成就的喜庆时刻，党的十七届四中全会以居安思危的强烈忧患意识，向全党发出谆谆告诫，全会《决定》的一个鲜明特点，就是始终贯穿了执政能力建设和先进性建设这条主线。这充分体现了我们党对先进性和执政地位问题的科学把握和清醒认知，体现了在我们这个十几亿人口大国长期执政的大党勇于直面现实考验、勇敢肩负历史使命的成熟和自信。党的十七届四中全会，充分肯定了党的十七届三中全会以来中央政治局的工作。一致认为，中央政治局全面贯彻党的十七大和十七届一中、二中、三中全会精神，"全面推进社会主义经济建设、政治建设、文化建设、社会建设以及生态文明建设，全面推进党的建设新的伟大工程，各项工作取得新进展"。这亦表明，生态文明建设从长远来看，将成为我们党着力转变发展方式，实现以人为本、全面协调可持续发展的重要理念和决心，成为当代共产党人为子孙后代生存发展的战略远见和历史责任。这是四中全会与生态文明建设关联度最高的一个亮点。

（二）建设生态文明是执政能力的提升

指导思想和执政理念经常讲，反复讲，但在实际工作中却出现了这样那样的问题。其中主要原因是因为树立正确的指导思想和执政理念是不断改造主观世界的过程，而主观世界的改造是一个长期和艰苦的过程。只有通过反复的学习整顿、回顾反思和调查研究，才能不断深化认识，解决影响树立正确指导思想的深层问题，实现新的飞跃。先进性的保持和执政地位的巩固，是我们党面临的永恒课题。对于一个马克思主义执政党来说，先进性不强，就会失去生命力、创造力和凝聚力，失去执政资格和人民信任；执政能力不高，不仅难以完成执政使命，还会动摇执政地位和执政基础。我们党要实现长期执政，始终走在时代前列，得到人民群众的拥护和支持，最核心的就是不断提高党的执政能力，保持和发展党的先进性。从根本上说，执政理念隐含在政党的执政活动之中，并通过各种执政活动回答"为谁执政"、"怎样执政"和"长期执政"的问题。生态文明建设是中国共产党执政理念现代化的逻辑发展：生态文明建设是中国共产党执政目的（为谁执政）的内在要求；生态文明建设是中国共产党执政手段（怎样执政）的运行结果；生态文明建设是中国共产党永葆生机（长期执政）的重要保证。

1. 学习理论是前提

任何科学理论的提出都是同特定的时代背景、历史条件和现实要求相联系的。首先，生态文明是针对当前我国经济、社会发展，特别针对人与环境、人与自然关系中存在的突出问题和矛盾提出来的。其次，生态文明是科学分析当前我国发展的阶段性特征作出的时代战略选择。再次，生态文明是党和国家在总结了过去各种经验教训，特别是改革开放30年来经济高速发展而对自然生态系统造成破坏后对工业文明反思、反省后做出的战略决策。第四，生态文明是我们党应对国际生态安全等因素做出的战略决策。生态文明具有十分丰富的内涵体系，既具有基于生态危机产生的国际国内现实动因，也有遵循国际国内法的法治动因，更具有深厚的社会科学和自然科学的环境伦理基础。

要在树立正确指导思想的过程中，扎实理论根底。这就要求我们各级领导干部必须狠抓学习，采取集中学习、干部培训、在职学习、邀请专家教授讲课等形式，学习邓小平理论、"三个代表"重要思想和科学发展观等理论知识。学习可持续发展、循环经济、低碳经济、绿色经济等先进的发展理念。坚定理想信念，研究当前的形势和政策，思考、探索生态文明建设的有效途径；通过学政治、学政策、学业务、学法律，进一步以科学发展观、生态文明观武装各级领导干部头脑，强化责任意识和忧患意识，以先进的理念指导发展。如果我们没有将科学发展理论作为基础，就不能执行正确的政治路线，就不能为生态文明建设树立正确的指导思想。

有些领导班子在理论学习中，经常反思这样一些问题：为什么一心想把工作搞好，而有些工作却搞不好，有的甚至产生了负效应？为什么一心想从实际出发，有时却脱离了实际？为什么有些问题发现后感到不对，但又讲不出更多的道理？为什么有些决策出发点是好的，却造成了基层执行者的忙乱？出现上述情况，有经验和方法问题，但主要的还是理论根底浅，把握不住事物发展的内在规律。毛泽东说过：感觉只解决现象问题，理论才解决本质问题。理论上的肤浅必然导致工作指导上的偏差，造成失误。在树立正确指导思想的过程中，通过理论学习，总结经验教训，研究生态文明建设各项工作的内在联系，找出主客观分离的表现和原因，把感情的认识理性化，把零碎的思想系统化，在批判错误东西的过程中，抛弃有悖于实际的思想方法，逐步掌握科学的世界观和方法论。领导称职不称职，合格不合格，需要在实际中学习并运用科学发展理论，反复磨练，使自己的思想不断地接近和符合客观实际。领导的思想离开了群众，就会成为无源之水，日趋枯竭；离开了实践，就会成为无本之木，腐朽变质。我们要在树立正确指导思想的过程中，不断吸取实践的营养，弥补认识上的不足，提高理论水平，指导新的实践。

2. 科学执政是基础

建设生态文明，是重大而紧迫的系统工程。科学执政是党对长期执政正反两方面经验的科学总结，体现了党对自己所处的历史方位和所承担的历史使命的清醒认识，是马克思主义政党成功执政的基础条件。科学执政是生态文明建设顺利进行的根本前提。生态文明建设必须以科学的价值理性为支撑，以尊重和维护生态环境为主旨，以可持续发展为根据，以未来人类的持续发展为着眼点，以强调人与自然环境的相互依存、相互促进、和谐共生为基础。2006 年，中共中央发布《体现科学发展观要求的地方党政领导班子和领导干部综合考核评价试行办法》，加大了环境保护指标在绩效考核中的分量。与此同时，中国开始进行绿色 GDP 核算，毅然抛弃了过去那种不科学的不算环境账的 GDP 考核体系，中国共产党对于环境保护的理念和行动的大大强化，表明一种明确而坚定的加强环境保护的科学执政理念的形成。

破除急功近利思想，科学执政，必须破除名利思想。这既是培养领导干部思想品质的要求，也是提高领导班子政治素质的要求。一般说来，领导班子成员担任领导职务以后，深感责任重大，为不辜负党的信任和培养往往急于在任期内出政绩，见成效，急功近利的短期行为自觉不自觉地产生了；在进行各项事业建设时，都存在互相攀比的现象，往往缺乏科学的规划、有效的措施和实干的精神。图虚名，搞形式主义，做表面文章的现象也会自觉不自觉地出现；在取得一定成绩的时候，往往容易背包袱，出了问题也不敢正视。这些影响树立正确指导思想的问题，或多或少地掺杂了一些名利思想。解决这个问题：一靠明理，把为人民服务的宗旨通过多种形式融于树立正确指导思想的全过程，在潜移默化中提高思想水平和政治觉悟；二靠约束，制定严格的规定，严肃处理为图虚名给生态文明建设事业造成损失的人和事；三靠监督，对名利思想的苗头及时提醒和教育，努力克服在萌芽状态。

3. 坚持不懈是关键

21 世纪是生态文明的世纪，这是社会历史发展的必然趋势。首先，生态文明是人类对工业文明造成生态危机从而危及人类生存的深刻反思的结果。这是人类社会孕育生态文明的内在因素和必要条件。其次，生产力的发展，特别是高科技的发展，使人类能够更加充分地发挥主观能动性，为生态文明的实现提供了可能和内在充分条件。第三，随着人类生态文明意识的不断提高和科学技术的不断发展，生态文明必将不断地向纵深发展，成为人类社会文明的主导。

建设生态文明是一项极其复杂的系统工程，要在树立正确指导思想、执政理念的过程中，增强排除干扰的能力。在进行生态文明建设过程中，出于各种因素，遇到来自各个方面的干扰是不可避免的。能否排除各种干扰，是关系到领导班子在政治上能不能把住方向、守住发展阵地的问题，也是判断领导班子政治上成熟与否的重要标志。辨别是非，排除干扰，把握方向，是领导班子成员必备的政治素质。干扰不管来自哪里，都不能看风向，赶势头，跟潮流，人云亦云。遇到涉及生态文明建设的重大问题，首先要看他是否符合科学发展观，凡是违背的要坚决抵制；其次要看他是否反映了历史发展的客观规律，勇于踢开阻碍历史车轮前进的"绊脚石"；第三要看他是否符合生态文明建设的实际，努力排除消极因素的影响；第四要看他在理论上能不能讲得清，实践中能不能行得通，讲不清、行不通的，就要坚决反对；第五要看他是否反映了大多数人的根本意愿。做到这些，排除干扰的能力就会增强，就能树立正确的指导思想。

三、深入解放思想是途径

（一）生态文明四大特征

就人与自然、人与社会、人与人关系的认识与实践而论，生态文明的主要特征，可以概括为，审视的整体性、调控的综合性、物质的循环性和发展的知识性。

审视的整体性。生态文明理念坚持以大自然生态圈整体运行规律的宏观视角，全面审视人类社会的发展问题。认为人类的一切活动都必须放在自然界的大格局中考量，按自然生态规律行事。经济社会发展，既要考虑人类生存与繁衍的需要，又必须顾及生态、资源、环境的承载力，以实现人与自然和谐，发展与环境同步、双赢。生态文明理念的实质，就是认定生态、环境是人类社会发展的基础，一切经济社会发展都要依托这个基础，从这个基础承载力的实际出发，任何超出这个基础承载力的发展，都将带来不良乃至得不偿失的后果。

调控的综合性。现代生态文明科学的显著特点，就是集生态学、经济学、社会学和其它自然、人文学科之大成，成为一门多学科相互联结的大跨度、复合型、融为一体的边缘学科。这种联结和组合，不是多个学科的简单相加，而是追求生态系统、经济系统和社会发展内在规律的有机统一，综合研究、分析、解决传统工业文明向现代生态文明转变中的重大问题。这种立足于大自然与人类发展全局的综合性研究，能够准确观察、判断整个人口、资源、环境、经济、社会、民生等的总体结构及其运行状况，找出诸多运行链条中究竟哪些是长的、强的，哪些是短的、弱的，从而提出恰当的调整优化对策，达到"全面、协调、可持续发展"的预想目标。

物质的循环性。能量转化、物质循环、信息传递，是全球所有生态系统最基本的功能和构成要素。实践证明，发展循环型生态经济和清洁生产，使经济活动变成为"资源—产品—废弃物—再生资源—无废弃物"的反馈或循环过程，是生态文明理念的重要体现，也是有效消除传统工业化"资源—产品—废弃物"这种简单直线生产方式弊病的有效举措。实践证明，循环型生态经济既可以大幅度提高经济增长质量、效益，培育新的经济增长点，又能从根本上节能降耗减排，做到资源消耗最小化、环境损害最低化、经济效益最大化。

发展的知识性。生态文明时代的经济发展，主要靠智力开发、科学知识和技术进步。人类已经进入知识经济时代，各种新知识、新技术、新工艺、新材料、新模式雨后春笋般地迅猛发展，特别是信息技术、生物技术的突破，正在从根本上改变人们的思维方式、生产方式和生活方式。科学技术真正变为"第一生产力"，人才资源成为"第一资源"，并转化为人力资本。这种大趋势把智力开发、技术进步推上了主导发展的"帅位"。随着时代的发展变化，人才、智力在生产力构成中的作用是大不相同的，其重要性在不断升级：在农业经济时代是"加数效应"，在工业经济时代是"倍数效应"，在生态与知识经济时代是"指数效应"。正因为如此，多年来西方发达国家一直在抢占人才、科技与知识的制高点，大幅度增加人力资本、人才培育、高新技术研发和应用的投资。

上述四大特征说明，生态文明是一场涉及思想观念、产业升级、发展方式转变的革命，需要解放思想，以革命的精神调整产业结构，转变发展方式，形成资源节约型和环境友好型的生产方式和消费模式。

（二）生态文明建设需破除三大障碍

首先，需要突破传统思维模式的障碍。改革开放以来，人们在打破计划经济模式的同时，也逐渐地形成了一套发展模式和路径，这些发展模式与路径虽然在经济起飞阶段发挥了重要作用，但随着经济社会发展阶段的升级，传统的思维模式成为建设生态文明的最大障碍。

其次，需要突破传统利益格局的障碍。在传统发展方式及思想观念的作用下，形成了一定的利益格局，造就了一批既得利益者，这些既得利益群体、部门或地区，曾经为改革开放和经济社会发展做出了重大贡献，并发挥了重要作用。但在生态文明建设过程中，势必要触动一些部门、地区、群体的既得利益，使他们产生抵触情绪或缺乏践行动力。

再次，需要突破传统体制机制的障碍。目前，建设生态文明的全新机制没有确立，而传统的经济管理体制、行政管理体制和社会管理体制又不完善、不到位和不配套，不仅与建设生态文明产生制度摩擦，而且还限制了建设生态文明的力度。

（三）解放思想的"四个抓手"

1. 科学制定发展决策

在制定生态文明建设工作的决策时，要处理好主观与客观的关系，防止主、客观分离。是按主观想象决策还是按客观规律办事，既是对领导班子政治素质的考验，又是树立正确指导思想的基础。正反两方面的经验告诉我们，在决策形成的过程中，要注意克服主观臆断，达到主、客观的有机统一。既不要强调客观，又要从实际出发；既要防止盲目蛮干，又不能谨小慎微，迈不开步伐；还要注意吸取以往决策方面的经验教训，避免决策相同或相似问题时，再次出现失误和偏差。

2. 理性看待工作得失

在生态文明建设工作取得成绩或出现停滞时，要摆正成绩与问题的关系，防止以偏概全。一个领导集体，在工作取得成绩或出现失误的时候，能否正确地把握自己和把握事业发展方向，也是对领导指导思想树立正确与否和政治素质高低的检验。在建设工作取得成绩的时候，不要头脑发热，看不到问题；在出现挫折的时候，不要灰心泄气，丧失信心。要做到成绩面前不居功自傲，多找问题和差距；失误面前不互相埋怨，多做鼓励和加油的工作。

3. 客观总结建设成果

正确的指导思想是建立在正确地分析生态文明建设形势和正确评估工作的基础之上的。怎样看待形势和评估工作？这里面就有一个衡量标准的问题。衡量一项工作开展的好坏，不能只看开了多少会，转发了多少上级文件，而主要应看在生态文明建设方面，为群众办了多少实事，解决了多少问题，地区内的生态环境面貌发生了多大变化。我们在评估工作时，要认真克服主观主义和功利主义，防止片面性和局限性。首先，要看是否符合上级的意图和全局的利益。凡是违背上级指示精神和整体工作要求的，即使在局部范围内能够取得成效，也不应鼓励和提倡。其次，要看是否符合提高生态文明建设能力的标准。凡是不利于提高生态文明建设水平的工作，都是毫无意义的。第三，要看是否有利于打牢生态文明建设的基础。凡是损害生态文明建设基础的工作，成效越大越有害。第四，还要看有没有发展潜力，没有生命力的东西是不能长久的。不能只看一时一事的成绩和问题，还要看发展的势头和后劲。

4. 正确处理不同意见

在领导集体内部出现不同意见时，要处理好事实和面子的关系，防止中庸主义的倾向。在领导成员之间，由于受理论水平高低、实践深浅、经验多寡、主观意识和对客观事物了解程度不同等限制，在讨论决定重大问题的时候，发生意见分歧是在所难免的。在这种情况下是坚持原则，按客观事物的规律办事，还是放弃原则，照顾面子？当然应该在坚持原则，服从事实的前提下，讲风格、讲友谊，要尊重客观事实，讲真理不讲面子。同时，要找准分歧的原因，对照中央的指示精神，广泛听取群众意见，明确分歧的性质，区别认识问题和意识问题，开展批评与自我批评，把思想统一到正确的方向上来，从而提高议事水平和决策能力，保证正确指导思想的确立。

案例：

迈入新世纪以来，贵阳市委、市政府探寻到了贵阳市城市发展"航向"——走生态文明之路。2007 年 12 月，该市正式提出了建设生态文明城市的战略发展思路。

2007 年 12 月，建设生态文明城市的战略发展思路提出后，贵阳便开始奋力发展服务业。从贵阳市《关于促进服务业发展的若干政策措施》可以看出，"生态产业"让贵阳市的产业结构具有了更丰富、更科学的内涵。比如"加快发展旅游业"、"加快发展会展业"、"大力发展现代物流业"等，而对服务业发展实行"以奖代补"办法，更体现出贵阳要将实现产业结构向生态化"转型升级"的战略选择。今年前三季度，该市旅游业总收入233.5 亿元，同比增长 58.4%。

　　贵阳市委发布公告，将《贵阳市建设生态文明城市责任分解表》公布，并在贵阳市各大媒体重要位置刊登。分解表详细分解了贵阳市刚出台的《中共贵阳市委关于建设生态文明城市的决定》，明确了各项目标任务的负责人、责任单位以及完成时限。该市市委、市政府等20位市领导分领100多项目标任务。公告指出，公布分解表，目的在于"请广大群众和各界人士监督实施"。

　　为确保建设生态文明城市的各项工作任务落到实处，达到预期目标，贵阳市委对《决定》进行了责任分解，明确了负责人、责任单位以及完成时限。

第二节 建强班子 抓住关键

当前的生态文明建设对各级领导班子建设提出了更高的要求和标准。2006 年 4 月，胡锦涛总书记在江苏考察时指出，贯彻中央的路线方针政策和工作部署，做好改革发展稳定的各项工作关键在各级领导班子和领导干部。关心一个地方的发展，首先要关心这个地方的领导班子建设；支持一个地方的发展，首先要帮助这个地方把领导班子建设好。怎样确保和坚持领导班子的高质量建设，是保障生态文明建设顺利实施的一个重要问题。强化队伍建设、高质量组建领导班子，这就要求在各级领导班子中配备和使用一批懂得科学发展、善于协调发展的干部，切实提高各级领导干部的执政能力，提高科学决策的水平。建立健全科学公正的用人机制，把实干作为检验和评价干部的重要标准，鼓励使用思想解放、思路开阔、善于打开局面的干部，使想干事、敢干事、能干事的干部脱颖而出。

一、打造"四型"领导班子

（一）从选拔入手，建设效能型领导班子

生态文明的核心要义是实现可持续发展，促进和实现经济社会的全面、协调和可持续。各级领导班子的执政效能最终必须体现在促进经济社会发展的效果上，而领导班

子的执政效能很大程度上取决于领导班子成员个体能力高低和结构搭配科学程度。

在领导班子建设中，要继续弘扬党的优良传统，树立共同的奋斗理念，认真贯彻落实民主集中制，按照集体领导、民主集中、个别酝酿、会议决定的原则，完善并严格执行领导集体内部的议事规则和决策程序。建立健全密切联系群众的长效机制，把人民群众的智慧和力量凝聚起来，切实维护人民群众的根本利益，不断改善人民群众的生态环境状况。

要按照科学发展观和生态文明建设的内在要求，选好人、用准人、配强班子，增强各级班子的整体功能和效能。一要在"选"字上下功夫。要树立新时期的德才标准，坚持客观、公正、公平、公开的原则，围绕践行科学发展观、建设生态文明和正确的政绩观选人用人，围绕中心工作选人用人，选拔一批"靠得住、有本事、作风正、民意好"的干部。二要在"配"字上下功夫。在班子配备上要充分考虑领导班子的知识、能力等实际需求，做到因岗用人、因才用人，人尽其才、才尽其用。要注意班子成员的专业、性格、个性、年龄的搭配，形成专业上的互补、性格上的默契、个性上的共容、年龄梯次上的合理，优化领导班子的结构要素。要注重完善党委领导体制和工作机制，减少、避免党政分工重叠，提高工作效率和执政水平。

（二）从管理入手，建设干事型领导班子

科学发展观的本质和核心是以人为本，生态文明建设的目标还是实现人的全面和自由发展。当前，班子建设在一定程度上存在重选拔、轻管理的现象，缺乏干事创业的

良好氛围，致使有的地方班子成员的观念难转变、能力难提高、事业难干成。为此，必须从加强管理入手，建设干事型班子。

首先要善于团结人。共同理念是指班子成员心往一处想。共同理念的基础是把自己的职位和职责看成是党和人民赋予的责任，班子成员走到一起是为了共谋各项事业的科学发展。共同理念的实质就是指班子成员世界观、方法论、全局观的一致，政治思想、管理理念和全局性工作目标的一致。只有实现这些共同性，不同年龄、性别、性格、风格，不同学科背景，不同经历，不同工作能力和方式的班子成员才能真正走到一起，和谐工作。

其次要精心培育人。要适应新时期生态文明建设的需要，以提高素质能力为目标，加强对干部特别是领导干部的培训。要从思想教育入手，培养开拓创新精神，培育想干事、敢干事的领导班子。要构建多形式、多层次、开放性、立体化的教育体系，以人本思想提高领导干部的综合素质，重点培养学习能力、实践能力和创新能力，进而用新的观念、新的思维、新的办法去判断新形势、解决新问题、化解新矛盾，培育能干事的领导班子。

第三要善于引导人。要引导各级领导干部树立正确的世界观、人生观、价值观、政绩观，增强政治意识、大局意识和忧患意识。要引导他们克服重学历轻能力、重资历轻业绩的倾向，让想干事的有机会、能干事的给岗位、干成事的给地位，形成重实干、办实事、求实效的正确政绩导向。

第四要注重激励人。要建立健全适合领导班子特点的激励机制，使执政为民、政绩突出的得到褒奖，形成敢干事、能干事、干成事的良好环境，使干部的"潜能"转化为"业绩"，保护干部干事创业的活力。

（三）从考核入手，建设民意型领导班子

生态文明建设强调的是经济、政治、文化、生态、社会等各方面的全面发展。用生态文明建设的内在要求考核评价领导干部的政绩，有利于走出单纯以经济指标评价政绩的误区。当前，在干部考核评价工作中不同程度地存在着群众参与不够、考核面不宽、信息量不大等问题。要进一步完善干部考核办法，以工作实绩、群众满意度为重点，在干部考核评价工作中进一步扩大民主、尊重民意，把各级领导班子建设成为群众公认的民意型班子。在考核预告中，要拓宽群众参与的途径，将有关情况及时在新闻媒体、政府网站公布，增强群众参与和监督的公开性和透明度。在民主测评环节中，要注重代表的广泛性，把不同阶层的代表列为参评人员。在个人访谈中，在尊重多数人的意见的同时，要考虑少数人的意见，综合分析，区别对待，全面掌握干部的情况。在实绩分析评定中，一方面要利用职能部门对相关指标进行考核评价，在内容设计上要紧扣物质文明、政治文明、精神文明、生态文明建设和党的建设等方面，充分体现科学发展观的要求；另一方面要直接通过民意调查进行考核评价，把"群众满意不满意"作为实绩考核的关键依据。

（四）从监督入手，建设清廉型领导班子

科学发展观和生态文明建设强调"以人为本"，既把人民群众作为推动经济社会发展的主体和力量，又把实现好、维护好、发展好最广大人民的根本利益作为工作的出发点和落脚点。作为推进社会进步主体力量的人民群众加强对各级领导干部监督，既是落实科学发展观、建设生态文明的必然要求，也是保证干部始终保持清正廉洁的有效手段。监督领导干部难，监督"一把手"更难，必须持之以恒地全程监督。一要加强事前监督。要树立防患于未然思想，从制度和机制方面下功夫，坚持集体决策，避免不必要的失误。二要加强事中监督。对领导干部在实施领导行为和落实工作部署过程中的措施、途径、手段和运行状态，及时了解掌握、跟踪指导。对那些已存在问题的干部，通过考察反馈、诫勉谈话、民主生活会、组织函询等方式进行提醒、教育和纠正。三要加强事后监督。通过年度考核、来信来访、任中和离任审计等手段，调查了解干部的政绩。通过对干部实施全过程的监督，防止出现并及时纠正违背科学发展观的做法和急于求成、急功近利的心态。

二、培养四种基本素质

各级领导班子必须切实搞好自身建设，切实担负起领导人民群众建设生态文明的重任，关键是要着眼于各地生态文明建设发展的实际需要，努力提高驾驭全局、科学决策、解决问题和统筹各项事业协调发展的基本素质。

（一）驾驭全局的素质

驾驭全局首先要了解全局，掌握全局。生态文明建设工作的头绪多、任务重，面临的新情况新问题比较多，只有加强思想政治领导，才能保持生态文明建设的正确方向，确保领导班子政治上的坚定性。这就要求领导班子成员必须坚持用科学发展观和生态文明的思想理论武装头脑。不论是班子集体还是每个成员，都要始终关注形势，关注大事，关注生态文明建设的最新动态，通过勤奋学习，增强政治上的坚定性和敏感性，善于从政治上观察分析问题，在大是大非面前头脑清醒，立场坚定；要认真学习党中央、国务院对生态文明建设的方针、政策和指示，并在实际工作中不折不扣地贯彻执行好，不另打"小算盘"，另出"土政策"；无论发生何种状况，都能时刻坚持生态文明建设的方向不动摇；能切实加强对生态文明建设的政治领导，不断提高新形势下掌控全局的能力，以高超的领导艺术投身生态文明建设事业，保持生态文明建设的正确方向。

（二）科学决策的素质

思路决定出路，领导最大的失误就是决策失误。当下各级领导班子都面临着决策内容多、难度大的问题，能不能科学决策，成为衡量一个领导集体成熟不成熟的重要标志。科学决策，关键是要按照民主集中制原则办事。决策前，多在调查研究、掌握真实情况上下功夫，注意加强对上级指示的学习和理解，尤其要始终注意方针、政策问题的把握，摸清下面基层的情况；决策中，要充分发扬民主，搞好上级指示和下级情况的结合，特别是对生态文明建设这一新生事物的决策，首先要学习好有关的政策规定，掌握决策的法规依据，"先议政，后议事"，听取方方面面的意见；决策后，要明确责任，分工抓好落实。领导集体的一把手在决策中要站得更高一些，看得更远一些，想得更深一些，不能"高人一等"，但要"高人一筹"；既要防止"一言堂"，又要防止议而不决，这样才能使领导决策体现上级的指示精神，符合生态文明建设的实际情况，经得起实践的检验和历史的检验。

（三）解决问题的素质

改革创新，积极探索，是提高领导解决实际问题能力的必然要求。要以探索新形势下的生态文明建设特点和规律为突破口，解决好生态文明建设面临的主要问题，开创新的局面。一方面要保持工作的连续性，坚持过去好的经验和做法、不轻易丢掉。另一方面，不能满足于已经取得的成绩，不能满足于已经形成的工作局面，积极谋求新的发展，显得不足的工作要加把劲，在探索新形势下的生态文明建设特点和规律上有所作为。现在，困扰生态文明建设的实际问题比较多，要改变思维方式和工作方法，不等不靠积极主动地去解决，每年解决几件事关生态文件建设全局的重点难点问题，不解决问题不撒手，这就是能力，就是政绩。如果一味地等、靠，主观不努力，一些长期困扰的难题总得不到解决，这样的领导班子就不能说是有能力的班子。在解决难点问题的过程中，要做到区别对待：下级自身能解决的，要督促他们自己解决，不能大包大揽；需要上级解决的，要及时给予解决，不能推诿扯皮；本级解决不了的问题，要积极向上反映，争取上级的支持和帮助，不能掩盖不报。在涉及生态文明建设的资金、税收政策等方面，各级领导班子必须坚持办实事，坚持量力而行，量入而出。各项建设经费都要向事关人民群众切身利益的事情倾斜，能办一件是一件，能解决多少算多少，不能贪大求全，只要我们树立正确思想，办法总比困难多，一定能够在生态文明建设工作上有所作为。

（四）抓好落实的素质

抓落实，不仅是个工作方法和工作作风问题，也是衡量领导干部能不能搞好生态文明建设的一个重要标志。抓好落实，生态文明建设事业就有无限生机，就有锦绣前程。不抓落实，再好的蓝图也是废纸一张。在全球气候变化和低碳绿色成为时代主潮流的背景下，各级领导干部要以强烈的政治责任感、时代感和事业心，坚持创造性，发扬坚韧性，形成导向性，切实抓好落实。

坚持创造性，就是要善于把中央的路线方针政策，同本地区本部门的实际结合起来。我国幅员辽阔，各地区各部门的情况不尽相同，贯彻中央的方针政策和各项工作部署，必须坚持从本地本部门实际出发，制定切实可行的办法和措施。那种不顾实际情况，生搬硬套的做法，表面看好像对中央的指示执行得很坚决，实际上是懒汉作风、形式主义，其结果必定贻误工作，贻误事业。创造性地开展工作，就要认真学好中央的方针政策，正确领会和把握精神实质，解决好为什么干和怎么干的问题。要在深入调查研究，摸清本地区本部门的实际情况上下功夫，统揽全局，理清思路，把握重点，不断进行探索和创新，找出解决问题的新路子、新办法。

发扬坚韧性，就是要大力发扬百折不挠、埋头苦干的工作作风。抓落实，是把决策变为人们的实践活动、由认识世界到改造世界的过程。在这一过程中，必然会遇到许多难以预料的困难、问题和风险，有些工作特别是一些改革措施还会触及一部分人的利益。各级领导干部一定要有无私无畏的勇气、良好的精神状态和顽强的意志，有一股不达目的决不罢休的韧劲，既不为取得了一些成绩而骄傲自满，固步自封，也不为出现了困难而动摇斗志，畏缩不前。我们的事业就是在不断克服困难中推进的。没有困难的事业是不存在的，伟大的事业是在艰难中孕育的。

形成导向性，就是要形成正确的用人导向和真抓实干的良好氛围。用一个干部，就是树一面旗帜，就会在一个地方、一个部门形成或好或坏的氛围。一些弄虚作假、形式主义、官僚主义严重的地方，往往同用人导向有关。评价一个干部，重要的不是看他说什么，而是看他做什么。对德才素质好、埋头苦干、有创造、有成绩的干部，要表扬鼓励；对"唱功"好、做功差、夸夸其谈的干部，要帮助改正；对玩忽职守，给党的事业造成损失的干部，要追究责任。

案例：

江苏省国土面积较小、人口高度密集、能源资源比较匮乏、污染负荷较重，经济持续高速增长与资源环境承载力逐步下降已经形成了非常突出的现实矛盾，建设生态文明尤为重要。近年来，省委、省政府领导班子将建设生态文明作为江苏经济社会发展的重要任务，坚持率先发展、科学发展、和谐发展，实现富民优先、科教优先、环保优先、节约优先，协调推进改革发展稳定各项工作，狠抓太湖治理、节能减排、结构调整，在"推动科学发展、建设美好江苏"的道路上迈出了坚实步伐。实践证明，重视生态文明建设的领导班子，是对一个地区长远与根本负责的领导班子，是有远见卓识的领导班子。江苏领导班子积极做到一是要在体制机制建设上带好头，加强组织领导，明确责任分工；二是要在生态经济文明建设上带好头；三是要在生态环境文明建设上带好头；四是要在生态文化建设上带好头。

第三节　改革制度　有序推进

一、建立三套基本制度

制度带有根本性、全局性、稳定性和长期性。制度建设要以科学发展观为指导。科学发展观是我们党新阶段治国理政、富国安邦的根本指针和行动纲领，科学发展观，第一要义是发展，核心是以人为本，基本要求是全面协调可持续，根本方法是统筹兼顾。制度建设必须要以科学发展观为指导，以促进和谐社会建设为目标，全面体现科学发展观和构建和谐社会的本质要求，积极认真探索和把握新形势下的社会、工作特点及规律，适应发展需要，实现制度建设的与时俱进。制度建设要保证科学发展观的落实，及时解决妨碍科学发展的突出问题。

（一）要建立健全一套全面科学的政绩考核考评体系，完备的考核制度和奖惩制度

用正确的政绩导向促使领导干部增强落实科学发展的自觉性和坚定性，防止搞违背科学发展、违背人民群众利益和意愿的"政绩工程"、"形象工程"。

（二）要建立一套公平、公正、科学、规范、民主的选人用人制度

要选出党性强、思想品德好、有能力、讲正气、勇于

创新、乐于奉献的人。建立科学合理公平的用人管人制度，才能培养和发现一大批德才兼备、具有创新胆识和魄力、善于开拓创新的优秀人才。健全科学合理公平的用人管人制度，同时能充分调动和发挥全体人员的积极性、主动性、创造性；能营造一个单位、部门乃至整个社会蓬勃向上奋发进取的朝气。

（三）要突出体现以维护人民群众切身利益为导向的制度

要把实现好、维护好、发展好最广大人民群众的根本利益作为制定制度的出发点和落脚点。要建立健全民主决策、决策咨询、政务公开、民主监督、诉求投诉等制度，要以制度为抓手，解决好焦点、难点问题。

我们要按照党的十七大的要求，坚持把制度建设贯穿于工作的各个方面，既用制度来促进党的思想、组织、作风建设和反腐倡廉建设的深入开展，又用制度建设来巩固党的各方面建设取得的成果，切实做到用制度管权、用制度管事、用制度管人。制度建设要突出"能用"和"管用"。

首先，制度建设要在"能用"上下功夫。这就要求制度建设要形成健全科学严密的制度体系，制度既要有适用性、合理性，又要其规范性具体化。中央的政策有很强的指导性、针对性，这些政策能否在我们基层落实实施，就在于我们制度的"具体化"来体现。力求具体化，才能避免打折扣、流于形式。为此，要做到：一是坚持实事求是的原则，从本地本部门的实际出发，来具体化体现中央精神，体现大政精神实质和实际情况需要；二是制定配套的符合基层实际的具体实施措施和办法，提出的要求要更加细致、明晰，具有可操作性；三是把具体的要求程序化，要有配套完善的制度来监管、督查制度的执行。

其次，制度建设要在"管用"上下功夫。制度的根本在于有效执行，再好的制度如果不能得到有效的执行，就会导致形同虚设，导致人们对制度的漠视。要制度"管用"，必须要使制度的执行力求刚性化，为此要做到：第一，制度要注重有力度，动真碰硬，不能避重就轻，体现严格严密；第二，制度要注重强化作用，就是强化刚性规定，强化原则性要求；突出强化对干部的约束作用、带头作用；第三，制度要注重系统化，各项制度有相互促进、相互依赖性，只有做到制度的系统性，相互配套和相互衔接，才能形成综合效应，才能更加"管用"。

二、完善四个有效机制

在生态文明背后起主导作用的是制度因素，不能低估制度安排对生态文明建设的引导作用。胡锦涛总书记在党的十七大报告中指出要"建立健全资源有偿使用制度和生态环境补偿机制"。健全的生态法律制度不仅是生态文明的标志，而且是生态保护的最后屏障。法律制度是文明的产物，它标示着文明进步的程度，其作用在于用刚性的制度约束人类的不文明行为，惩罚破坏文明的行为。建设社会主义生态文明，全面实现社会主义小康社会目标必须发挥社会主义法治的优势，要充分发挥制度安排对生态文明建设的引导作用，制定完备的、可操作性强的制度去落实生态文明的各种具体要求，通过制度去规范人的各种可能影响环境的行为，强化生态环境教育制度，落实生态环境保护法治，建立生态经济激励制度，从而保护生态环境。

首先，要强化生态环境教育制度。生态环境教育对于保护环境、建设社会主义生态文明具有相当重要的意义。人类对待自然环境过去所采取的不友好行为，和人类对于自然环境认识能力的有限性有关，更和人类形成的有严重局限的文明观念有关。通过环境教育，个人能够意识到自然环境对于我们生存、生产的重要意义，能够意识到人类对于自然认识的有限性与自然环境各部分、各要素的系统性、整体性，也认识到良好的自然生态环境对于我们人类精神心灵的重要性。

只有具备了这些意识，人们才会采取正确的态度对待自然生态环境，在维护自然生态环境可持续的前提下对自然资源进行合理利用、开发与保护。只有通过深入开展社会主义生态文明教育，使得生态文明观念在全社会牢固树立，人人知晓生态环境对于自身、社会与国家的重要性，并且在实践的过程中采取有效方法去节约自然资源，生态环境的保护才会成为现实。

其次，落实生态保护法治。要依据落实科学发展观与建设社会主义生态文明的要求，制订与修改一系列有助于社会主义生态文明建设、保护生态环境的法律法规，并且强化这些法律的监督与检查，使之能够得到贯彻落实，真正做到"有法可依、有法必依、违法必究、执法必严"。通过法律保障生态文明建设的各项制度措施的落实与执行，在经济上大力支持清洁生产、大力发展循环经济，在政治上注重对政府环境绩效的考核，在文化上大力宣传社会主义生态文明。

再次，推进公众参与制度。依法保障公众环境参与权。公众参与环境保护不仅有助于环境政策制定与决策过程中各种利益的协调，增强环境决策的正确性，还有助于环境监管部门及时了解、获取各种环境信息，便于及时、准确地制止、处罚环境违法行为。正是因为公众参与环境管理具有非常多的优点，许多国际环境保护公约或文件都专门规定公众参与环境管理的制度。我们也需要制定公众参与环境事务的法律制度，激发公众参与环境保护的热情，推动公众依法参与环境保护事业。

最后，建立生态激励制度。要吸收西方社会治理环境的经验与教训，利用我国社会主义市场经济体制，发挥自身优势，采取各种有效经济手段激励民众、企业、政府保护生态环境。可以在产权制度、价格制度与税收制度等领域大做文章，充分落实污染者治理、污染者负担成本的原则，把企业生产污染环境的外部成本内部化，推动企业提高资源利用效率、节约能源和减少污染物排放。

三、提升三种能力水平

坚持生态文明的发展道路，要靠制度保障。要推进体制机制建设，夯实建设生态文明的制度基础。

（一）提升依法履职水平

支持人民代表大会依法履行职能，切实加强人大常委会制度建设。充分发挥人民政协和各民主党派的作用，推进政治协商、民主监督、参政议政制度建设。要积极发展基层民主，健全基层自治组织和民主管理制度。规范城市社区居委会直选，完善村民自治组织建设，推进企业民主管理。

（二）提升依法执法水平

要把建设生态文明的科学构想、思路举措、经验做法上升为法规规章，使其成为一种规范化、法制化、长期化的要求，持之以恒地贯彻到经济社会发展的各个方面和现代化建设的全过程。要强化依法行政，严格按照法定权限和程序行使职权、履行职责。大力推进公正司法，落实审判公开、检务公开制度，提高司法工作的效率和透明度。

从当前我国环境执法情况看，《中华人民共和国环境保护法》制定并实施二十多年，已有一定的立法、执法实践。目前，当务之急是要严格落实环境责任追究制度，尤其是刑事责任的追究制度，加大对违法超标排污企业的处罚力度，严惩环境违法行为。同时，要尽快补充修订相关环境保护法律法规，明确界定环境产权，并建立独立的不受行政区划限制的专门环境资源管理机构，克服生态治理中的"地方保护主义"行为。要加快建立健全生态法律制度体系，以制度规范人与自然的和谐关系，从而实现经济社会的可持续发展。

（三）提升依法行政水平

要建立起完善的具有地方特色的行政管理体制和政府组织结构；切实转变政府职能，进一步减少审批事项，压缩审批环节，加快审批流程；精简和规范各类议事协调机构及其办事机构，健全各部门协调配合机制。

四、抓住两项关键重点

（一）领导机制要抓责任，在解决问题上见成效

领导机制的完善是推进制度建设的第一要素，其重点在于要抓责任，并且在解决问题上见成效。因此，从严治政，切实加强和改进党的领导，不断提高各级党组织的创造力、凝聚力和战斗力，这为推进生态文明建设提供了强有力的政治组织保障。

1. 学习中央精神，制定专项规划

当前可以重点开展的建设任务具体包括：一是以生态经济理论为指导，推进循环经济、生态产业体系建设；二是以资源保护和恢复为重点，推进自然资源可持续利用的保障体系建设；三是以环境保护和生态建设为重点，推进山川秀美的生态环境体系建设；四是以城镇和新农村建设为重点，推进人与自然和谐的生态人居体系建设；五是以科技创新和基础能力建设为重点，推进高效、稳定的智力能力保障体系建设；六是以可持续发展、生态文明建设为重点，倡导绿色生产观、消费观，推进生态文化体系建设。

2. 成立由一把手亲自抓、负总责的专门机构

在中央部门的领导下，完善生态文明建设的体制机制，统筹协调推进生态文明建设工作，各地方领导部门均应根据各地生态文明建设工作的实际需要，成立相应的生态文明建设领导工作组，并由领导班子的一把手担任组长，各相关单位作为成员单位，统筹协调推进生态文明建设工作，确保生态文明建设各项工作部署落到实处。生态文明建设

工作组要学习并传达中央、上级对生态文明建设工作的指示精神，加强成员单位的沟通协调，研究制定年度计划，部署有关工作，并在各方监督下将生态文明建设工作切实的贯彻落实下去。

3. 听取专门汇报，进行专题研究

生态文明建设工作是一项长期且艰巨的工作，如何不断深化、推进生态文明建设工作，是目前各级领导面临的共性问题。解决这一问题的关键在于，各级生态文明建设领导部门要由相关负责同志带队，抓落实，推创新，大胆探索、大胆实践。同时，各级人大常委会要定期和不定期听取生态文明建设工作汇报，进行专题研究，针对目前存在的问题及时地提出整改建议，通过不断完善节约能源资源和保护生态环境的法规、规章，不断健全可持续发展的体制机制，把生态文明建设纳入依法治理的轨道，为其提供有力保障；各级领导班子要定期对本地区生态文明建设工作进行全面总结，形成专题报告。在肯定现有成绩、找出薄弱环节的基础上，明确下一步工作重点和建设对策措施。通过对生态文明建设工作进行动员、部署，坚持做到对生态文明建设工作进行层层把关，积极推动生态文明建设工作的深入开展。

（二）组织机构要抓素质，在发挥作用上见成效

1. 领导机关共同关注，形成齐抓共建的工作合力

各地方领导机关在充分理解生态文明内涵的基础上，进一步明确各地战略发展模式，并以节约能源资源和保护生态环境的产业结构、增长方式与消费模式三大支柱作为生态文明建设的基础。各级党委、人大、政府、政协等领

导机关，要做到思想上高度重视，认识上高度统一，把生态文明建设工作摆上更加突出的位置。各级宣传部门要统筹组织，各媒体积极介入，并采取专家访谈、拍摄系列专题片等多种形式，对生态文明的观念、理论、典型范例等进行广泛宣传。

2. 职能部门联手推进，形成社会广泛参与的工作局面

发改委、环保、财政、建设、国土资源、农业、水利、林业、宣传、教育等各级各有关部门要按照职责分工，各负其责，各司其职，搞好配合，做到组织到位、责任到位、投入到位、措施到位，努力形成分级负责、各部门整体联动、全社会广泛参与的生态文明建设机制。进一步完善生态文明建设的体制机制，从实际出发，立足当前，着眼长远，明确目标，突出重点，抓好试点示范；加强组织协调，集中社会各界的智慧和力量，发挥人民群众在生态文明建设中的主体作用，形成生态文明建设的强大合力。严格执行推动生态建设和环境保护工作的各项政策措施，各级部门上下综合施策，形成"政府统一领导、部门分工负责、社会公众监督、企业依法治污、信息公开透明、全民广泛参与"的工作合力，构建生态建设和环境保护的政策法规体系和监督落实机制。

案例：

2004 年以来，浙江省按照建设生态省的战略部署，先后实施了两轮为期三年的"811"环境保护行动，生态环境保护工作取得明显的阶段性成效，在发展中保护、在保护中发展的格局已经基本形成。浙江省委、省政府在部署第二轮"811"环境保护行动（2008—2010 年）中明确提出，

要加快推进环境保护制度创新。2008 年初，浙江省政府印发的《"811"环境保护新三年行动实施方案》已经就环境保护制度创新提出了一系列具体要求。2009 年 5 月，浙江省委十二届五次全会《关于深化改革开放推动科学发展的决定》进一步从总体上对创新生态环保体制机制提出了要求。与此同时，2009 年浙江省委书记赵洪祝又亲自主持生态文明建设课题研究，其中的一项重点就是环境保护制度创新。总结两轮"811"环境保护行动的实践经验，综合近些年来特别是 2009 年以来各方面的研究和探索，下一步浙江省在环境保护制度创新上要着重把握以下三个方面：一、要充分体现科学发展观和生态文明建设的要求，进一步确立环境保护制度创新的总体目标；二、要紧紧围绕环境保护六大体系建设，系统谋划环境保护的制度创新；三、要紧密结合生态省建设和"811"环境保护新三年行动的实际，着力推进近期的重点改革和创新工作。

第四节　科学考核　有效评估

深入开展生态文明建设工作迫切需要建立与之相应的科学的生态文明建设评价体系，即在经济、社会、生态和人的发展等方面制定符合生态文明建设的统计指标体系和核算方法，把生态文明建设的目标和要求转化为可考核的客观标准，形成正确的评价导向。同时，建立科学的政绩考评体系，对各级领导班子和领导干部在经济建设、政治建设、社会建设、文化建设、党的建设、生态文明建设等方面工作业绩进行考核评价，以科学的考评促进发展。

一、建立符合生态文明建设要求的综合评价体系

（一）建立符合生态文明建设要求的综合评价体系的必要性

1. 建立生态文明建设评价体系是生态文明建设工作中需要明确提出的一项重要任务

生态文明建设一定要科学抓、决不能把好"经"念歪。要坚持高标准，但不能搞高指标。应根据本地区的现实状况、现有力量和科技水平，制定切实可行的规划和发展目标。对现在干什么、今后抓什么、要心中有数，不能头脑发热，一味追高。目前，国家尚未制定生态文明建设规范性指标。这就需要成立专门的研究力量，就生态文明建设

指标体系开展研究，要在深入调查研究，征求专家、学者和各相关部门多方意见的基础上，经过反复论证和修改。

指标体系应以国际公认的生态文明建设的内涵、特征为标准，以经济社会发展的实际为出发点，一级指标应涵盖生态经济、生态环境、民生改善、基础设施、生态文化、廉洁高效等方面，选取反映生态文明建设情况的系统评价指标。其中，生态经济方面的指标主要反映经济发展和可持续发展状况；生态环境方面的指标主要反映城市生态及环境保护状况；民生改善方面的指标主要反映市民生活质量、社会和谐及法制状况；基础设施方面的指标主要反映城乡建设状况；生态文化方面的指标主要反映群众生态文明素养、文化产业及公共文化服务状况；廉洁高效方面的指标主要反映政府行政状况。

生态文明建设指标体系应做到能够全面系统、科学准确地评估和监测生态文明建设进程的指标体系，将生态文明建设的任务进行量化，可操作性强，能够为各级生态文明建设规划的编制提供依据、为相关决策提供参考，对于推进各地生态文明建设发展具有重要的现实意义。

2. 经济社会不断发展的新变化，要求不断修正核算和评价体系

GDP 是宏观经济中最受关注的经济统计数字，因为它被认为是衡量国民经济发展情况最重要的一个指标。目前世界上还没有一个比 GDP 更好的、人们普遍认同的经济社会发展综合评价体系。但另一方面，单纯的 GDP 统计有着不容忽视的缺陷，主要是不能反映经济增长背后的环境污染和生态成本，不容易准确地反映经济增长的质量和结构，不容易反映人们实际享有的社会福利水平，也不能准确地

衡量社会分配和社会公正。随着环境保护运动的发展和可持续发展理念的兴起，一些经济学家和统计学家们，尝试将环境要素纳入国民经济核算体系，以发展新的国民经济核算体系，这便是绿色 GDP。绿色 GDP 是指一个国家或地区在考虑了自然资源（主要包括土地、森林、矿产、水和海洋）与环境因素（包括生态环境、自然环境、人文环境等）影响之后经济活动的最终成果，即将经济活动中所付出的资源耗减成本和环境降级成本从 GDP 中予以扣除。改革现行的国民经济核算体系，对环境资源进行核算，从现行 GDP 中扣除环境资源成本和对环境资源的保护服务费用，其计算结果可称之为"绿色 GDP"。绿色 GDP 这个指标，实质上代表了国民经济增长的净正效应。绿色 GDP 占 GDP 的比重越高，表明国民经济增长的正面效应越高，负面效应越低，反之亦然。绿色 GDP 的核算正在成为一种可能的潮流。

3. 我国传统经济社会发展评价体系的严重缺失要求建立符合科学发展观和生态文明建设要求的综合评价体系

审视我们已经建立起来的评价体系，存在着明显的缺陷，主要是反映经济总量和增长速度，不仅缺乏反映全要素生产率、生态文明建设的指标，也缺乏反映人的全面发展和社会全面进步的指标。在过去的三十多年里，我国是世界上经济增长最快的国家之一，也是世界上国内储蓄率（指银行储蓄额占 GDP 的百分比）水平最高的国家之一。世界银行的统计显示，从 1978 年以来，中国平均 GDP 增长率达到 9.83% 的高速经济增长。但是，由于我国资源的浪费、生态的退化和环境污染的严重，在很大程度上抵消了"名义国内储蓄率"的真实性。换句话说，中国国内储蓄率中的相当部分是通过自然资本损失和生态赤字所换来的。中国经济增长的 GDP 中，目前估计，基于生态环境破坏造成的损失每年至少占国内生产总值的10%。尤为严重的是，GDP 崇拜的评价指向衍生出"官出数字，数字出官"的恶性循环。而要从根本上杜绝此类现象发生，惟有从改进评价体系和方法着手，通过建立符合科学发展观要求的综合评价体系，引导人们正确的行为选择。

4. 树立和落实科学发展观，建设生态文明，需要实现一种崭新的制度设计和实践选择

科学发展观对经济社会发展的全面性、公正性、协调性和可持续性提出了更高的要求，生态文明更加强调了建立在人与自然和谐基础上的产业结构、经济结构调整，新的增长方式和发展模式。因此，我们必须按照科学发展观和建设生态文明的要求，研究设计一整套评价包括经济、社会、生态和人全面发展的指标体系，力求将经济增长、社会发展、环境保护、资源节约、人民福祉等结合起来，作为地方政绩的综合考核指标，以便在实践中有所遵循。

（二）建立符合生态文明建设要求的综合评价体系的基本要求

1. 科学确定评价主体，即要解决由谁来评价的问题

科学合理地确定评价主体，必须坚持群众公认的原则，发扬民主，最大限度地扩大群众参与的范围。一个地方的经济社会发展成就到底如何，不能单由上级组织和上级领导说了算，还必须看群众的公认程度。这里的群众，应该是包括各级相关的领导在内的、各个层面参加的群体，从而建立起一个全方位的、立体式的考核评价体系。这种评

价主体的设置，不仅可以有效克服干部政绩评价只由上级组织和上级领导说了算的弊端，较好地解决干部政绩考核评价的问题，更重要的是能引导干部切实注重群众公论。

2. 科学设置评价内容，即要解决评价什么的问题

只有科学合理地设置考核评价内容，解决好评价什么的问题，才能使评价有的放矢，才能使评价结果更准确地反映领导干部的工作实际。在具体操作中，既要看经济建设的成果，又要看社会进步的成果；既要看当前的发展，又要看发展的可持续性；既要看经济社会发展的成就，又要看生态建设的成果。唯其如此，才能促使广大干部尤其是各级领导干部真正做到求真务实，树立正确的政绩观，自觉地坚持科学的发展观。

3. 科学设计评价方法，即要解决怎么评价的问题

科学构建考核评价的方法体系至关重要。考评方法的构建，应着重考虑两个因素：第一，要按照"突出工作实绩"的原则，合理确定"德、能、勤、绩、廉"五项考评内容的不同比重，既不能以点代面、以偏概全，也不能面面俱到、不分主次。第二，要按照考评主体与考评对象的"知情度、关联度、责任度"关系，合理确定评价主体中不同层面的"群众"对于评价对象评价的不同比重，使各方面的参与权和意愿都能得到有效反映。

二、建立符合生态文明建设要求的政绩考核体系

干部工作的核心任务是选准用好干部，而选准用好的前提是把好考核关。这些年来，我们一些领导干部，尤其是地方领导干部，通常把发展简单地理解为经济增长，把

"发展是硬道理"理解为"GDP 是硬道理",把经济发展简单化为 GDP 决定论。这些在"发展"问题上的误区,导致政府官员不同程度地出现了片面的政绩观。上级对下级干部的考核指标,主要以 GDP 为主。GDP 甚至成为领导干部升迁、去留的唯一标准。与此同时,在以经济数据、经济指标论英雄的片面政绩观的引导和驱使下,一些政府官员开始脱离地方实际,为追求一时的增长速度,在招商引资过程中,以牺牲环境为代价,盲目上项目、办企业、引投资;大搞"形象工程",为地方污染企业充当保护伞。可见,片面的政绩观给地方生态和环境造成了很大的危害。归根结底,是政绩观出了问题。

2009 年 6 月 29 日,中央政治局召开会议,研究建立促进科学发展的干部考核评价机制,审议并通过了《关于建立促进科学发展的党政领导班子和领导干部考核评价机制的意见》。与此相配套,中央组织部制定了《地方党政领导班子和领导干部综合考核评价办法(试行)》、《党政工作部门领导班子和领导干部综合考核评价办法(试行)》、《党政领导班子和领导干部年度考核办法(试行)》。

一个《意见》、三个《办法》,体现了中央对干部考核工作的新部署,意味着科学发展观的要求将被贯穿于干部考核的全过程。这一干部考核评价新模式的启动,是进一步提高全党干部工作科学化、民主化、制度化水平的重要标志。

意见在已有考核内容的基础上,考核内容也进一步完善。在新的考核内容中,中央强调充分体现科学发展观和正确政绩观的要求:既注重考核发展速度,又注重考核发展方式、发展质量;既注重考核经济建设情况,又注重考核经济社会协调发展、人与自然和谐发展，特别是履行维护稳定第一责任、保障和改善民生的实际成效，彻底改变了"唯 GDP 论英雄"的政绩评价方式。毫无疑问，这种考核内容导向上的调整，更加符合科学发展观的要求。

中央还要求，对干部的考核内容要把政治标准放在首位，坚持以党性作为德的核心内容，加强对领导干部思想政治素质的考核；充分体现考核内容的激励性和约束性，突出对人口资源、社会保障、节能减排、环境保护、安全生产、社会稳定、党风廉政、群众满意度等约束性指标的考核，强化对违反科学发展行为的刚性约束。

考核方式的不断改进，考核内容的不断完善，加强了对干部的日常管理和监督，干部考核评价机制的科学化进程由此迈出了重要一步。

（一）严格目标考核、实行"一票否决制"

要把建设生态文明这项工作做好，就需要建立和实行必要的政绩考核机制。从理论上讲，建立和实行生态文明建设政绩考核机制，是确保实现生态文明的重要保障；是稳定生态文明建设成果，推动生态文明建设健康发展的重要手段；是加快生态文明建设的重要途径。通过完善和落实生态文明建设统计体系、监测体系、考核体系，实行定期考核机制。这对于加强生态文明建设的系统化、规模化，将起到积极的推动作用。当前，为了有效加快生态文明的建设步伐，需要围绕中央关于建设生态文明的总体思路和目标，加快建立一套上下互动、左右协调、功能健全、职责明确、作用明显、运行高效的生态文明建设政绩考核机制：

一是突出与生态现状相适应的保护和支持体系建设。主要是在生态保护良好的地区建设和健全生态建设补贴制度，强化政府对生态建设的投入，以增强生态文明建设不断向前发展的能力。

二是加强生态文明建设奖励机制建设。按照政府引导、政策支持、市场运作、群众自愿参与的原则，建立行之有效的奖励制度，让广大人民群众干有所获，真正享受生态文明建设成果。

三是完善政府服务职能体系建设。各县市各部门要转变职能，细化生态文明建设指标，规范生态文明建设功能分区，为生态文明建设提供更多的服务。这是建立和实行生态文明的有效方法。

四是建立健全激励约束机制。政府要建立生态文明建设发展指标考核体系，把发展生态文明建设的指标和措施具体化、定量化，纳入业绩考核体系，为发展生态文明建设提供动力。把环境保护和生态建设目标责任制考核结果作为省对市、市对区、县（市）实施区域生态补偿的重要依据，通过行政法规、产业政策、财税政策、投资政策及政绩考核引导生态文明建设发展，让过度消耗资源的行为付出高昂的代价。

总而言之，建立和实行生态文明建设政绩考核机制，把生态文明建设纳入宏观经济综合指标，就是要让"软"政绩"硬"起来，就是要让"隐"政绩变成"显"政绩，就是要让推动生态文明建设又好又快的发展变为各级各部门和广大干部群众的内驱力，积极主动的进行生态文明建设，进而实现建设小康社会伟大的历史性跨越。

（二）建立健全各级生态环境质量责任制

1. 建立各级生态环境质量责任制

国家的环境保护法第十六条明确规定："地方各级人民政府，应当对本辖区的环境质量负责，采取措施改善环境质量。"这是法律规定的建立各级生态环境质量责任制的直接依据。各级人民政府要对辖区生态环境质量负责，根据生态环境质量监测状况，不断采取有效措施，改善本辖区的生态环境质量。

2. 发挥四个监督作用

生态文明建设中的四个监督作用，即加强人大的法律监督、政协的民主监督、新闻媒体的舆论监督和群众的公众监督作用。人大、政协要不断创新监督工作机制，坚持以科学发展观为统领，创新"在监督中支持，在支持中监督"的监督模式，不断增强监督实效，为经济建设又好又快发展，推进生态文明建设服务。舆论监督是任何时代都非常重要的监督形式，新闻媒体要以独特的视角，犀利的文字，发挥舆论监督不可替代的作用。在我们的实践中证明，群众的公众监督与政府决策也是相辅相成的，公众监督可以进一步增加政府决策的公开性和透明度，使政府的决策更加符合民意；另一方面公众在参与监督的过程中，也会加深对政府决策的理解，从而以自身的实际参与行动支持政府的决策。通过发挥生态文明建设中的这四个监督作用，可以建立起政府与人大、政府与政协、政府与人民之间良性互动的友好关系。通过全社会的齐心协力，共同努力，逐步实现人与自然的和谐发展，不断朝着生态文明的新阶段迈进。

3. 实行离任生态审计制度

在我国，一切权力属于人民，我们领导干部既然被赋予了一定的权力，那么，权力行使完后，就有义务公开他究竟为人民做了什么事，有没有完成任期责任目标，群众是否满意，等等。离任审计从劳动人事制度上说，是必须的。在进行领导干部离任审计时，既要看其在任期期间当地经济的增长和收入的提高，也要看资源的减少、环境质量的下降和生态的破坏程度，也就是要进行生态审计。建立领导干部离任生态审计制度，既能审出成绩，也能审出失误，使干部考核制度更加科学、全面、公正，也有利于资源的合理利用和可持续发展。

案例：

江西省大余县人民政府高度重视生态文明建设，印发《关于做好生态文明建设综合考核评价工作的实施意见》，明确提出五个负责。一是县生态文明建设考核评价工作小组实行组长负责制，组长对本考评体系在市的考核结果负总责，其他分管县领导对各自分管的考评指标体系在市的排位情况负责；二是将每项考评指标责任具体分解到相关部门和责任人，由各责任部门在所属考核评价工作小组直接领导下负责抓好该项指标的具体考评工作；三是各考评责任部门要按照考评工作要求，认真做好对考评指标县级数据审核汇总和上报工作，同时加强与市对口考评部门的汇报衔接，及时了解掌握考评工作信息，提出和采取有力应对措施。县政府将对各指标进度情况，进行定期通报、分析形势、查找差距、研究对策，以促进考评工作取得更好的效果；四是各考评责任部门要本着"公正、公平、公开"的原则，切实做好所负责部门和单位的统计工作，严格执行统计标准，确保统计结果客观公正、准确无误；五是各牵头部门和责任部门要成立由主要负责同志担任组长的考核评价工作领导小组，切实抓好各项工作任务的落实，按时做好考评指标数据汇总审核和上报工作；上报的各项数据要真实准确，坚决防止虚报瞒报等现象的发生。

第二章
完善的政策引导体系

　　我国社会主义现代化建设的基本经验表明，生态文明建设与物质文明、政治文明和精神文明建设一样，不仅需要思想政治建设和组织领导保障体系的推动，也需要党和国家出台必要的政策加以引导。党中央、国务院高度重视生态文明建设和建立生态补偿机制工作。党的十六届五中全会首次明确提出，"按照谁开发谁保护、谁受益谁补偿的原则，加快建立生态补偿机制"。胡锦涛总书记在党的十七大报告中再次强调，"实行有利于科学发展的财税制度，建立健全资源有偿使用制度和生态环境补偿机制"。这既是用政策引导机制建设生态文明的战略性举措，也是全面贯彻落实科学发展观的重大战略举措。

　　一、坚持财政税收理念。按照"谁开发谁保护、谁破坏谁恢复、谁受益谁补偿"的原则，强化资源有偿使用和污染者付费政策，综合运用价格、财税、金融、产业和贸易等经济手段，改变资源低价和环境无价的现状，形成科学合理的资源环境的补偿机制、投入机制、产权和使用权交易等机制，从根本上解决经济与环境、发展与保护的矛盾。

二、改革资源定价制度。使资源价格正确反映其市场的供求关系、资源稀缺程度和环境损害成本。逐步扩大资源税征收范围，提高征收标准并实行有利于资源节约的计税方法，适时开征生态环境保护税种，合理提高各类排污费征收标准。继续限制原材料、粗加工和高耗能、高耗材、高污染产品的出口。

三、探索推行交易制度。建立公开、公平、竞争的资源初始产权配置机制和二级市场交易体系。改革生态环保投融资体制，重点在城市污水、垃圾处理、集中供热、供气等市场化条件较好的领域推行政府特许经营制度，鼓励社会资本进入，推动企业成为节能环保的实施主体和投入主体，形成市场化、社会化运作的多方并举、合力推进的投入格局。

第一节　生态补偿机制多样化

生态补偿机制是以保护生态环境，促进人与自然和谐发展为目的，根据生态系统服务价值、生态保护成本、发展机会成本，运用政府和市场手段，调节生态保护利益相关者之间利益关系的公共制度。建立生态补偿机制是落实新时期环保工作任务的迫切要求，党中央、国务院对建立生态补偿机制提出了明确要求，并将其作为加强环境保护的重要内容。《国务院关于落实科学发展观加强环境保护的决定》要求："要完善生态补偿政策，尽快建立生态补偿机制。中央和地方财政转移支付应考虑生态补偿因素，国家和地方可分别开展生态补偿试点。"

一、生态补偿的四个重点领域和四大机制

（一）四个重点领域

1. 自然保护区的生态补偿

要理顺和拓宽自然保护区投入渠道，提高自然保护区规范化建设水平；引导保护区及周边社区居民转变生产生活方式，降低周边社区对自然保护区的压力；全面评价周边地区各类建设项目对自然保护区生态环境破坏或功能区划调整、范围调整带来的生态损失，研究建立自然保护区生态补偿标准体系。

2. 重要生态功能区的生态补偿

推动建立健全重要生态功能区的协调管理与投入机制；建立和完善重要生态功能区的生态环境质量监测、评价体系，加大重要生态功能区内的城乡环境综合整治力度；开展重要生态功能区生态补偿标准核算研究，研究建立重要生态功能区生态补偿标准体系。

3. 矿产资源开发的生态补偿

全面落实矿山环境治理和生态恢复责任，做到"不欠新账、多还旧账"；联合有关部门科学评价矿产资源开发环境治理与生态恢复保证金和矿山生态补偿基金的使用状况，研究制定科学的矿产资源开发生态补偿标准体系。

4. 流域水环境保护的生态补偿

各地应当确保出界水质达到考核目标，根据出入境水质状况确定横向补偿标准；搭建有助于建立流域生态补偿机制的政府管理平台，推动建立流域生态保护共建共享机制；加强与有关各方协调，推动建立促进跨行政区的流域水环境保护的专项资金。

（二）四大机制

1. 建立健全生态环境补偿的长效机制

生态环境补偿机制的制度化、规范化、市场化需要通过法律法规进行约束和支持。我们应在借鉴国际经验的基础上，"按照谁开发谁保护、谁受益谁补偿的原则"，尽快出台符合我国国情的《生态环境补偿条例》和《生态环境补偿法》，在取得试点经验的基础上全面推开，以实现生态环境的"善治"与长效。

2. 建立健全综合生态补偿机制

综合生态补偿机制是以保护生态环境、促进人与自然和谐发展为目的，根据生态系统服务价值、生态保护成本、发展机会成本，综合运用行政和市场手段，调整生态环境保护和建设相关各方之间利益关系的环境经济政策。建立生态补偿机制是为了实现社会公平，仅就资源开发而言，其生态补偿应当体现在两个层面，一是直接的补偿，即通过对损害资源环境的行为进行收费或对保护资源环境的行为进行补偿，以提高该行为的成本或收益，达到保护资源的目的。二是间接的补偿，指生态保护成果的受益者支付相应的费用，通过制度设计解决好生态产品这一特殊公共产品消费中的"搭便车"现象，激励公共产品的足额供应。要制订系统的补偿办法，加大生态补偿的立法力度，建立合理的生态补偿的转移支付机制。

3. 建立多元化补偿方式

目前，生态补偿投入主要以国家为主。可以根据生态保护的事权责任关系，设立"生态补偿与生态建设基金"，融资渠道既可以是政府财政资金，也可以是社会资金。对于一些受益范围广、利益主体不清晰的生态服务公共物品，应以政府公共财政资金补偿为主；对于生态利益主体、生态破坏责任关系很清晰的，应直接要求受益者或破坏者付费补偿。

4. 完善生态补偿管理体制

从目前来看，应加强部门内部和行政区域内的生态补偿工作，整合有关生态补偿的内容；对于跨部门和跨行政地区的生态补偿工作，上级部门应给予协调和指导。从长远来看，可以设立生态补偿领导机构，行使生态补偿工作的协调、监督、仲裁、奖惩等相关职责，同时建立一个由专家组成的技术咨询委员会，负责相关政策和技术咨询。

二、生态补偿机制面临的七大问题

生态补偿意识比较淡薄。长期以来，人们视生态资源是公共物品，无需付费。一些企业和部门的开发行为粗野，资源价格严重扭曲，无法维持环境的基本恢复与治理工作。

生态补偿范围、对象及补偿标准不明确，补偿责任主体模糊，补偿标准的确定缺乏科学依据，补偿资金来源单一，补偿数量不足，生态补偿机制建立过程中，利益相关者的参与度不够。

环境管理体制存在严重缺陷，横向管理体制不健全。绿色国民经济核算体系和环境审计体系也未建立，区际环境变化对相邻地区经济和社会财富增长的影响与作用得不到清晰的揭示和表达。如果这种状况得不到改变，区际生态补偿机制就将无所依托、难以建立。

环境影响的量化技术和货币化技术不成熟，生态补偿缺乏强有力的技术支持。

严重的生态破坏现象因补偿机制滞后未得到有效遏制，例如，草原退化、河流污染、水源缩减等，这在客观上提出了加快生态补偿进程的要求。

西部地区为生态保护做出了重大贡献，要求合理补偿的呼声越来越高。

目前生态补偿的政策措施时效性偏短，缺乏全面统筹安排，应该尽快建立着眼于长期保护和系统修复的生态补偿长效机制。

三、建立综合性生态补偿长效机制的五项措施

现阶段，我国各地区已经开展了各种生态补偿实践和试验，但还缺乏系统的政策设计和有力的法律支持，补偿标准核算缺乏科学依据和有效的监督激励机制、谈判机制、仲裁机制。应在加大试点力度的基础上，尽快总结各地区、各部门的实践经验，形成国家层面上建立生态补偿机制的总体思路和指导原则，逐步完善相应的法律、法规和政策，建设国家级生态补偿的政策体系。

（一）完善现行财税政策

我国现行的财税政策在一定程度上限制了市场生态补偿机制的建立。比如说，我国现在的资源税政策，是根据资源的销售量或者自用量计征的，而不是根据开采量，这一点上就很大程度上鼓励了企业对资源的滥采滥用，造成了资源和生态环境的破坏。我们要将生态环境成本纳入企业生产成本，从根本上改变我国产品的开发和生产方式。一是建立和完善生态环境成本核算制度，将资源开发造成的环境污染治理与生态破坏恢复成本纳入资源产品的价格；二是建立企业环境污染治理与生态恢复保证金制度；三是建立环境资源与生态占用的有偿使用制度，将排污权等环境资源与土地森林等生态占用作为生产要素纳入产品成本，并通过梯级价格和市场交易制度，激励企业开展环境友好型的生产经营方式，以持续减少环境资源消耗与生态占用。

（二）生态补偿保证金制度

对新建或正在开采的矿山、林场等，应以土地复垦、林木新植为重点建立生态补偿保证金制度，企业需在交纳相应的保证金后才能取得开采许可，若企业未按规定履行生态补偿义务，政府可运用保证金进行生态恢复治理。

（三）建立横向转移纵向化的补偿支付体系

国家财政部制定的《政府预算收支科目》中，与生态环境保护相关的支出项目约30项，但没有专设生态环境补偿科目。因此在财政转移支付项目中，应该增加生态环境补偿项目，并加大该类项目的纵向转移力度，对限制开发区域和禁止开发区域予以相应的政策倾斜。为了减少应补未补、补偿过度和补偿不足等不公平和效率低下等现象，更为重要的是要由中央财政确定横向补偿标准，将生态环境受益地区向生态效益提供地区的转移支付统一上缴中央政府后，再通过纵向支付将横向生态环境补偿金拨付给因保护或投入生态环境而丧失经济发展机会的地区和人群。

（四）形成生态保护职责和生态补偿对称的评估体系

环境效益的计量、环境资源的核算等技术层面的问题决定着生态环境的补偿标准、计费依据以及如何横向拨付补偿资金等一系列问题，也就是生态保护职责和生态补偿是否对称的问题。因此，应加快建立科学的生态环境评估体系，推动生态环境的定性评价向定量评价的转变，为生态环境补偿机制有效地完成实施目标提供相应的技术保障。

（五）开展排污交易政策设计与试点

排污交易制度是目前国际上环境经济政策的热点，也是我们要下大力气研究和建立的重点。我们要结合我国污染减排的形势，研究提出排污权有偿取得和排污交易的法规制度，建立排污权有偿使用和排污交易管理平台，实现排污权有偿使用和排污权交易的科学和动态管理。财政部和环保部已经在部分地区开展了水污染物 COD 和大气污染物 SO2 排污交易试点，建设试点企业重点污染源排放自动监测系统、排污权有偿使用和交易管理网络系统。在试点经验总结的基础上提出排污交易试点与推广方案。

四、关于实施生态补偿的五点政策建议

生态文明建设是一项新的伟大事业，需要满腔热情、埋头苦干、更需要探索规律、夯实基础、科学指导。为了维护公平，实现经济社会可持续发展，我们应该根据实际情况，借鉴国内外生态补偿发展经验，在全面评价我国现有生态补偿机制现状、水平的基础上，积极构建和完善生态补偿的机制。

（一）生态补偿的五项立法原则

研究表明，生态补偿的立法已成为当务之急，急需将补偿范围、对象、方式、标准等以法律形式确立下来。出台法规的目的是建立权威、高效、规范的管理机制，促进生态补偿工作走上法制化、规范化、制度化、科学化的轨道。法规的制定要坚持五项原则：

一是坚持可持续发展原则。把经济发展与生态保护有机结合起来，使国家在经济社会快速发展的同时，强化生态保护与建设，促进经济社会与生态保护协调发展。

二是坚持因地制宜、分类补偿原则。根据不同地区的具体情况进行分类补偿，力求使生态补偿符合全国生态建设布局及我国国民经济和社会发展规划。

三是坚持因时制宜、分阶段推进原则。在生态补偿的时序安排上要循序渐进，规划目标充分体现生态补偿的阶段目标和总目标。

四是坚持统一规划、分部门实施原则。在统筹协调、统一制定《生态补偿总体规划》的基础上，充分发挥各方面的优势、潜力与积极性，根据各部门生态补偿的特殊性和已有的基础，分部门实施推进，确保生态补偿机制又快又好地落实。

五是坚持先行试点、逐步推开的原则。选择有条件的地方、类型先行试点，研究探索生态补偿的有关办法、标准、制度等，逐步做到规范运作，取得经验后再逐步推开，稳扎稳打，确保成功。

（二）生态补偿的六大关系处理

一是中央与地方的关系。中央政府主要是为建立生态补偿机制提供政策导向、法规基础和一定的财力支持，同时引导建立全国性和一些区域性的生态补偿机制。地方政府是生态补偿机制的实施和责任主体，负责建立本辖区的生态补偿机制，并配合中央政府实施全国性和区域性的生态补偿。

二是政府与市场的关系。建立生态补偿机制，政府和市场都可以发挥重要作用。就目前我国生态保护和市场发育的实际情况而言，政府在建立生态补偿中的作用是主要的，政府不仅要制定生态补偿的政策、法规，引导市场的形成和发育，同时还需支付大尺度的生态补偿。只有在一些主客体十分明确的前提下，可以充分发挥市场的调节作用。

三是生态补偿与扶贫的关系。生态补偿不能混同于扶贫。生态补偿主要目的不是解决贫富差距问题，如果将生态补偿与扶贫混淆在一起，将可能产生生态破坏的负面效应。应当建立生态保护重点地区与受益地区之间的协作与联动机制，引导受益地区对保护地区经济和社会发展上的支持。

四是"造血"补偿与"输血"补偿的关系。努力创造"造血"补偿的条件，将补偿转化为地方生态保护或提升地方发展能力的项目，而"输血"型的补偿应尽量落实到基层农牧民手中。

五是新账与旧账的关系。制定生态补偿政策的优先序应该是先解决新账问题，只有控制住了新账的增长，才能解决旧账的问题。新账的责任主要在地方和企业，而旧账则需要国家给予更多的支持。

六是综合平台与部门平台的关系。从长远来看，应建立一个综合的、以政府主导的生态补偿平台，但是从目前实际操作的角度，首先应该鼓励各地和有关部门因地制宜地建立多种形式的平台，进行各类生态补偿机制的探索，特别是不断完善林业、矿产、水利、环保等部门的工作。在条件成熟的情况下，建立综合的生态补偿专项资金渠道，但项目运作依然可以采用部门运作的方式，即根据实施部门和补偿对象的不同，设立不同的账户分别进行管理，以便更好地发挥各部门的积极性。

（三）生态补偿的三大财政手段

一是加大中央政府财政转移支付力度。财政转移支付是生态补偿最直接的手段，也是最容易实施的手段。建议在财政转移支付中增加生态环境影响因子权重，增加对生态脆弱和生态保护重点地区的支持力度，按照平等的公共服务原则，增加对中西部地区的财政转移支付，对重要的生态区域（如自然保护区）或生态要素（国家生态公益林）实施国家购买等，建立生态建设重点地区经济发展、农牧民生活水平提高和区域社会经济可持续发展的长效投入机制。

二是加强地方政府对生态补偿的支持与合作。地方政府除了负责辖区内生态补偿机制的建立之外，在一些主要依靠财政支持的生态补偿中，应根据自身财力情况给予支持和合作，以发挥中央和地方财政的双重作用。

三是积极探索并建立多渠道的融资机制。政府手段仍是我国目前生态补偿的主要措施，同时应积极探索使用市场手段补偿生态效益的可能途径。生态补偿不能单靠政府补贴，要建立补偿制度，健全补偿途径。在这个制度下，应加大拉动人们对生态服务的需求，抓住公众的支付意愿；加大对私人企业的激励，采取积极鼓励政策；加强同财政金融部门的联系，寻求相关专家的帮助和技术支持；建立基金，寻求国外非政府组织的捐赠支持等，促使补偿主体多元化，补偿方式多样化。

（四）推广生态补偿认知与参与

生态补偿必须得到全社会的关心和支持。应进一步加强生态补偿的科普教育和大众宣传，增强群众的生态补偿意识，明确生态补偿的政策，使公众积极主动参与到生态补偿中去。社区是生态补偿机制落实的最终对象，社区公众的知识、认知和意愿直接影响生态补偿的效果。在制定生态补偿机制和规划时要充分鼓励社区公众的参与，采取"边学边做"的方法，通过项目实施提高其能力。尤其是在人、财两缺的贫困地区，应当通过相关国际国内项目，加强政府部门和社区组织的能力建设，包括决策者、规划者、管理人员、企业管理者等等。

（五）建设生态补偿机制与试点

生态补偿是一个新的课题，生态补偿机制的建立是一项复杂而长期的系统工程，涉及生态保护和建设资金筹措和使用等各个方面。加上我国总体上经济发展水平还比较低，经济发展和生态保护之间的矛盾十分尖锐，生态补偿机制建立尚处于探索阶段，许多问题还不清楚，有待于深入研究。应将生态补偿问题列入国家重点科研计划，进一步加强生态补偿关键问题的科学研究。对补偿标准体系等关键技术，如生态系统服务功能的物质量和价值的核算、生态系统服务与生态补偿的衔接、生态补偿的对象、标准、方式方法，以及资源开发和重大工程活动的生态影响评价等，都需要跨学科综合研究，需要组织进一步的科技攻关。还需要加强生态监测体系研究，为建立切实有效的生态补偿机制提供有力的技术支撑。

案例：

浙江省是第一个以较系统的方式全面推进生态补偿实践的省份。2005 年 8 月浙江省政府颁布了《关于进一步完善生态补偿机制的若干意见》，确立了建立生态补偿机制的基本原则，即"受益补偿、损害赔偿"、"统筹协调、共同发展"、"循序渐进、先易后难"、"多方并举、合理推进"原则。具体政策途径和措施包括：健全公共财政体制、调整优化财政支出结构，加大财政转移支付中生态补偿的力度；加强资源费征收的管理工作，增强其生态补偿功能；积极探索区域间生态补偿方式，支持欠发达地区加快发展；加强环境污染整治，逐步健全生态环境破坏责任者经济赔偿制度；积极探索市场化生态补偿模式，引导社会各方面参与环境保护与生态建设。在具体实施中，采取了分级实施的工作思路，即省级政府主要负责实施跨区域的八大流域的生态补偿问题，市、县（市）等分别对区域内部生态补偿问题开展工作。目前，杭州等 6 市已经制定或正在制订本地区建立生态补偿机制的政策，推进相关实践。

第二节 资源有偿使用规范化

"不谋全局者，不足以谋一隅"，各级领导干部必须建立起统揽大局的能力，要深刻认识我们国家资源环境的严峻现实。数量稀缺且分布不均的资源已经成为决定我国经济社会发展水平的"短板"；能源资源消耗过大，环境污染加剧，是经济快速发展中的突出问题。解决好这两个问题，需要深化资源和环境有偿使用制度改革，使企业负担资源和环境的真实成本，从根本上建立起珍惜资源和保护环境的长效机制。这是贯彻落实科学发展观、实现经济社会又好又快发展的内在要求，也是推动经济发展方式转变、完善社会主义市场经济体制的重要举措。

一、深化资源有偿使用制度改革的原因

（一）资源与环境现状的严重困局

我国资源禀赋不足，环境承载能力脆弱。从资源来看，近年来，我国主要矿产资源查明储量下降，七成以上的矿种查明储量处于徘徊不前的状态甚至有所减少，半数的主要矿产储量有减无增。同时，一些主要矿产资源进口大幅攀升，对外依存度逐年提高，供需矛盾进一步加大。从环境来看，我国国土中荒漠化和沙化的比例较大，森林覆盖率较低，淡水资源短缺，环境的自我净化能力相对较弱。

此外，由于我国人口众多，人们正常的生产生活又削减了本已脆弱的环境承载能力。

"三高一低"的资源投入和环境利用方式，使我国经济增长越来越接近资源环境条件的约束边界。资源需求急剧增加，环境压力持续加大，这是任何国家工业化进程中都会遇到的问题。但由于我国资源和环境长期被粗放利用，"高投入、高消耗、高污染、低效率"的现象突出，加剧了经济社会发展同资源、环境之间的矛盾。

（二）资源与环境问题的体制压力

我国经济发展中出现的资源和环境问题，与传统经济体制下形成的廉价或无偿的资源和环境使用制度有直接关系。在传统的以行政主导为主要特点的资源和环境使用制度下，资源和环境的廉价或无偿使用普遍存在，这就造成企业缺乏珍惜资源和保护环境的压力与动力。从环境方面来看，我国目前的环保政策主要存在四个问题：

1. "总量控制"执行能力低

由于"总量控制"没有得到严格执行，环境或环境容量变成了一种可以无限索取的非稀缺性资源。企业不会像珍惜其他生产要素一样去珍惜环境，而倾向于将重点放在如何同环保部门讨价还价以争取更多的排污指标上；而环保部门则不得不花费巨大精力去监督企业。这种错位，导致原本市场机制应该发挥作用的环境资源供求市场变成了企业和环保部门博弈的舞台，环境的真实成本和环境的价值得不到体现。

2. 排污权名存实亡

向环境排污，"侵占"或"消费"的是有限的环境容量，因而排污权可以被视为环境使用权或占有权的一种具体形式。排污许可证对各个污染源的排放行为作出了具体规定，进一步将排污权具体化、商品化，从而变得可定价、可交易。但我国上世纪 80 年代引入排污许可证制度以来，一直是以行政授予的方式免费向企业发放排污许可证，至多也只是收取一定的工本费，这导致环境容量资源实际上被无偿占有。同时，我国现行排污费征收标准过低，与环境的真实成本或环境治理所需的资金相比差距很大，这导致一些企业宁愿缴纳排污费，也不愿意治理污染。

3. 排污费征收被动

政府为了征收排污费，需要维持庞大的征收队伍和监督机构；企业缴纳了排污费后，就认为可以不再承担污染治理的责任，把污染治理的责任一并转移给了政府和社会。过低的排污费标准与污染治理成本相比是"杯水车薪"，这使得政府不得不额外增加支出来治理环境。

4. 违法处罚标准过低

对大量的中小企业来说，由于规模和技术等因素的限制，污染治理成本已远高于其可能获得的经济效益。可见，无偿或廉价的环境使用制度也是导致重复建设和产业结构不合理的原因之一。

二、深化有偿使用制度改革的思路

（一）规范价格机制

1. 完善价格构成要素

建立真实反映资源稀缺程度、市场供求关系、环境损害成本的价格机制，应该按照维护自然资源可持续利用的原则要求，构建合理的自然资源价格的差比价关系，正确地处理自然资源与资源产品、可再生资源与不可再生资源、土地资源、水域资源、森林资源、矿产资源等各种不同资源价格的差比价关系；纠正原有的不完全价格体系所造成的资源价格扭曲，将资源自身的价值、资源开采成本与使用资源造成的环境代价等均纳入资源价格体系。通过完善资源价格体系结构，为资源有偿使用制度的实施提供体制保障。

2. 改革资源定价制度

使资源价格正确反映其市场供求关系、资源稀缺程度和环境损害成本。逐步扩大资源税征收范围，提高征收标准并实行有利于资源节约的计税方法，适时开征生态环境保护税种，合理提高各类排污费征收标准。继续限制原材料、粗加工和高耗能、高耗材、高污染产品的出口。探索推行资源环境资产化管理和环境产权、使用权交易制度，建立公开、公平、竞争的资源初始产权配置机制和二级市场交易体系。改革生态环保投融资体制，重点在城市污水、垃圾处理、集中供热、供气等市场化条件较好的领域推行政府特许经营制度，鼓励社会资本进入，推动企业成为节能环保的实施主体和投入主体，形成市场化、社会化运作的多方并举、合力推进的投入格局。

（二）严格执行制度

我国经济已保持了 30 多年的持续快速增长，这种增长也付出了资源过度消耗和环境严重污染的代价。这种资源过度消耗和利用率低的现状与开发和使用资源产品的代价过低及市场进入的门槛过低有关，由此带来一些"两高一资"（高耗能、高污染和资源性）企业的盲目发展。要改变这种状况，必须提高资源开发利用的市场准入门槛，建立资源有偿使用机制，提高经济发展的内涵与质量。

1. 彻底取消双轨制

彻底取消自然资源一级市场供给（行政无偿出让和有偿出让）的双轨制，使企业通过招标、拍卖等市场竞争手段公平地取得资源开采权。对于此前无偿或廉价占有资源开采权的企业均应进行清理。

2. 严格执行资源开采权有偿取得制度

要明确由国家管理矿业权一级市场。将资源分为无风险、低风险和高风险三类，分别制定管理、出让方式。同时规范发展矿业权二级市场。加强矿业权转让管理。对历史形成的矿业权无偿取得问题，可以采取矿业权价款转为资本金等多种形式实现有偿使用。

（三）完善收入管理

发挥财政的配置职能，形成合理的资源成本分摊机制，将资源自身价值及开采费用、开采资源造成的环境恢复费用、资源开采生产的安全费用等共同成本合理地分摊到资源开采、资源产品和产品服务等产业链条之中；发挥财政的调节职能，将资源有偿使用的收入进行有效的分配，在中央与地方按比例分成的基础上，实行"专款专用"；发挥财政的监督职能，依据财经制度促使使用资源的经济成分准确、及时、足额地交纳有关税费，同时对造成资源有偿收入的税源和费源"跑冒漏损"现象进行检查验证。

应抓住当前有利时机，加快推进资源有偿使用制度改革。首先，要认真总结煤炭资源有偿使用制度改革试点情况，全面科学评估改革试点成效，认真分析存在的问题，研究制定全面推行资源有偿使用制度改革的政策措施。其次，要加快推进有偿处置工作。

案例：

甘肃省张掖市建立健全规章制度和市场交易规则，以招标拍卖挂牌出让为主要形式，积极探索和大力推进矿产资源有偿使用，促进了矿业权市场化配置进程。2009年，市、县区公开挂牌出让采矿权16户，收取采矿权价款117.4万元；有偿延续属市、县区发证的到期采矿权33户，完成价款44.2万元。我市是全省率先推行矿产资源有偿使用的市州。从2006年起，对到期采矿许可证实行协议有偿延续，推行协议出让。同时严格执行矿产资源规划，严格采矿权准入条件，充分发挥市场配置资源的基础作用，新设置的采矿权一律实行了招标、拍卖或挂牌出让。近3年，陆续制定出台了《张掖市矿产资源勘查开发管理办法》等一系列规范性文件和规章制度，对矿产资源勘查开发起到了很强的指导作用。市、县区从矿产资源日常监督、矿权交易、执法监察等方面入手，建立健全了集体决策、资源审批、矿权出让、动态监测、生态治理、灾害防治和监督管理等一系列规章制度。从矿权设置、价款评估、公告发布、竞价规则、出让合同等方面着手，建立健全了市场交易规则，做到信息公开化、交易程序化，为投资人提供了公开、公正、公平的竞争环境，确保矿产资源市场健康有序地运行，实现了利益最大化。市、县区国土资源部门进一步简化审批手续，推行了首问责任制、限时办结等一系列制度和措施，接受社会各界和人民群众的监督，为经济社会发展提供优质快捷的服务，取得了良好的社会效益，矿产资源有偿使用制度改革走上了法制化、规范化的轨道。

第三节 财政引导政策倾斜化

财政政策（Fiscal policy）是指国家根据一定时期政治、经济、社会发展的任务而规定的财政工作的指导原则，通过财政支出与税收政策来调节总需求。增加政府支出，可以刺激总需求，从而增加国民收入，反之则压抑总需求，减少国民收入。税收对国民收入是一种收缩性力量，因此，增加政府税收，可以抑制总需求从而减少国民收入，反之，则刺激总需求增加国民收入。

一、财政政策在生态文明建设的地位与作用

环境是一种公共物品，具有很强的"外部性"特征。环境保护是市场机制自身难以进行的，需要政府制定法规强制社会、企业和个人对环境进行保护，利用经济手段诱导经济主体对污染进行治理，其中政府财政资金的投入在环境保护中起着主导作用。因此，在生态文明建设中，建立和完善与之相应的财政政策、财政体制和财政工作措施，对推进生态文明建设进程起着非常强的引导和导向作用。

（一）财政承担保护环境的责任

财政主要为政府履行职责提供财力支持，满足政府提供公共服务的财力需要，提供公共服务，弥补市场缺陷，

发挥政府宏观调控作用。要通过财政政策的运用，对环境资源的保护、治理、开发产生积极的作用，最终实现建设生态文明的目的。

（二）财政政策有效地促进环境保护

财政政策对环境保护的作用是通过经济手段制约来实现，大多数是通过财政补贴、政府性收费和税收的杠杆作用实现生态保护的目的。目前，通过对排污企业征收排污费，使排污企业的成本高于社会实际生产成本，体现出对排污企业的惩罚意图，促进企业积极地治理污染。同时，征收的排污费缓解了环境保护资金的不足，增强了政府财政和企业治理污染的能力。

（三）污染源治理通过财政来实现

政府运用财政资助、政府担保贷款和税收优惠等经济手段刺激企事业单位，促进其资源和能源的综合利用，实现保护环境的目的。这些政策在环境保护中发挥了巨大作用。

二、生态文明建设的财政政策及其机制建设

（一）加大财政支持力度

1. 建立生态建设财政资金稳定增长机制。

近年来，我国财政对生态文明建设（环保）的支出虽有所增长，但是还远远不能满足生态文明建设的需要。世界银行研究报告指出：当治理环境污染的投资占一国 GDP

的比例达到 1%—1.5% 时，环境污染的状况可以得到基本控制，生态环境状况大致能够保持在人们可以接受的水平；当治理环境污染的投资占一国 GDP 的比例达到 2%—3% 时，环境质量可以得到改善。据有关统计资料，"十一五"期间我国环保投入快速增长，占 GDP 比重已升至 1.5%，但同国外数据比较，我国环保投资占同期 GDP 的比例还存在一定差距，其远远不能满足生态文明建设的需要。

（1）建立环保财政资金稳定增长机制，通过持续不断的改善环境，促进生态文明建设。加大财政对生态环境建设的投入力度，还需要拓宽财政资金来源，这也可以借鉴国外的成功经验，根据宏观经济环境进行适量国债的发行，也可以利用财政支持作用，实施 BOT 融资、贷款担保形式等。

（2）建立健全多元投入机制。生态文明建设的发展应有一个培育的过程，在发展初期，各级政府要按照公共财政的要求，加大投入，对发展生态文明建设的重大项目和示范工程，给予直接投资或资金补助、贷款贴息等支持，对积极参与生态文明建设发展的企业给予政策扶持。同时，发挥财政资金"四两拨千斤"的作用，积极引导更多的民间资本投入。

（3）采取适当的财税政策，着力引导社会资金参与节能环保事业。灵活运用财政补助、奖励、贴息、注入资本金、风险投资等政策措施，积极贯彻落实税收优惠政策，大力引导社会资金参与节能环保关键领域和重点项目建设。

2. 加大财政对生态建设的投入力度

从目前发展情况来看，运用财政手段推进生态文明建设工作，不仅是必要的，也是可行的，这对推进节能环保、生态产业和生态文化建设有着重大作用。

（1）大力支持节能降耗。设立节能技术改造、淘汰落后产能等专项资金，积极扶持节能先进、关键、共性技术的研究发明，引导重点企业节能技术改造与设备更新、淘汰落后产能及节能示范项目、技术与产品的推广。重点加大对十大重点节能工程、清洁能源和可再生能源开发利用等项目的支持。

（2）大力支持污染减排。增加污染减排、污染防治等专项资金投入，积极支持污染减排基础设施建设，支持推动跨区域水污染治理、重点行业污染治理、污染源在线监测、污染防治新技术新工艺推广应用。重点加大对城镇污水处理设施及配套管网、城镇垃圾处理设施等污染减排项目建设的支持。

（3）大力支持生态环境保护。安排环境保护、自然生态保护等专项资金，积极支持生态修复和环境整治，支持自然保护区、生态功能保护区、生态脆弱区建设，支持环境监督监测能力建设。重点加大对地区综合治理等重大项目建设的支持。

（4）积极扶持和引导生态产业发展。通过资金支持引导，积极推动用高新技术和先进适用技术改造传统产业，支持循环经济和节能环保产业加快发展，支持资源型城市转型过程中生态产业的培育发展；支持引导无公害、绿色、有机等生态农业发展；支持重点企业、重点行业推进清洁生产，支持生态工业园区建设；支持生态休闲业、生态旅游业的培育发展。

（5）大力支持和推动生态文化建设。加大资金投入，支持生态文明理论研究和探索实践，鼓励开展多形式、多层次的生态文明宣传和生态文化教育，积极培育生态文明观；支持绿色消费方式，引导在全社会形成节俭、文明、适度、合理的消费理念，积极弘扬生态消费观；支持节能减排指标体系、考核体系、监测体系建立，支持节能环保法律法规制定，积极树立生态法制观。

（二）提高财政监督力度

对生态建设财政资金监督不力是生态文明建设的财政政策不完善的一个重要表现，也是目前财政监督的一个重要问题。监督不力导致生态建设财政资金使用效率低，相关资金不能全部落实到位，并常有层层截留或者挪用的现象发生。造成这种现象的一个重要原因就是中央和地方财政支出预算科目中还没有生态财政支出预算科目。另外，监督检查部门，如人大监督、审计监督等协助和检查力度不够，使得生态建设财政资金不能公开运行和透明使用，从而制约了财政政策对生态文明建设的促进作用。

（三）完善绿色政府采购制度

政府采购政策作为国家宏观调控和引导消费的重要手段之一，一直发挥着相当重要的作用。当前，在落实科学发展观，构建和谐社会，大力发展循环经济的新形势下，在环境标志认证等相关配套制度和环境友好型产品市场的支持下，实行政府绿色采购制度十分必要，并切实可行。目前迫切需要在现有《政府采购法》的框架下，尽快建立政府绿色采购实施法规，制订绿色采购标准和清单，开展试点示范工作，尽早地全面推行政府绿色采购制度，引领我国可持续消费模式的建立，促进生态文明建设快速发展。

　　根据我国实际情况，借鉴国际成功经验，可以采取以下三种途径和方法建立我国的政府绿色采购制度：

　　1. 完善相关法律法规

　　为全面推行政府绿色采购提供制度保障。通过专门立法或政府令的形式鼓励或强制推行绿色采购是国际上通行作法。美国于1991年发布了总统令，规定政府采购绿色产品清单。加拿大的环境责任采购法案要求政府使用环境标志产品。日本于2001年开始实施绿色采购法。韩国于2004年底颁布了鼓励采购环境友好产品法。丹麦、荷兰、德国等国家都在相关的法律中对政府绿色采购有明确要求和规定。可以说立法是发达国家成功推行政府绿色采购的重要保障。因此，制订和完善相关法律制度是我国推行政府绿色采购、"绿化"政府消费行为的首要措施。

　　2003年1月1日，我国颁布实施了《政府采购法》，但其中对如何在政府采购中保护环境、促进绿色采购的具体内容并没有明确说明，未能从立法上对政府绿色采购进行确认，即关于政府采购对绿色环保产品的引导和推崇的法律制度缺乏，从而导致执行过程中缺乏政策导向，不具有强制力。现阶段可以在该法的框架下，制订和颁布适合我国国情的政府绿色采购实施条例或办法，从政府绿色消费的要求出发完善和细化目前的政府采购法，为全国范围推行政府绿色采购提供强有力的法律保障。

　　2. 建立绿色采购标准，发布绿色采购清单

　　绿色采购标准的制订是实施政府绿色采购的核心。可以根据目前的环境标志产品认证等制度，选择政府采购所涉及的优先领域，分行业、分产品，制订绿色采购标准和清单。为了提高政府绿色采购标准和清单制订工作的质量，

可以在一些有条件的地方如循环经济试点省市和重大项目
开展试验示范。

3. 公开绿色采购信息，完善监督机制

环境信息是制订政府绿色采购指南、发布产品清单的
重要依据。日本的绿色采购产品非常重视环境信息的规范
和发布。其绿色采购的基本原则之一是注重环境信息的获
取、利用和发布，积极获取有关产品生产和出售企业的环
境信息，并按照一定的规范发布，成为绿色采购实施和监
督的重要依据。因此，我国也需要制订公开产品相关环境
信息的规范，并公布政府绿色采购的实际执行情况，建立
人大和公众等对政府绿色采购的监督机制。

（四）加强财政转移支付力度

生态文明的建设需要以中央政府为主力，地方政府切
实执行。这就需要通过国家预算，中央政府加大对地方的
纵向转移支付力度，以做到地方政府事权与财权的匹配。
同时，要以生态实验区为核心，以周边地区地方财政为主
力，其它地区协调，加大不同地区之间财政转移支付力度，
共同建设生态文明。

建立生态转移支付制度是解决区域性生态服务有效供
给的重要途径，它通过财政资源在特定区域内由经济发达
地区向贫困地区横向转移，使生态受益者和提供者在成本
和收益的分担与享受上趋于合理，从而激励贫困地区保护
生态环境的积极性，形成生态补偿与环境保护的良性互动
关系。作为生态补偿机制的重要组成部分，这项制度的推
行对促进区域经济与生态环境的协调发展是大有裨益的。

整体来看，我国现有财政横向与纵向转移支付乏力。

以综合性生态项目为例，防风固沙、防止水土流失、植树造林、退耕还林还牧等活动，由于其具有明显的外部性，如生态效益、社会效益和经济效益的外溢，使其效益不能局限于某个地方或者某个区域，常常具有惠及周边地区乃至全国的效用。按照公共产品供给原理，这类项目理应由中央政府承担主要的责任，但是现实情况却是主要靠地方政府的财力支持，而地方政府往往财力有限，同时缺乏由中央到地方的纵向转移支付，于是形成生态文明建设事权和财权不匹配的局面。此外，由于生态文明效用的外溢，不同地区之间也应该有完善的转移支付制度，共同建设生态文明。现实的情况往往是某个地区单独承担生态建设资金，其他地区出现"免费搭便车"的现象。我国地区间生态环境差异比较大，但却缺乏完善的横向转移支付制度加以平衡。

基于生态补偿的横向转移支付制度，其核心是通过经济发达地区向欠发达或贫困地区转移一部分财政资金，在生态关系密切的区域或流域建立起生态服务的市场交换关系，从而使生态服务的外部效应内在化，以提高资源配置的效率。之所以强调横向转移支付，并不是说以目前的纵向转移方式无法实现生态补偿，事实上，"退耕还林"、"退耕还草"、"天然林保护工程"等都是中央财政通过纵向转移开展的生态补偿，但这些是以项目建设方式对特定地区的专项支出，没有形成制度化，补偿的覆盖范围也很有限，从实际效果看，还存在许多不合理之处，如补偿数额不足，时间过短等等。现行的纵向转移支付制度仍将主要目标放在平衡地区间财政收入能力的差异上，体现的是公平分配的功能，对效率和优化资源配置等调控目标则很少顾及。

无论从理论分析还是现实需要来看，以横向转移支付方式来协调那些生态关系密切的相邻区域间或流域内上、下游地区之间的利益冲突似更直接更有效些。

逐步实行生态文明建设转移支付制度，加大关于生态建设的财政横向和纵向转移支付力度，在一般性转移支付测算中增加生态环境保护的因素，逐步加大山库区转移支付力度，积极探索建立规范合理的地区间横向转移支付制度，推动生态补偿机制尽快建立。

三、建立和完善生态文明建设的综合配套措施

（一）发展绿色产业

建设生态文明，保护青山绿水，应走一条符合各地实际的经济发展最快、资源消耗最少、群众得到实惠最多的生态文明崛起的科学发展之路。将财政政策的重点，从用于治理污染改变为支持零排放的企业，或者支持综合性利用的良性循环产业，而不应该资助高排放的生产方式。对中央和省而言，对适合生态功能区发展的项目予以重点安排，要大力支持科技含量高、高税收、符合环保要求的大项目落户生态功能区的市县，以促进其发展。作为地方，要加快中心城市工业发展速度。结合"双转移"政策的落实，加大农民转移培训的力度，提高生态功能区农村劳动力就业转化率。通过城市的辐射来带动县（市、区）和整个城乡的发展。

（二）提高公共服务均等化

1. 建立覆盖生态功能区的社会保障制度和医疗保障制

度。按照基本公共服务的均等化要求建立城乡一体化低保制度，完善城乡居民医疗保险及大病补助制度，着力推进新型农村合作医疗、乡镇卫生院经费保障和农村卫生站医生补贴等制度建立，即建立健全农村三级卫生服务网络，解决群众"看病难、看病贵"的问题。

2. 完善生态功能区义务教育经费保障机制。科学配置城乡教育资源，健全义务教育经费保障机制，建立每个学生享受义务教育公共服务（尤其是财政补助）的个人账户，统筹安排，逐步向县、市统一、到省统一。建议把农村中小学"两免一补"政策在生态功能区域延伸到高中阶段，并把生态功能区域的高中阶段纳入义务教育体系，以提高生态功能区农村教育水平。

3. 加大生态功能区供水、供电、道路等基础性公共服务和农民住房等方面的投入。

（三）建立健全投融资机制

生态文明建设需要巨额的资金投入，除政府财政投入为主导以外，对城市居民天然气的供应、公共交通，以及工业和城市污水处理、城市生活垃圾处理等项目的建设，要制定相应投融资机制，多渠道加快推进生态文明建设。

案例：

在日本，太阳能发电是非常普及的。同时，为了在家庭方面也能够普及太阳能发电，1994 年日本实施了家用太阳能发电设备的补贴政策，但 2005 年该政策的终止导致日本国内的家用太阳能发电设备销售量大幅下降。金融危机爆发后，为了制造新经济增长点，力争主导世界环境话语权，日本政府决定于 2009 年恢复已中断 3 年的家用太阳能补贴政策，对安装太阳能设备的用户发放 70000 日元/千瓦的补贴，使安装家用太阳能发电设备的费用在今后 3 年至 5 年内减半。此外，从 2009 年开始，日本政府向购买清洁柴油车的企业和个人支付补助金。经济产业省希望通过这一举措推动此种环保车辆的普及，并逐渐增强日本清洁柴油车生产企业的国际竞争力。

第四节　税收调控政策优惠化

税收政策是指国家为了实现一定历史时期任务，选择确立的税收分配活动的指导思想和原则，它是财政经济政策的重要组成部分。逐步建立健全我国绿色财税制度，积极落实节能环保项目减免企业所得税等税收优惠，适时开征燃油税和环境保护税，加快建立健全约束性的资源环境财税制度，有利于改变传统的社会生产消费行为。

一、加快推进绿色税制改革

绿色税收也称环境税收，是以保护环境、合理开发利用自然资源，推进绿色生产和消费为目的，建立开征以保护环境的生态税收的"绿色"税制，从而保持人类的可持续发展。从绿色税收的内容看，不仅包括为环保而特定征收的各种税，还包括为环境保护而采取的各种税收措施。

我国现有税收绿色化程度并不高。首先，我国尚未构建出与实现环境保护目的相一致的环境税收体系，缺少针对污染和破坏环境的行为或产品课征的专门性税种；其次，虽然与环境有关的税种资源税、消费税等税收收入占总税收的10.7%左右，但是这些税种算不上真正意义上的环境税，因为这些税种的设置很少考虑环境因素，保护环境的作用不明显；此外，由于受到各方面因素的制约，现行优惠政策执行存在一定问题，没有起到调节环境行为、保护环境的作用，甚至反而促进了污染企业的发展。

（一）税收绿色化改进

随着绿色税收理论在我国的出现和应用，如何建立绿色税收制度，以保护和改善我国的环境，促进国民经济的可持续发展，已成为我国税收理论界面临的一个重要课题。当下，税收绿色化已成为一种发展趋势，即提高有利于环境的税收在整个税额中的比重。我国应从以下三个方面开展研究和政策制定：（1）设立独立环境税，即在税收体系中引进新的环境税税种，逐步设置一般环境税、污染排放税、污染产品税等环境税税目，调节生产和消费行为；（2）将环境因素融入到现有税种，如在消费税中增加污染产品税目、提高资源税税率，考虑资源生产和消费过程中生态破坏和环境污染损失因素；（3）对现有税收政策进行绿色化改进，通过税制的一些优惠规定，鼓励环境保护行为，如增值税、消费税和所得税中的税收减免、加速折旧等规定；消除不利于环境的税收优惠和补贴，如取消高污染、高风险产品的出口退税，取消污染企业的增值税、所得税等优惠政策。

（二）适时开征生态新税种

1. 研究开征二氧化碳税的可行性方案

我国目前没有针对温室气体排放的碳税制度，开征二氧化碳税的条件也还不成熟，但是作为发展中国家和温室气体排放大国，我国应着手研究开征二氧化碳税的可行性方案，这将极大增强企业、个人等各方面对全球气候变化问题的认识，使得我国在全球气候变化谈判中处于有利地位，树立我国负责任的发展中大国的形象。

2. 择机开征其他可供选择的生态税种

一是开征污染源税，以减少污水（物）处理工厂和焚化炉排出的污染物。二是开征噪音税，可借鉴国外经验，控制飞机着陆次数对航空公司征税，并将所得收入用于补偿机场周围居民。三是开征生态补偿税。对开采矿产资源、海洋捕捞、围河养鱼、城镇化建设等开征资源环保税，以减少这类开发带来的资源环境破坏。这些新税种开征所获收入应专用于环境保护。四是扩大目前生态环境补偿费的征收范围，并把它变为生态环境补偿税。

3. 充分运用税收优惠政策，促进科技发展和创新，提高自然资源利用率和生态环境综合治理效率，维持生态平衡和持续发展能力，引导生态文明观念的形成。

（三）改革排污费制度

排污收费制度指环境保护机关依照法律的规定，向排放污染物的单位收取一定费用的制度。包括排污费的征收、管理和使用三个环节。

第一，改革和完善排污费制度。建议从以下三个方面来改革排污收费制度：

1. 排污费征收对象由企、事业单位扩大到直接向环境排放污染物的所有单位和个人。

2. 排污收费由原来的超标收费改为排污即收费与超标收费并行，将超标单因子收费改为总量多因子收费。

3. 将排污费纳入财政预算，列入环境保护专项资金进行管理，严格实行"收支"两条线。

第二，借鉴发达国家对污染大户课征高额环境税的做法，大幅提高排污收费标准，在排污收费制度较为完善之后，可先选择若干对环境污染影响较大、具体操作又比较成熟的大项的费改成税，进行试点，逐步积累经验，然后再全面推开"费改税"。例如，可先将二氧化硫排污收费改为二氧化硫税、将污水处理收费改为水污染税等。

值得注意的是，由于税收政策自身的局限性，它并不能完全解决建设生态文明过程中的各类问题，税收政策的运用应当与其他的经济手段以及行政、法律手段相配合。同时，建设生态文明是一个动态的过程，应不断调整和完善各项税收政策，以适应经济、社会的不断发展。

二、完善与生态文明建设相关的间接税

我国现有的与环境保护间接相关的税种，其税制要素的设计上仍然存在一些缺陷，从而进一步制约了税收对生态文明建设的杠杆作用。以消费税为例，尽管已经对其进行了完善，将一次性木筷、实木地板等列入了征税范围，加强了消费税的环保功能，但是其征税范围仍然过窄，未将煤炭等主要的能源列入征税范围，未能起到应有的环保功能。再以资源税为例，我国现行资源税的计税依据是从量定额，使得企业对于已经开采而无法销售或者自用的资源不付任何税收代价，直接鼓励了企业和个人对资源的无序开采，造成大量资源积压和浪费；而且，由于资源税税率偏低，使得资源开采成本偏低等。

因此，除开征专门的生态税外（有可能涉及现有税种的调整），对现行与环保相关的间接税种的调整和完善也是

十分必要的。应当采取先易后难、先旧后新的策略，从以下几个方面来完善我国生态税收政策，落实生态文明的建设。

（一）改革资源税

1. 扩大资源税的征税范围。按照普遍征收、级差调节的原则，对矿藏资源、水、土地等统一征收资源税，以便于在提供公平竞争的市场环境的同时，保护资源的合理开发、生产。

2. 考虑调节级差收入和保护资源可持续利用的需要，确定不同资源性产品的税负，抑止资源的不合理和过度开发。

3. 调整征税税率。总体上看，将矿产资源补偿费合并到资源税，并普遍提高和调整资源单位税额或税率。

4. 考虑我国不同资源产品的对外依存度，以及国际市场的供给可能等条件，选择部分资源性产品征收消费税，以引导人们节约、有效地使用资源。

（二）完善流转税

1. 增值税

加快增值税转型步伐，实现"生产型"增值税改为"消费型"增值税的真正转型，以促进企业技术进步和设备更新，提高环境和资源的社会经济效益；严格增值税减免税管理，对高消耗、高污染企业不能给予减免税照顾，以敦促企业改进技术和管理，降低资源消耗和环境污染。

2. 消费税

充分发挥消费税体现国家奖限政策、引导消费方向、调节市场供求的作用，把资源消耗量大、破坏生态环境的消费品逐步地纳入消费税征税范围，如将一次性用品、氟里昂、杀虫剂、除草剂、煤炭纳入消费税的征税范围。

3. 关税

为了争取国际贸易中的平等地位，防止发达国家向我国转嫁污染，应在关税中增加与生态有关的附加条款。进口商品主要针对有严重污染或预期污染又难以治理的原材料、产品及大量消耗性能源和自然资源的工艺和生产设备。出口商品主要针对消耗了大量资源的原材料初级产品或产成品，以此限制国内资源的人为外流，形成"绿色壁垒"。

（三）调整其它税种

1. 企业所得税

对从事污染治理的企业（包括治理污染设备的生产）可以免征或减征企业所得税；对于企业用于治污的固定资产，可采用加速折旧的办法；对于企业购买的用于防治污染的专利技术等无形资产，允许一次摊销；企业为治理污染开发新技术、新产品、新工艺发生的研究开发费用除可据实列支外，还可实行加计扣除。

2. 个人所得税

对因有偿转让环保成果及提供相关技术物资、技术培训而取得的收入，减征或免征个人所得税。

3. 固定资产投资方向调节税。

恢复征收固定资产投资方向调节税。对高能耗、高污染行业的投资项目制定较高的税率，对符合产业政策、有利于环保和资源综合利用的投资项目不征税。

4. 耕地占用税

提高耕地占用税的单位税额，并将外商投资企业和外国企业纳入课税范围；对闲置的土地课以重税，促进人们提高对土地的利用效率。

5. 出口退税

对煤炭、钢材、稀土等稀缺性资源产品，取消其出口退税政策。

三、完善税收优惠政策对绿色产品和行为的激励作用

税收优惠是推动生态文明建设投资的一项重要措施。我国目前对环保的税收优惠政策分布在增值税、消费税、企业所得税等税种中，但现实情况往往是：这些税收优惠规定得过于笼统或者模糊，使得在实际执行中缺乏明确的标准而难以执行。再加上目前税收优惠主要以减免税、零税率等形式存在，形式比较单一，从而导致了税收优惠的作用未得到充分的发挥。因此，要完善税收优惠政策，明确和细化优惠标准，使其具有实际可操作性。

另外，还应采用多种税收优惠形式，如差别税率、投资减免、加计扣除、税收返还等，确保对生态文明建设的税收优惠具有独享性，从而鼓励和刺激生态文明建设。

在政策层面上，应使循环利用资源和保护生态环境有利可图，使企业和个人对生态环境保护的外部效益内部化。因此，可借鉴国际经验，对实施生态文明建设的企业、项目，应给予各种税收优惠。具体来讲，可考虑从以下方面进行完善：

一是调整高耗能产品进出口税收政策。在进口税方面，降低高耗能产品进口关税，对相关进口企业给予所得税减免等税收优惠，对导致高能耗的仪器、设备、技术的进口提高进口关税与进口环节增值税。

二是调整有利于促进再生资源回收利用的税收政策。加大对再生资源回收利用技术研发费用的税前扣除比例；对生产再生资源回收利用设备的企业及再生资源回收利用企业可以实行加速折旧法计提折旧；对购置相关设备，可以在一定额度内实行投资抵免企业当年新增所得税税收优惠；对再生资源回收利用的企业减免所得税；对生产在《资源综合利用目录》范围内的废弃再生资源产品的企业予以免征相关所得税。

三是制定鼓励低油耗、小排量车辆的税收政策。低油耗、小排量车辆作为一种节能环保产品，要经过设计生产—销售—消费—报废的产品生命流程。对其实施税收优惠政策，可以考虑从这一产品生命流程各环节采取不同措施：在产品开发设计阶段，对企业与技术提供商实行税收减免或补贴，对节能生产设备实行加速折旧政策；对产品生产企业降低所得税税率；对流通企业实施增值税减免；对消费者免收此类商品消费税，降低此类商品燃料税税率；对专门回收此类商品的企业，在其营业之初，减免所得税。

此外，通过税收优惠等措施调节纳税人行为，提高税收绿色化程度。如对废旧物质回收、资源综合利用产品、污水处理等实行增值税税收优惠政策，对资源综合利用企业实行企业所得税减免，环保设备抵免所得税以及对环保捐赠允许在税前扣除等。

案例：

奥巴马政府上任以来，极力推动新能源产业、绿色经济的发展。2010 年年初开始，美国联邦政府便不断公布多项节能优惠政策，鼓励民众过上节能的生活。美国联邦国税局指出，截至 2010 年 12 月 30 日，购买节能的生物质炉、暖气、通风设备、空调、热水器等，最多可享受 30% 最高至 1500 美元的减税；截至 2016 年 12 月 31 日，购买燃料电池并且使用于日常住所（不包括度假屋）的家庭，参与抵税金额为产品总价的 30%，但不得超过每 0.5 千瓦容量获得最多 500 元抵税的上限；截至 2016 年 12 月 31 日，如购买及安装地热设施、太阳能板、太阳能热水器、小型风能设备四类产品，可享受年终抵税。抵税金额为每家庭购买节能设备总价的 30%，抵税金额不设上限。新能源政策指出，在未来 10 年，美国将大幅减少对中东和委内瑞拉进口石油的依赖，并对石油公司征收暴利税。具体措施为，当油价高于 80 美元/桶时，将对美国国内石油采掘公司征收高额税收，这部分税收除用于新能源技术的研发外，一部分还将补贴给消费者。

第五节 绿色金融政策灵活化

绿色金融是指金融部门把环境保护作为一项基本政策，在投融资决策中要考虑潜在的环境影响，把与环境条件相关的潜在的回报、风险和成本都要融合进银行的日常业务中，在金融经营活动中注重对生态环境的保护以及环境污染的治理，通过对社会经济资源的引导，促进社会的可持续发展。

调整产业结构，转变发展方式，是党的十七大报告中确立的建设生态文明的关键。生态文明建设通过金融杠杆的调控手段来具体实现，主要是通过在金融信贷领域建立环境准入门槛，对限制和淘汰类新建项目，不得提供信贷支持；对于淘汰类项目，应停止各类形式的新增授信支持，并采取措施收回已发放的贷款，从源头上切断高耗能、高污染行业无序发展和盲目扩张的经济命脉，有效地切断严重违法者的资金链条，遏制其投资冲动，解决环境问题。

一、以"绿色信贷"提供有效激励作用

绿色信贷（green – credit policy）是金融杠杆在环保领域内的具体化，其本质在于正确处理金融业与可持续发展的关系，其主要表现形式为：为生态保护、生态建设和绿色产业融资，构建新的金融体系和完善金融工具。

目前中国的绿色信贷尚存在诸多不足，主要表现在推进绿色信贷的内在激励机制不足、信息沟通机制有待完善以及绿色信贷的标准缺乏操作性等三个方面。但我们可以从三个方面来考虑解决上述问题：一是强化环境执法，加快环境经济政策制定；二是完善环保与金融部门的信息沟通和共享机制；三是研究制定基于环境风险的绿色信贷指南。

二、以"绿色证券"考验企业融资能力

建立绿色资本市场，是斩断污染者的资金链条，限制污染企业过度扩张的重要手段之一。企业融资的途径包括两种：一是间接融资，指企业通过商业银行获得贷款；二是直接融资，指企业通过发行债券和股票进行融资。运用成熟的市场手段，可以分别从间接融资和直接融资两个方面对污染企业的融资渠道进行限制。对于间接融资，主要通过鼓励并引导商业银行落实绿色信贷政策来实现；对于直接融资，主要是实行绿色证券政策，即包括绿色市场准入制度、绿色增发和配股制度，以及环境绩效披露制度等内容。

2008 年 2 月 25 日，国家环保总局正式发布《关于加强上市公司环保监管工作的指导意见》。按照意见，从事火电、钢铁、水泥、电解铝行业以及跨省经营的"双高"行业（13 类重污染行业）的公司申请首发上市或再融资的，必须根据环保总局的规定进行环保核查。环保核查意见将作为证监会受理申请的必备条件之一。这就是"绿色证券"政策。

"绿色证券"指导意见的出台，将愈发考验企业的融资力，污染企业生存空间会进一步缩小。现在，国家环境保

护部正在建立上市公司环境信息披露制度，一旦发现上市公司有非法排污等污染环境情况发生，将及时向社会通报。"绿色证券"可以引导人们将投资投向绿色企业，起到了一个很好的投资引导作用。

三、以"绿色保险"为环境污染做后盾

环境污染责任险，又称"绿色保险"，是以企业发生污染事故对第三者造成的损害依法应承担的赔偿责任为标的的保险。国际经验表明，实施绿色保险是运用市场手段来维护污染受害者合法权益、提高防范环境风险的有效手段。开展环境污染责任保险，可使企业以少量的资金投入获得环境污染风险的赔付保障，避免因企业无力补偿而使受损害者无法获得赔偿，它有利于维护群众合法环境权益，是增强政府和部门处理环境风险事件的调控手段。国际经验证明，一个成熟的绿色保险制度，是一项经济和环境"双赢"的制度，也是一个能更大范围调动市场力量加强环境监管的手段。

我国污染造成环境纠纷问题的主要解决途径是民事诉讼和行政调解。这种方式，使得企业和污染受害者双方都需要付出大量时间和精力，而由于种种原因，污染受害者的利益还经常难以得到保障。为此，2007 年 12 月 4 日，国家环保部和中国保监会联合发布《关于环境污染责任保险工作的指导意见》，正式确立了我国建立环境污染责任保险制度的路线图。

第一，加快绿色保险环境立法。按保险模式来看，绿色保险主要分为：以美国和瑞典为代表的强制责任保险；

法国的以强制责任保险为主、任意保险为辅的模式；德国的兼用强制责任保险与财务保证和担保相结合的制度。在中国高速工业化、环境污染已严重到一定程度的现状下，采用较为严厉的保险模式应该更有效；第二，出台鼓励绿色保险的相关措施。这些措施包括给予相关保险公司、投保公司税收、信贷等方面的优惠等；最后要加强环保监管。在环境污染的监管上，改变监督形式、提高监管效率。

案例：

2011 年 3 月底，中国工商银行云南省分行向昆明贵研催化剂有限责任公司发放了 2000 万元贷款，支持该公司扩大汽车尾气净化催化剂的生产规模。信贷资金的到位为企业建设规模生产示范线、提升技术水平和产品性能提供了有力支撑。这是该行近年来对企业实行"绿色信贷"，支持节能减排的一个缩影。

近年来，工行云南省分行把全面建设"绿色信贷"银行作为一项长期经营发展战略，出台了《绿色信贷实施纲要》，将信贷资金流向绿色经济领域，大力支持节能减排重点工程、环境保护重点工程及节能环保技术升级改造项目，优先支持客户在新能源、节能环保和资源综合利用等领域的绿色信贷需求，实现金融资源的绿色配置。同时，云南省分行还在信贷业务的经营管理中将国家的环保标准镶嵌到信贷管理的全过程，确保信贷资源的绿色配置。特别是在贷款的审批环节，对申请贷款的企业，无论财务指标有多好，带来的经济效益有多高，只要环保不达标一律予以否决，切实防范项目选址、污染物排放以及资源消耗等方面的环境风险。

第三章
配套的法律规章体系

　　社会主义法治理念是中国共产党作为执政党，从社会主义现代化建设事业的现实和全局出发，借鉴世界法治经验，对近现代特别是改革开放以来中国经济、社会和法治发展的历史经验的总结；它既是当代中国社会主义建设规划的一部分，同时也是执政党对中国法治经验的理论追求和升华，是中国特色社会主义理论在法治建设上的体现。依法治国、执法为民、公平正义、服务大局、党的领导，五个方面相辅相成，体现了党的领导、人民当家作主和依法治国的有机统一。生态文明作为世界性潮流，我们必须抓住历史机遇，通过法律制度建设，大力推进生态文明建设，使生态文明在人类社会文明史上闪耀着法治的光辉。

第一节　科学立法
完善法律制度

一、中国生态环境保护法律规范已成体系

法律体系，通常是指由一个国家的全部现行法律规范组合为不同的法律部门而形成的有机联系的统一整体。而生态环境保护法律规范体系，就是指由污染防治、生态保护和建设、资源保护等环境保护法律规范组成的有机联系的整体。

法律规范是通过一定形式表现出来的，这个表现形式就是法的效力渊源。法律规范的表现形式不同，其法律效力也不同，从宪法一直到规章，构成了一个效力由高至低的有机联系的统一的八大体系。

（一）宪法

宪法，是国家的根本大法，是规定民主制国家的根本制度和根本任务，集中表现社会各政治力量的对比关系，保障公民基本权利的国家根本法。其本质表现为，宪法是上升为国家意志的统治阶级的阶级意志的体现，体现了社会各阶级力量对比的关系；宪法是公民权利的保障书，不仅规定了国家权力的正确行使，更重要的是规定了公民权利的有效保障；宪法是民主事实法律化的基本形式，既是

对民主事实的记录，也是对民主事实的确认。宪法具有最高的法律效力，它是母法，是制定其他法律、法规的依据。其他法律、法规不得和宪法相抵触。

（二）法律

法律，是指由全国人民代表大会及其常务委员会依照法定程序制定的具有普遍约束力的并可以重复适用的法律规范体系。法律规范体系以法律文件为载体。改革开放以来，全国人大及其常务委员会已制定和颁发了 29 部法律，其中环境与资源保护综合类 4 部，污染防治类 7 部，资源和生态保护类 10 部，能源类 4 部，防止突发事件和减灾及其测绘类 4 部。特别是《中华人民共和国环境保护法》，它是专门保护环境的基本法，对环境保护的基本任务、基本原则、管理体制、组织结构、主要措施和法律责任做出了原则规定，确立了环境与经济、社会协调发展原则，环境保护公众参与原则，环境保护预防为主、防治结合原则，环境治理污染者负担原则；规定了环境标准制度、环境监测制度、环境规划制度、环境影响评价制度、清洁生产制度、"三同时"制度、排污许可证制度、排污收费制度以及限期治理制度。特别是为适应生态文明建设的要求，全国人大于 2008 年 8 月 29 日通过《中华人民共和国循环经济促进法》并于 2009 年 1 月 1 日起施行，这是一部关系节能减排和建设资源节约型、环境友好型以及生态文明建设的重要法律。颁布实施循环经济促进法，是全面落实科学发展观、依法推进生态文明建设展的现实需要，是落实中央提出的实现循环经济较大规模发展战略目标的重要举措，为促进经济发展模式转变、进一步加强环境保护提供了法律保障。

还有诸如《大气污染防治法》、《水污染防治法》、《固体废物污染环境防治法》、《噪声污染环境防治法》、《海洋环境保护法》、《环境影响评价法》多部环境法律和《草原法》、《森林法》、《水法》、《水土保持法》、《土地管理法》、《矿产资源法》、《渔业法》、《清洁生产法》、《节约能源法》等相关资源法律，都为生态文明建设提供了法律保障。

我国的《民法通则》、《刑法》也对保护生态环境进行了相关规定。《民法通则》中关于国家、集体对土地、森林、山岭、草原、荒地、矿藏等自然资源享有所有权或使用权的规定，有关应合理利用自然资源的规定，有关违反国家环境保护、防止污染的规定，造成环境污染或他人损害的，应依法承担环境侵权的民事责任的规定等都是涉及环境和自然资源法律保护的内容。修改后的我国《刑法》增加了"破坏环境资源保护罪"的规定，对重点污染罪、非法处置和擅自进口固体废物罪、非法捕捞水产品罪、非法猎捕和狩猎罪、非法占有耕地罪、破坏矿产资源罪和非法采伐盗伐森林罪规定了定罪量刑的标准。

（三）行政法规

行政法规，是指由中央人民政府即国务院依照法定程序制定的具有普遍约束力的并可以重复适用的行政法律规范体系。譬如，《建设项目环境保护管理条例》、《排污费征收使用管理条例》就是国务院制定的行政法规。国务院为了更好地实施法律或者加强行政管理，有权在自己的法定立法职权范围内制定行政法规，但是不能制定法律。据统计，国务院已经制定了过百部环境保护内容的行政法规和法规性文件。

（四）地方性法规

地方性法规，是指享有完整立法权和不完整立法权的地方人民代表大会及其常委会，在各自法定的立法职权范围内，根据法定程序，制定的仅在本行政区域内发生法律效力的法律规范体系。

（五）规章

规章，是指国务院职能部门和享有规章制定权的地方人民政府，为了实施国家法律、法规，或者为了加强行政管理而依法制定的具有普遍约束力并可以重复适用的规范性文件。国务院职能部门一般是指具有行政执法职能的部门，如公安部、交通部、国家工商行政管理总局、国家环保总局等。国务院职能部门制定的规章，一般称为国务院部门行政规章，其效力及于该部门所在的全国范围的一个系统，从部（委、局）一直到乡镇的对口部门。地方人民政府制定的规章，一般称为地方政府规章。有权制定地方政府规章的地方人民政府包括省级地方人民政府、国务院批准的较大的市人民政府、省（自治区）所在地的市人民政府、经济特区所在地的市人民政府以及自治地方人民政府。地方政府规章的效力及于制定规章的地方人民政府管辖的行政区域范围。国务院部门规章和地方政府规章都是为了实施法律、法规或者为加强行政管理而制定的，其效力相等，处于同一个法律效力位阶，没有高下之分。

（六）法律解释

法律解释，是指科学阐明法律规范的内容和含义，准确理解法律规范的原意和立法目的，以保证法律规范的正确适用。根据法律解释主体和效力的不同，可以分为正式解释和非正式解释。正式解释又称为有权解释，即这样的法律解释具有法律效力，可以作为处理案件的法律依据。它包括立法解释、司法解释和行政解释；非正式解释又称为无权解释，即这样的解释没有法律约束力，不能作为处理案件的法律依据。它包括学理解释和任意解释。

如环境保护法律的正式解释有：国务院环保部门就环境保护法适用中的具体问题所作的解释。截至目前，国家环境保护部就环境保护法律、法规和规章适用中的具体问题作了大量的解释。这类法律解释也是有权解释，是全国各级环保部门进行环境行政管理的法律依据。

（七）环境标准

环境标准，是指为保护环境、防治污染和生态破坏而制定的环境质量、污染物排放、环境监测方法、环境标准样品标准和环境保护基础方面的技术要求和技术规范的总称。环境标准的制定和实施，有利于加强和完善环境法制工作，完善环境法律规范体系；对采用先进的生产工艺、设备和污染治理技术起着技术导向、政策导向作用，有利于促进科技进步；并为制定环境规划、计划提供法律依据和技术依据。

环境标准分为强制性环境标准和推荐性环境标准，也可以分为国家环境标准、地方环境标准和国家环保部环境标准。

（八）国际惯例和国际法

中国本着对国际环境与资源保护事业积极负责的态度，参加或者缔结多项环境与资源保护国际公约和条约。如参加气候变化公约第十四次缔约方大会（COP14）和京都议定书第四次缔约方会议（MOP4），落实公约和议定书的原则和规定。此外，中国还积极参加了安理会、联大气候变化高级别会议、APEC领导人非正式会议、亚欧峰会和东亚峰会以及中日韩、拉美、地中海等全球和区域多边会议关于气候变化问题的讨论。

二、生态法制建设任重道远

现有的环境资源法律法规在我国环境和自然资源的生态保护上发挥着重要作用，为我国生态文明建设提供了重要的法律保障。但是，随着生态文明建设的不断深入，我国现行的生态保护法律法规不能完全适应我国生态环境保护和建设的迫切需要。如立法理念和立法指导思想陈旧；现行的环境资源立法中存在部分立法空白、配套法规制定不及时、其他环境管理手段缺乏法律依据；部分规定已不适应经济社会发展的需要，缺乏适时性；部分法律存在前法与后法不够衔接、相关法律规定不一致问题，给环境责任认定带来一定的难度；部分法律规定过于抽象，操作性不强，难以得到有效实施。因此，我国生态法制建设任务依然艰巨，尤其是国际经济形势复杂多变，给生态法制建设提出了一系列新任务、新课题。加强立法已经是生态文明法治建设的头等大事。

生态法制建设要注重源头控制、维护群众环境权益、履行国际公约。抓紧修改和完善现行法规标准，填补法律空白。同时，各地要积极争取人大、政府的支持，抓紧完善地方性法规，尽快建立覆盖环境保护各个领域、门类齐全、功能完备、措施有力的生态法律法规标准体系，从根本上解决"违法成本低、守法成本高"的问题，切实把生态文明建设纳入法治化轨道。

（一）树立生态立法理念

以生态文明观为指导，运用生态系统方法和综合生态系统管理，促进环境法向生态法的方向发展，逐步实现中国环境法的生态化。实现将立法重心由现行的"经济优先"向"生态与经济相协调"的转变。倡导人口与生态相适应，经济与生态相适应。环境基本法下的各单行法在立法目的、立法原则和立法的内容诸方面均应体现这一精神。

生态文明的理念还应纳入到有关刑事法律、民商法律、行政法律、经济法律、诉讼法律和其他相关法律之中，促进相关法律的生态化。特别是刑法作为其他法律的保障法，最具有强制力，但刑法中没有以生态安全为法益的生态犯罪。传统的环境犯罪虽然也保护生态安全，但其与生态犯罪相比还远不到位，不足以预防和惩治人类对生态安全的破坏，因此要充分发挥刑罚手段使其成为生态安全的最后一道防线。

（二）完善立法工作机制

立法工作机制是制定科学先进的法律法规的基本保障，完善立法工作机制，应该抓住以下几个关键问题：

1. 积极推进科学立法、民主立法，保障生态文明法律制度的科学性和先进性

完善起草工作机制，法律草案起草部门要通过多种形式组织有关方面共同参与，认真听取并研究各方面的意见和建议，集思广益，做好沟通协调工作。处理好各有关部门之间的职责划分，涉及多个部门职权的，要进行充分协商，力求达成一致，防止"部门利益法制化"，维护立法的严肃性。注重立法科学决策，健全科学立法程序和技术规范。

2. 面向生态文明建设需要，适时开展法律评估工作

以完善法律、推动法律有效实施为目的，对现行法律开展立法后评估，是确保立法程序完整性的主要环节。在生态文明法制建设中，要善于通过法律实施的立法效果评估发现问题、完善立法。作为对环境资源立法后评估工作的探索，全国人民代表大会环境与资源保护委员会针对人民群众关心的重点问题，对水环境保护相关法律开展了后评估工作。通过后评估，基本理清了水环境保护法律存在的主要问题，有效推进了水环境保护立法的开展，为环境资源立法后评估积累了宝贵的经验，起到重要的示范作用。

3. 加强地方环境资源立法，突出地方立法特色

目前，我国地方环境立法取得了显著的成绩，形成了自己的特色，并以其极大的数量、极强的操作性和极广的覆盖面在我国的环境立法中占据了举足轻重的地位。地方立法应能够充分反映本地区的具体情况和实际需要，并针对本地实际，集中解决问题比较突出，而国家环境立法尚未规定或者不宜规定的事项。同时又要避免照搬照抄上位法的规定，对上位法中规定不明确或者规定有矛盾的环节，

在地方环境立法中加以明确和调整。

4. 注重国际环境立法交流，加强环境法制建设的国际合作

生态文明是全球文明，而不是某个地区、某一群人的文明。一个地区的环保不是真环保，一时的发展也不是真发展。一国的生态文明不是真正的生态文明，全球的生态文明才是人类所共同追求的文明。加强国与国之间相互协作，并认真履行环境保护方面的国际义务，实现全球范围的环境保护，真正实现全球的生态文明。国际环境法力图突破各国在政治和经济利益上的巨大差距对全球环境保护造成的障碍，推动各国保护全球环境的共同政治意愿的发展。中国环境法必须在某些方面与国际环境法达成协调一致。

5. 加强程序立法，落实民众参与制度，提高环境法律的可操作性

要改变现行环境立法重实体轻程序的现状，改变"宜粗不宜细"的陈旧落后的立法思路，在立法中注重具体尺度的确立，明确操作规程。在立法上应将民众参与制度落到实处，而不是仅仅把环境民主停留在宣言上。在环境基本法中应有具体的公众参与条款，设置公众参与的具体程序，使其具有可操作性。

（三）健全相关法律制度

健全资源有偿使用制度和生态效益补偿费制度。对有关资源法中业已确立的资源有偿使用制度要进一步具体化、完善化，使之具有科学性和可操作性。尚未确立该制度的资源法，要尽快确立和完善。在资源使用者的承受能力范

围之内，适当拓展资源费征收的广度和深度。强化资源费征收环节，建议在总结经验的基础上，以法规形式建立资源更新补偿机制。

完善生态环境影响评价制度。《环境影响评价法》对法律责任的规定不完善，难以实现预防为主的环境保护原则。预防为主原则是人类同环境污染作斗争的经验总结，在环境保护法中确立该原则意义重大。作为预防为主原则主要支柱的环境影响评价制度，我国的《环境影响评价法》对此有详细规定。然而，在企业承担的环境责任方面，该法仅仅以罚款来弥补环境损失，并没有做出"恢复原状"的规定，但对企业进行一定的经济惩罚仅仅是手段而不是目的。立法中在追究法律责任时只考虑到经济惩罚而忽视环境整治的生态效益，无法实现环境保护预防为主的基本原则。缺乏"三同时"方面的规定。现行的《环境影响评价法》仅提出了"对规划和建设项目实施后可能造成的。环境影响进行分析、预测和评估，提出预防或者减轻不良环境影响的对策和措施"，并未就"对策和措施"的执行和检验（即"三同时"和环保验收）做出规定，将这一完整的环境管理体系割裂开来。这一制度缺陷使环评有效性大打折扣。分级审批规定没有突出环境管理的特点，《环评法》关于分级审批的规定过于强调与有关部委审批项目程序的一致性，没有考虑项目对环境的影响性质。这对于污染轻的项目下放审批、污染重的项目上收审批存在法律障碍，可能造成建大楼等环境影响较小的项目要到环境保护部审批，而一些环境污染较重的建设项目却在地方一级环保部门审批。没有将部分重要规划纳入法定的评价范围。《环评法》除了对"一地、三域、十专项"进行了规定之外，并没有规定具体的审查要求，也没有编制内容的要求，难以保证环境影响篇章或者说明的编制质量，容易使很多工作流于形式，不能达到"预防规划实施可能造成的不良环境影响的目的"。

在我国，各级政府是辖区环境质量的责任者，也是环境保护工作的组织者。在这方面，法律应当做的是规定完善的制度和程序，防止政府的决策出现失误。只有这样，才能从体制和制度设计上预防和杜绝严重违背生态文明建设要求的政府行为发生。对各级政府的环境责任要建立考核机制，完善政府的环境责任追究制度，把环境保护工作作为干部选拔任用和奖惩的硬指标。

案例：

俄罗斯生态立法的发展最早可以溯源到公元 11 世纪，在古罗斯颁布的一些规范性法律文件中就可以找到有关生态环境保护的相关规定。1016 年的《罗斯法典》明确对偷伐树木、破坏树穴野蜂巢者处以一定罚金。1649 年颁布的《国民会议法典》也作出了对在别人池塘里捕鱼，捕海狸、水獭视为偷窃财产的相应规定。15 世纪的俄罗斯，俄罗斯特别注意对森林资源的保护，严格禁止在禁区内伐树，并设有专人看护森林。到了俄罗斯帝国时期，俄罗斯的生态立法开始注意对自然资源的可持续利用的维护。17 世纪的俄罗斯，在相应的法律文件中对捕猎的方式、可以捕猎的动物种类以及捕猎工具的尺寸等就做出了相应的法律规定。1845 年的《刑事及劳教处罚条例》规定"如有人建造法律上认为对空气或水有害的工厂，无论在域内域外，尤其在河流上游，则这些工厂必须取缔。该人应受七天至三个月的拘禁或 300 卢布以下罚金。"到了苏维埃社会主义共和国时期（1917 年～1991 年），1917 年 10 月 26 日第二次全俄苏维埃代表大会通过的土地法令将土地连同其他自然财富完全实行国有化，土地和其他自然资源的私有被取消。1993 年颁布《俄罗斯联邦宪法》，进行生态立法理论的革新，并起草了 2002 年《环境保护法》的新文本。俄罗斯联邦立法草案列入优先项目之中，建立了生态立法的研究中心，以便组织对自然环境保护根本性问题的研究，并协调各研究机构的力量。

第二节 严格执法
保障生态安全

环境执法是保障生态环境安全的重要手段之一。由于环境执法不到位，造成环境污染和生态破坏加重，严重制约了经济可持续发展。各执法部门要切实加强环境执法力度，挺直腰杆，敢于碰硬，坚决查处环境违法行为，不管涉及到谁，都要一查到底，决不手软；其他部门要协助、配合和支持环保部门的工作，为他们严格环境执法撑腰；要通过上上下下的共同努力，在全社会形成勇于执法、敢于执法、善于执法的良好氛围。

一、环境执法存在的四个问题

（一）执法环境影响执法水平

由于历史和现实的各方面原因，我国环境保护行政执法目前仍存在种种问题和困难，部分地方领导环境意识、法制观念不强，对保护环境缺乏紧迫感，甚至把保护环境与发展经济对立起来，强调"先发展、后治理"、"先上车、后买票"、"特事特办"；一些地方以政府名义出台"土政策"、"土规定"，明文限制环保部门依法行政，明目张胆保护违法行为，给环境执法和监督管理设置障碍，导致不少

"特殊"企业长期游离于环境监管之外，所管辖的地区环境污染久治不愈，环境纠纷持续不断；一些企业甚至暴力阻法、抗法。

（二）环境执法形势日益严峻

目前的污染物排放量已经远远超过环境自净能力，人为因素造成的生态破坏在一些地方不断加重，资源环境与经济、社会发展之间的矛盾越来越突出。当前"少数人受益、多数人受害、靠污染环境致富"的现象依然存在。一些地方边整顿边反弹，死灰复燃依然严重。不法排污企业违法排污，重大环境污染问题严重威胁群众身体健康。环境问题在一些地方已经成为突出的社会问题，群体性事件明显增加，有的还是恶性事件，在国内国际社会造成了不良影响。

（三）环境执法能力相对薄弱

经过多年的建设与发展，环保执法能力与水平有了较大的提高，但目前仍存在执法队伍人员少、装备差、监控手段落后、经费难以保障等问题。

（四）环境执法面临新老问题

由于地方保护、监管体制不顺等多种因素的制约，环境执法的老问题还没有很好解决，许多新情况、新问题又不断出现，有法不依、执法不严、违法不究的现象还很突出。大型企业违法排污突出，小企业污染反弹屡禁不止；变化法人、变化经营范围等多种方式与环保部门"捉迷藏"；一些违法排污企业的经营者，因其政协委员、人大代表等政治身份，环保部门即使查到其环境违法行为也受多方制约难以查处到位。

总体来看，环境保护中有法不依、执法不严、违法不究的现象还比较普遍，对环境违法处罚力度不够，违法成本低、守法成本高。一些地方对环境保护监管不力，甚至存在地方保护主义。有的地方不执行环境标准，违法违规批准严重污染环境的建设项目；有的地方对应该关闭的污染企业下不了决心，动不了手，甚至视而不见，放任自流；还有的地方环境执法受到阻碍，使一些园区和企业环境监管处于失控状态。这种状况不改变，环境保护法就是空中楼阁，无从谈起。

二、坚决执法，严肃惩治违法

（一）坚决执行环境保护标准

环境标准是评价环境质量优劣程度和企业环境污染治理好坏的尺度，也是我们进行环境管理、监督执法的基础依据，更是衡量一个单位污染排放量是否违法的重要评价依据，是环境管理部门环境执法的尺度，是科学管理环境的技术基础，同时也是制定环境规划、计划的重要手段。随着我国法治化建设进一步完善和行政许可法的实施，必将推动环境管理和环保执法进一步规范和法治化，正确使用环境标准是保证环境执法规范正确的基础。坚决执行和贯彻国家和地方有关法律、法规、制度的相关环境标准，对于违反标准的企业行为要坚决查处，绝不手软。对于标准的执行要严格执行、灵活使用：（1）要注意区分地方标准和国家标准，仅仅依靠国家排放标准进行环境污染管理，根本满足不了各地因经济技术条件和管理水平不同对排污要求不同的需要。（2）要划分区域标准。针对不同区域的污染因子不能用一把环境标准的"尺子"来量，要充分考虑到所在地的污染承载力。（3）灵活使用标准，提高行业标准。达标排放不等于没有污染。总量控制的惟一办法是提高企业的排放标准。（4）既要服从环境保护标准又要服从群众满意标准。我们无论执行哪一种标准，都要以老百姓满意不满意作为最高标准。为此，我们要把公众满意度当成衡量环保是否合格的重要因素，在建设规划和项目的环境影响评价时应当广泛听取公众的意见，必须征得所在地区大多群众的同意，从而维护广大公众正当的环境权益。

（二）坚决执行环评审批制度

坚持项目"三同时"制度，坚决杜绝"高耗能、高耗水、高污染"项目，引导并鼓励清洁生产、增产减污项目实施，通过环评把关促进产业结构优化升级，审批内容公开、审批程序公开、审批结果公开。扭转重审批轻管理、重事前评价轻事后评估的局面。严禁违法、违规、违审批项目。对于未经环评审批擅自启动开建的项目要立即叫停。凡违反法律规定的，视情节予以组织处理、纪律处分直至撤职、开除；涉嫌犯罪的，依法移送司法机关；对违反禁令行为查处不力的、包庇袒护的，依法追究有关领导的责任。对未依法办理环评审批、未通过"三同时"验收，擅自从事生产经营活动等违法行为，环保部门依法查处后，应当按照国务院《无照经营查处取缔办法》的规定，移送工商部门依法查处；对违反城乡规划、土地管理法律法规的建设项目，应当移送规划、土地管理部门依法限期拆除、恢复土地原状。

（三）坚决查处生态破坏违法行为

严肃查处各类违法案件，坚决杜绝"边治理、边污染"，"先污染、后治理"等弊端，把社会经济发展过程中的环境污染降低到最小程度；要坚持预防为主，加强综合治理，做到：重点治理的任务必须领导挂帅，有所突破，不解决问题不撒手。严禁包庇、纵容、袒护环境违法行为。对于以下情况要加大处罚力度：（1）主观恶意的，从重处罚，"私设暗管"偷排的，用稀释手段"达标"排放的，非法排放有毒物质的，建设项目"未批先建"、"批小建大"、"未批即建成投产"以及"以大化小"骗取审批的，拒绝、阻挠现场检查的，为规避监管私自改变自动监测设备的采样方式、采样点的，涂改、伪造监测数据的，拒报、谎报排污申报登记事项的，要狠狠打击，加大处罚力度。（2）造成严重后果的，要从重处罚。对于环境违法行为造成饮用水中断的，严重危害人体健康的，群众反映强烈以及造成其他严重后果的，从重处罚。（3）对在自然保护区内违法开发建设和开展旅游或者违规采矿造成生态破坏等违法行为，予以重点查处。环境违法行为对生活饮用水水源保护区、自然保护区、风景名胜区、居住功能区、基本农田保护区等环境敏感区造成重大不利影响的，从重处罚。

（四）坚决追究生态破坏法律责任

加大查处力度，重点查处庇护或纵容违法排污企业、阻挠和干预环保执法的问题，在决策中出现重大失误、导致辖区或相邻区域环境受到严重污染或造成破坏的问题，地方政府和有关部门对环境违法行为监管不力的问题，环保部门滥用审批权、评审权、执法权谋取利益等问题。对重大环境违纪违法案件，要严肃追究有关责任人员的责任；对地方政府不认真履行环保职责问题严重的，还要追究有关领导的责任。在查处环境违法行为过程中，发现违法行为人涉嫌重大环境污染事故等犯罪，依法应予追究刑事责任的，应当依照《刑事诉讼法》、《行政执法机关移送涉嫌犯罪案件的规定》和《关于环境保护行政主管部门移送涉嫌环境犯罪案件的若干规定》，移送司法机关。

三、进一步加强环境执法工作的建议

坚持依法执法，全面树立合法执法、合理执法、程序正当、高效便民、诚实守信、权责统一的法治执法精神，是全面依法建设生态文明的必然要求。

按照胡锦涛总书记提出的"探索健全国家监察、地方监管、单位负责的环境监管体制"指示，加强环境执法工作，必须从体制、机制、法制、能力上进行必要的调整和加强，使环境执法真正严起来、强起来、硬起来。

（一）增强执法主体依法执政观念

依法行政是现代法治国家普遍遵循的一项法治原则，是现代政府管理模式和行政观念的一场深刻革命。生态文明建设的提出，对加强政府法制建设、提高公务员依法行政意识与能力都提出了新的更高的要求。在新的历史条件下，广大领导干部要强化依法行政观念，切实提高依法行政能力。行政执法单位在执法过程中是代表政府进行执法，使命崇高、责任重大、任务艰巨，要摆正执法与服务的关系，树立执法就是服务的观念，为社会服务、为人民群众服务、为生态文明建设服务。按照生态文明法治建设的基本要求，领导干部必须树立依法行政的正确观念和意识，加强行政执法，建立行政决策合法性论证制度，切实推进行政机关的依法行政。

环境保护法制宣传是环境执法工作的基础。进一步加强环境法制宣传工作，努力提高全社会的法律意识和法制观念，不断提高人民群众和企事业单位学法、懂法的自觉性，极大地提高广大群众、特别是各级领导干部的环境保护意识和环境法制观念，积极地鼓励群众参与环境监督管理，既监督执法部门执法情况，也监督企事业单位污染状况和守法情况。这是从根本上解决行政执法难的必由之路。

（二）增强执法主体依法行政能力

依法行政的基本要求是合法行政、合理行政、程序正当、高效便民、诚实守信、权责统一。任何行政职权都必须基于法律的授予才能存在；任何行政职权的行使都必须依据法律、遵守法律；任何行政职权的授予、委托及其运用都必须具有法律依据，符合法律要旨。

各级环保部门应当建立健全环境行政处罚自由裁量权的监督机制。在环境行政处罚案卷评查、行政执法评议考核、环境行政复议和环境信访等监督工作中，既要审查行政处罚自由裁量权的合法性，也要审查其合理性。对于行使行政处罚自由裁量权明显不当、显失公正或者其他不规范的情形，要坚决依法予以纠正。要以积极的姿态接受人民法院依照行政诉讼法的规定对环境行政处罚的司法监督，自觉接受人大监督、政协民主监督和社会监督。

（三）建立健全"五种工作机制"

重点建立健全"五种工作机制"。一是建立多部门联合执法和移送移办制度，进一步加强上级监察力度。二是建立全过程环境监管制度。加强对建设项目环境影响评价文件审批后的环境监管。三是完善社会监督机制，对大案要案进行适度的公开揭露，引导公众参与监督，不断提高环境执法的影响力。四是健全信息公开制度，定期通过新闻媒体向全社会公布违法企业名单，充分利用各方面力量监督违法排污和破坏生态的行为。五是实施企业环境监督员制度。

（四）增强环境执法能力

重点推进环境应急网络建设、环境监察执法标准化建设、污染源自动化监控网络建设和环保热线网络建设，增强重点区域、流域、重点工程和重点生态保护区的环境执法能力。推进队伍规范化管理。严格环境监察人员"准入"制度。加强行风建设和政务公开工作，完善环境执法公示制，实现"阳光执法"，增强执法效能。

（五）做到"四个转变"

转变思想，适应市场经济新体制的环境执法形势，切实做到"四个转变"，即：执法要从工业污染执法向全方位的环境执法转变；环境执法体系要从一元执法向多元执法监督体系转变；执法形式要从单一的环保行政执法向多样化的联合执法转变；执法手段要从常规执法向自动化信息化的方向转变。

（六）开展环保专项执法行动

专项行动虽然是治标的手段，但对于遏制一个地区、一个时段的突出环境问题具有见效快的效果。持续开展环保专项执法工作，逐步建立环保执法经常性工作机制，切实增强执法的主动性、针对性和实效性，保持高压态势，震慑违法。以专项行动促进环境管理资源的整合，促进环境的统一监管，坚决把各类环境违法案件特别是群众反映强烈的突出环境案件压下去，切实增强人民群众的安全感。

要根据实际情况，需要执法检查就要及时去查，不需要的就不要去查。要把经常性执法与专项治理执法结合起来，开展经常性的监督检查活动，对一些危害重大，影响极坏的违法案件严肃查处。同时，要防止出现环境执法出现"过节"和"扎堆"的怪现象。不能领导强调了，就开始查，领导不讲了，就把工作放一放；不能哪里出了事故，就全部向哪里跑；不能哪里热闹就到哪里；不能什么流行就查什么。要让环境执法经常化，制度化，形成环境法律制度长效机制。

案例：

2008 年，辽宁省政府新闻办召开新闻发布会，对辽河流域锦州金城造纸企业股份有限公司等 8 家重点造纸企业环境违法行为的查处情况予以公开通报，打响了辽宁"环境执法年"的第一枪。据辽宁省环保局领导介绍，多年来，这 8 家企业虽向经限期治理，但成效很小。在省环保局最近几次突击检查中，均被发现违法现象依然十分严重。这些企业或污染治理设施停运，或污水治理设施不正常运转，或污水治理设施不完善，导致生产废水长期超标排放，甚至直接排放。鉴于以上企业的环境违法事实，辽宁省环保局除依法予以高限处罚外，还通知所在地的市政府责令其在规定日前停业整顿。省环保局将派人进驻各市专项督办，直至上述违法企业的整顿全部落实。另外，辽宁还将于今年底前关闭所有的小造纸企业及环保不达标的糠醛和印染企业，全部取缔辽河流域城市段的工业直接排污口。

第三节　环境司法
维护生态正义

司法是指国家司法机关及其工作人员依照法定职权和法定程序，具体运用法律处理案件的专门活动。在西方国家，由于"三权分立"，司法与行政、立法之间有严格界限。正是在立法权和行政权基础之上，"司法是（成为）社会正义的最后一道防线"。

生态正义是指个人或社会集团的行为符合生态平衡原理，符合生物多样性原则，符合世界人民保护环境的愿望和全球意识，符合"只有一个地球"的全球共同利益，特别是符合为子孙万代保护环境的可持续发展观。

环境生态资源的保护，既是困扰人类的迫切现实问题，也是事关子孙后代福祉的长远问题；既是中国面临的全面、协调、可持续发展问题，也是需要全球共同治理的国际性问题。哥本哈根全球气候变化大会，使环境问题越来越凸显其重要性，越来越影响到各国的政治、经济、外交战略部署，影响到社会发展和民生权益保障。促进环境的综合治理刻不容缓，司法作为不可或缺的重要手段，正日益受到各方面的高度重视。

一、理念为先：开展环境司法研究的基本思考

所谓环境司法，从广义角度看，是对与环境相关的司法活动的统称。从法学研究对象和目的看，环境司法是针对现代社会中越来越突出的环境保护和发展中的司法问题，立足于司法实践层面，从整体上、系统上研究如何推进对环境资源、环境权益司法保护的一种研究范式。环境司法的概念决不是一种语词的翻新，而是探索在环境保护领域如何发挥好司法功能，如何实现法治化的理论和实践问题。

环境司法研究要以包容、开放的姿态展开。它既可能涉及到刑法、民法、行政法、国际法等多学科的综合性研究，也可能涉及到公共环境资源保护、个体环境权益保障、公共利益和个人权益相互交织的纠纷解决的对策研究，还可能是专门针对如何以司法手段保护大气、水、土地、矿产、动植物等具体资源，或者司法如何应对声、光、电磁、水质、空气、核污染而导致公民等社会主体人身、财产、居住环境等侵权问题的专项研究。

二、任重道远：环境司法的现状及存在的问题

我国的环境立法自 90 年代以来发展迅速：在资源和生态保护方面，相继出台了土地管理法、矿产资源管理法、水法、煤炭法、水土保持法等；在防灾减灾方面，制定了防震减灾法、防洪法和气象法等；在污染防治方面，先后制定了大气污染防治法、水污染防治法、环境噪声污染防治法、固体废物污染环境防治法等。2002 年我国第一部循

环经济立法——清洁生产促进法出台，标志着我国环境污染治理模式由末端治理开始向全过程控制转变。2009 年 1 月 1 日起施行的循环经济促进法规定了一系列促进循环经济的制度。如前文所述，我国已经初步形成了适应市场经济的环境法律体系。

在司法层面上，环境司法面临的普遍性问题突出表现在四个方面：一是涉及环境保护案件取证难，诉讼时效认定难，法律适用难，裁决执行难。涉及环境保护案件一般具有跨区域、跨部门的特点，加之发生危害结果滞后和相关法律依据的缺失，导致了上述困难；二是涉及环境保护案件的鉴定机构、鉴定资质、鉴定程序亟需规范；三是主管环境资源的各部门与司法部门缺乏有效配合，司法手段与行政手段的衔接难，致使大量破坏环境资源的案件未进入司法程序；四是人民法院对加强环境司法保护的意识有待增强，涉及环境案件的审判力量不足，相关案件的立案、管辖以及司法统计等有待规范。

司法实务部门和理论研究机构要不断满足新时期人民群众在环境权益保护方面的新要求新期待，使命艰巨，责任重大。

三、积极探索：开拓环境司法发展的新思路

随着经济社会的不断发展变化，特别是在加快促进经济发展方式转变的进程中，司法在环境治理、保障方面的作用越来越重要。

（一）完善环境诉讼

环境公益诉讼是指社会成员，包括公民、企事业单位、社会团体依据法律的特别规定，在环境受到或可能受到污染和破坏的情形下，为维护环境公共利益不受损害，针对有关民事主体或行政机关而向法院提起诉讼的制度。实践证明，这项制度对于保护公共环境和公民环境权益起到了非常重要的作用。

近几年，我国在环境公益诉讼领域进行了许多有益的探索。例如，贵州省贵阳市中级法院设立了环境保护审判庭，贵阳市清镇市法院设立了环境保护法庭。设立环保法庭，通过指定管辖，统一司法管辖权，形成环境案件专属管辖的格局，有利于法院排除地方保护，独立审判；也有利于统一不同行政区域间审理环境案件的司法尺度，增强环境司法权威，鼓励人们更多地选择司法途径解决环境纠纷。又如云南省昆明市中级法院、市检察院、市公安局、市环保局联合发布了《关于建立环境保护执法协调机制的实施意见》，规定环境公益诉讼的案件由检察机关、环保部门和有关社会团体向法院提起诉讼，扩展了环境诉讼的原告主体范围。环境侵权与一般民事侵权相比，具有间接性、广泛性、长期性、累积性等特点，有时环境侵权并没有直接的利害关系人，或者受害人由于缺乏相应的法律知识不会、不愿以诉讼的方式制止环境侵权行为。

但是，我国在推动环境公益诉讼制度中还存在环境民事诉讼中的举证责任倒置。在环境民事诉讼中，污染者和侵害公益的违法者一般拥有着信息、资金和技术优势，而原告相对来说处于劣势地位，不易收集证据。国务院发布的《诉讼费交纳办法》没有把公益性的诉讼案件明确纳入其中，这对大额索赔的环境公益诉讼案件的起诉和提高律师参与环境公益诉讼的积极性来说都是不利的。

（二）切实维护环境权益代内公正

代内公正是指当代人在利用自然资源、谋求自身利益和发展的过程中，要把大自然看成全人类共有的家园，平等地享有地球资源，共同承担维护地球的责任。必须联系代内的公平，即一部分人的发展不应以损害另一部分人的利益为代价。在一个国家内部，环境资源代内公平享用是指，同一代人，无论其拥有的财富多寡，一律公平地享用对其生存和经济发展所必须的共有的环境资源；同时，也要为公平的目的对私有财产进行限制，不允许以破坏环境资源的形式使用自己的财产。在国家与国家之间，环境资源代内公平享用是指：处于同一代的任何国家，无论是富国还是穷国，都公平地享用同际间共有的环境资源。

1. 权利平等

人的生态权利来自于或衍生于人的生存权利，公民不仅拥有生存的权利，而且其生存环境也同时应该不断地得到保护和优化。如果人的生存环境得不到保护，那么人的生存权利就会成为一句空话。这就是说，生存权利本身就先天地包含着生态权利的内容。与其它权利一样，生态权利也是一种排他的权利。任何个人和组织，在未经当事人同意的情况下，不能剥夺其生态权利。换句话说，任何个人或组织不能破坏他人的生存环境。

社会不公平导致社会不稳定不和谐、环境不公平导致资源利用低效率、自然生态条件恶化，这些问题不能仅仅依靠市场的力量来解决，而要求我们必须建立相应的法律制度和司法程序。建立环境权利诉求的表达机制，维护潜在利益受害者的知情权和发表意见的机会；为环境利益相关方建立沟通、协商和解决问题的机制，特别是有倾向地帮助弱势群体实现权益；使环境权益保障制度化，这必须通过加强法制建设构成长期的制度支撑。我国现行《固体废物污染环境防治法》、《大气污染防治法》规定，对于赔偿责任和赔偿金额的纠纷，由环保行政主管部门或其他依照法律规定行使环境管理权的部门协调处理，协调不成的，当事人可以向人民法院提起诉讼。当事人也可以直接向人民法院提起诉讼。可见，发生环境权益损害时，司法途径才是解决纠纷的最终手段。特别是遇到跨境污染事件，涉及到管辖权和管辖范围等更加复杂的问题，群众通过司法程序环境维权是很好的途径。

2. 分配合理

同一代人，不论国籍、种族、性别、经济水平和文化差异，在要求良好生活环境和利用自然资源方面，都享有平等的资源使用权利和环境保护责任，从历史和现状来看，代内不平等的情况非常严重，分配严重不合理。发达国家的富裕大多建立在对发展中国家自然资源的剥削和掠夺之上，并且将发展中国家视为转嫁污染的"垃圾场"。而发达国家不顾环境的快速发展也使环境问题日益严重，使环境危机危及整个人类的生存。同代人之间的平衡要求一国在开发和利用自然资源时必须考虑到别国的需求，还要求考虑各个国家如何分担环境保护责任。

3. 机会均等

地球上的环境资源是全人类的共有财产，它不只是那些拥有技术、装备、资金的少数人的财富和私人财产，而是属于所有生活在地球上的每一个人的共有财产。在对环境资源开发利用时不应再将环境资源当作"天赐之物"而由先占者独自享用，环境资源就其自然属性和对人类社会的极端重要性来说，是包括当代人和后代人的人类共同体的"公共财产"，它应该由全人类对环境资源共同享有。在环境资源面前，人人平等，每一个人都有享受良好自然环境和合理利用环境资源的权利，同时，每一个人也都有保护和改善自然环境的义务。为此，应将对环境资源的公平分配列为21世纪环境时代环境资源法的价值取向之一，并将环境资源利益的代内公平分配向代际公平分配延伸，使环境资源能够持续为人类所开发和利用，以促进人类的繁荣和昌盛。

充分利用媒体的舆论优势支持环境诉讼，这不仅仅有助于污染受害者讨回公道，更重要的是借此宣传环境法，唤醒广大公民的环境意识、法律意识和维权意识，让群众自己学会用法律保护自己的权益。目前，我国有资质的环境污染鉴定评估机构异常缺乏，缺乏统一的技术标准和方法，不同的机构对于同一个案件做出的结果时常大相径庭，有的甚至截然相反，让法院难以适从。以渔业污染案件为例，需要环境监测站、渔政监督管理部门及司法鉴定部门对案件中的某些专业问题进行鉴定，以及对直接损失和间接损失进行评估。

案例：

2006年3月9日晚8时45分，江苏省海安县境内的北凌河北凌闸开闸放水。栟茶运河七里缺（地名）至十里桥段和江海河从南凌河交界处至栟茶镇杨堡村段河中出现鱼类死亡。晚 10 时左右，江海河北段养殖户围坡、围箱内养殖的鱼出现大面积死亡。被告大恒公司、华美公司、海宇公司、生达宇公司、江山公司、兴鑫公司、高精油脂公司均为江海河、栟茶运河、如泰运河沿岸的化工生产企业。后养殖户李富向法院提起诉讼，认为该七家公司排放污染物造成其鱼死亡，要求赔偿损失。法院经审理认为，原告提供的环境监测报告、村民委员会、镇海洋与渔业办公室调查报告等证据已证明原告存在损害后果，被告华美公司、大恒公司、海宇公司、生达宇公司、江山公司、高精油脂公司六被告存在违法行为。被告兴鑫公司 2006 年上半年第一季度单位改制停产，没有生产，不存在污染物排放，因而其不存在违法行为。华美公司等六被告存在违法行为，且不能对法律规定的免责事由及其排污行为与原告的损害后果之间不存在因果关系向法庭举证，故六被告存在共同环境侵权行为，构成共同环境侵权，应对原告的损失共同承担赔偿责任。最终法院判决六被告于本判决生效后 30 日内共同赔偿原告李富因环境污染所造成的损失 255909.50 元，并互负连带赔偿责任，并驳回原告李富对被告南通兴鑫化工有限公司的诉讼请求。

第四节　强化监督
保障法律实施

　　"立法是依据，执法是关键，监督是保证。"这是我国法制工作的经验总结，也是建设完备的生态文明法律保障体系的基本要求。完备的执法监督体系必须达到权责明确、行为规范、监督有力、高效运转的要求。我国的环境法律法规虽然不少，但各项法律制度难以落到实处，难以有效约束环境违法行为，加上地方保护主义的干扰，这就更需要我们把主要精力放在加强执法监督上，以更大的决心、下更大的力气破解执法难题，依法强化管理，切实提高执法监督水平。政府要切实加强管理，加强执法的全过程监管；要发挥群众监督，社会舆论监督和人大监督的作用，推动和促进生态文明的发展，促进资源节约型和环境友好型社会的建设。

一、人民监督，打牢群众基础

　　任何公权力都必须受到监督和制约，这是现代民主和法治国家权力运行的基本准则。推进生态文明建设的法律制度的建立和稳固，立法是基础，执法是关键，司法是保障。但无论是立法环节还是执法与司法环节，都必须接受监督，这不仅是生态文明法制建设的必然要求，也是实施依法治国方略，推进社会主义民主政治建设的内在需要。党的十七大报告明确提出要完善制约和监督机制，确保权力正确行使。新形势下，生态文明建设必须要树立和强化"人民监督工作"这一概念，将生态文明建设的最终建设成果融入人民监督工作来整体推进。全面推进人民监督工作的主要措施

（一）提高领导监督水平

国家监督是以国家机关及其公职人员为主体，以国家的名义，依法定职权和程序进行的具有直接法律效力的监督。主要包括国家权力机关的监督、国家行政机关的监督、国家司法机关的监督。作为代表国家行使监督权力的领导和公职人员，在行使法律监督中必须做到五个要：一要认真学，做到知法懂法会用法，用法律理论知识武装领导头脑。只有掌握丰富的理论知识，才能宏观的看待事物，只有全面掌握法律知识，才能知道如何去监督别人。只要主动学，认真学，没有"学不会"的；二要仔细想，强化监督意识和被监督意识，党的各级领导干部要克服特权思想和等级观念，明确自己的监督权力和接受监督的义务，明确行使权力的过程，特别是各级党政主要负责人，只要树立依法治国、依法行政的思想，杜绝"以权代法"、"以情代法"的行为，没有"想不到"的；三要注意听，做到牢记一切问题从实际出发。要耐心听取群众反映的情况，要多听，要听多种情况，多种说法，才能准确把握事实。坚持一切问题来源于实际，深入基层，就没有"听不到"的问题；四要经常看，做到坚持群众的利益高于一切。只要心中有群众，把群众的利益装在心中，要具有执政为民的

思想，要替老百姓着想，要关心老百姓的利益。要深入群众，深入基层，发现问题，不能只了解部门机关的情况，更要下去走走，要常下去看看，要亲自下去看看，没有"看不到"的；五要严格办，自觉遵守党纪国法，更要主动接受监督。领导的权力是人民赋予的，必须对人民负责，为人民谋利益，接受人民的监督。逐步养成一种在民主和监督之下工作生活的习惯。在领导监督方法上下功夫，不断提高监督能力来创新发展。克服监督工作中的障碍，攻坚克难，就没有"办不到"的问题。

（二）拓宽群众监督领域

人民群众直接进行的法律监督是当代中国法律监督体系的基础和力量源泉。公民有权通过各种方式和途径监督国家、企业和其他主体行为是否符合生态文明法律规定，更要国家机关运用公权力的行为是否合法。

这种监督的主体是公民，客体是所有国家机关及其工作人员、政党、社会团体、社会组织、大众传媒。监督内容包括：国家立法机关行使国家立法权和其他职权的行为，国家司法机关行使司法权的行为，国家行政机关行使国家行政权的行为，各政党依法参与国家的政治生活和社会生活的行为，各社会团体、社会组织参与国家的政治生活和社会生活的行为，以及普通公民的法律活动。根据我国宪法，人民群众法律监督的权利是我国人民所拥有的国家权力的必不可少的表现形式和组成部分。人民群众的监督行为是一种法律行为。它或者直接促使监督客体纠正错误、改进工作，或者可以启动诉讼程序或国家权力机关的监督，任何破坏或阻止人民群众行使监督权的行为，都是违法行为，应当受到法律的追究。

国家机关及其工作人员、政党、企业、社会团体、社会组织等群众监督工作，一是要公开用权，让群众便于监督；二是要闻过则喜，让群众敢于监督；三是要知错就改，让群众乐于监督。各级政府要加强上下互动、部门联动。建立和完善巡查、直查、稽查、后督察和年度考核制度，加强与其他相关执法部门、司法机关配合与协作，发挥行业协会、商会及中介组织的纽带和桥梁作用，通过优势互补，放大执法效果。搭建公众参与平台，形成专业执法和社会监督相结合的监督网络。

（三）重视媒体监督作用

古人讲："民之有口，犹土之有山川也，财用于是乎出；犹其原隰之有衍沃也，衣食于是乎生。口之宣言也，善败于是乎兴，行善而备败，其所以阜财用衣食者也。"（《国语·周语上》）这里讲的是人民群众言论的益处，其中也包括舆论监督的作用。

新闻舆论的法律监督，是由新闻媒介进行的法律监督。它既是宪法规定的公民享有言论、出版自由在法律监督领域的具体应用，也是人民群众的监督在新闻、出版领域中的体现。在现代社会，新闻工作者是以自己对社会事件的报道和评价，参与社会生活与政治生活的；新闻工作者以自己的职业敏感，运用报纸、广播、电视、因特网等大众传播媒介，对社会生活进行广泛的、甚至是无孔不入的报道，因此在社会生活中扮演着重要的角色。同时，新闻舆论监督，可以在法律监督方面起到防微杜渐、防患于未然的作用。

　　媒体在实施舆论监督时，要树立法治理念，报道什么，该怎样报道，要事先用法律这把尺子衡量；对报道的内容，新闻媒体要进行审查，把好法律关，这是减少新闻官司的有效方法。要注意保密，不得违反办案规定泄露案件秘密，对于不宜公开的内容，不得披露。对于生产者、经营者、销售者及服务业的产品质量和服务质量，不做失实报道。

　　媒体监督要关注事实本身，要符合法治精神，法律监督要开门纳言，主动接受监督，要以对社会高度负责的精神和勇气，传播法治理念，弘扬社会的公平与正义。只要检察机关和新闻媒体携手共进，舆论监督与法律监督形成合力，社会的和谐与稳定就能不断巩固，生态文明将有一个公正、和谐的环境。

二、主动监督，履行本位职能

　　执行活动的监督，应切实转变监督观念，要变被动监督为主动监督，变事后监督为事前监督，比较可行的办法是实行动态跟踪同步监督，从而及时纠正违法，保护公众生态环境权益。

（一）监督不是亡羊补牢

　　监督的目的不是事后监督，不是亡羊补牢，法律监督不是"救火员"。生态环境由于其特殊性，一旦造成破坏，很难在短时间恢复，必须以预防控制为主。将监督关口前移，在法律预防控制上下功夫，一味的事后的追究责任，对生态环境造成破坏是无法用简单的罚款等弥补生态损失。

　　生态文明建设的法律监督必须按照科学发展观的要求，

紧紧围绕发展这个党执政兴国的第一要务进行，既要严格按照法律规定行使权力、实施监督，又要求真务实，与国情实际紧密结合；既要充分运用法定的形式开展工作，又要在不违反现行法律、法规的前提下，善于借鉴、吸收新鲜经验，在积极探索新的工作与监督形式上进行有益的尝试。

（二）监督不能流于形式

目前，执法检查中层层陪同、车水马龙的现象依然存在，表现为"热热闹闹搞检查，认认真真走过场。"具体表现在：查实体法的多，查根本法的少，即"查小不查大"；查基层单位的多，查主管部门的少，即"查下不查上"；查"已作为"的多，查"未作为"的少，这叫"该查补的不查，不该查的瞎查"；这些现象，都在一定程度上影响了执法检查的效果，使执法检查流于形式，无法完全实现监督目的。往往轰轰烈烈开展一次执法检查就万事大吉，对问题的继续检查跟踪没有形成制度，对已经发现的问题也不了了之，没有一抓到底。

法律监督要落到实处，要起到防范作用。开展执法检查应当深入实际，搞好调查研究，抓重点，抓根本，解决影响该项法律实施的关键问题。检查中要注意加强宣传，抓好典型，总结经验。通过检查，一要对执法中发现的重大问题抓住不放，提出有针对性和可操作性的建议意见，督促整改；二要针对执法中存在的共性问题，建议执法部门建章立制抓好落实；三要加强执法检查后的跟踪监督，抓好所提建议的落实。近几年，全国人大对《水污染防治法》、《大气污染防治》等多部法律法规进行了执法检查，由于重点突出，路子对头，收到了比较好的效果，促进了各项法律法规的贯彻执行。

（三）监督应该主动出击

环境执法监督要变被动监督为主动监督，要瞄准问题，要主动出击，要起到真正的监督作用，在工作形式和方法上要注重创新：（1）勤走访。监督机关应多走访，走问题多的地方，走访存在生态安全隐患的地方，倾听民众的呼声。（2）多邀请。邀请监督工作人员，包括专家、环保义务工作者，主要邀请人大常委会和人大代表视察和检查工作，主动邀请部分人大代表旁听公开审理的案件或社会各界普遍关注的环境纠纷事件的公开庭审。（3）重承办。坚持"人民满意为第一要旨"，重点抓好对人大代表的个案监督和工作建议的承办工作。对人大机关、人大代表关注的问题和案件，主管部门领导都亲自听取承办工作情况汇报，专门部署交办，要求各承办单位要站在讲政治的高度，加强领导，及时有效地完成承办任务，并建立承办责任制。

三、全程监督，建立长效机制

法律实施是一个过程，监督也需要全过程监督，从项目规划、项目审批到项目实施，任何环节都离不开监督，特别要突出事前监督与事中监督，也就是通常所说的在参与中监督，在监督中参与，尽量避免决策失误，及时纠正工作偏差。

（一）规划监督不可少

"不谋万事者不足谋一时，不谋全局不足谋一域"，生态文明以尊重和维护生态环境为主旨，以可持续发展为根据，其重要内涵是形成节约能源资源和保护生态环境的产业结构、增长方式和消费模式。践行生态文明，要点之一是调整发展规划的结构布局，其重要实现途径是实行科学规划。规划上解决环境污染和生态破坏应该是最为经济并且有效的办法之一。

全面实施规划环评是推动污染减排工作的有效手段。规划环评在优化产业布局、促进经济结构调整等方面作用明显、意义重大。我国的规划环评实施只有 5 年时间，虽然其试点工作积累了一定的经验，但在很多地方还存在不足。要不断完善规划环评的程序与机制，规范编制程序、内容、方法和审查办法等。综合考虑项目布局和发展需求，处理好规划实施和项目建设的关系，增强规划环评对规划的指导作用。要明确规划跟踪评价的相应法律责任条款，明确规定各相关部门的职责，避免规划编制、规划审批与规划实施过程脱节。

目前规划环评的最大问题在监督环节。在规划环评中，监督的对象是政府和各相关部门，以现有的监督体系，很难对其形成有效的监督。如果责任不到位，开展规划环评就成为无本之木。同时，规划环评本身也需要具体化，需要在实践中进行系统化和指标化。因此，监督机构要根据相关法律规定，在监督手段、监督方法、监督效果上下功夫，将项目监督管理与区域监督管理相结合，全面抓好规划环评的监督，从源头上依法控制生态环境污染。

（二）高度重视过程监督

长期以来，中国的执法监督工作重点主要放在对结果的监督上，但对过程的监督却始终缺乏力度。而运行过程恰恰是遏制环境破坏事件发生的主要环节。相比结果信息而言，过程更容易真实反映环境影响的实质。因此，健全的法律监督不应仅包括对法律执行结果的监督，更应包括对过程的监督，监督窗口前移是环境执法监督的新要求。在项目环境影响信息公开的基础上，对项目实施过程中的环境影响进行制约和监督，是依法防止生态环境破坏的主要手段。

1. 任何项目的实施尤其是对环境影响较大的项目，都要设立环境影响公示栏，便于群众监督。相关部门必须设立举报登记簿，把反映情况的内容进行监督。同时要根据需要组建监督小组直接参与监督，及时发现问题及时告知，主管部门根据情况进行及时预防控制。

2. 政府要引导企业自律，重点建立企业环境监督员制度、企业年度环境报告制度和企业环境行为信用评价制度，鼓励企业树立预防污染、自主守法的理念，架构环保部门与企业、公众与企业之间的伙伴关系。

3. 对环境管理和审批的权力科学配置，规范环境监管权力运行程序，拓宽和畅通过程监督的渠道，充分发挥各监督主体的积极作用，建立起对项目运行过程的制约监督机制，切实保障生态环境制度法规得以贯彻落实，有效预防环境污染、资源浪费和生态破坏事件的发生。

案例：

江西省遂川县人大常委会对全县《食品安全法》实施情况进行了专题调研，并在2009年12月24日的县十五届人大常委会第十六次会议上听取和审议了县人民政府关于全县食品安全工作情况的报告，并下达了《关于我县食品安全工作情况的审议意见书》，督促政府进一步抓好《食品安全法》的贯彻落实。该会向县政府下达的审议意见书指出了当前《食品安全法》实施工作中存在的少数食品生产经营者利用陈化粮生产米粉、销售劣质过期食品、熟食摊点无防蝇防尘设备以及餐饮店在人行道上切菜、洗菜，造成污水、油烟扰民等群众反映强烈的问题，提出了切实落实食品安全责任、强化《食品安全法》宣传教育、增加食品检测设备及监管经费投入、加强重点环节、重点领域、重点品种和重点对象监管以及建立完善食品安全共享系统等意见和建议，要求县人民政府及其有关部门切实抓好工作落实，有效强化食品安全工作，切实保障人民群众的健康安全。县人民政府高度重视县人大常委会的审议意见，进行专项治理，近两月共出动执法人员1078人次，检查农产品8批次、食品生产企业60余家、食品经营企业1300多家、餐饮单位106家、畜禽屠宰单位14家，查处食品违法案件16起、无证无照单位5家，责令改正单位88家，以《关于落实遂人常发〔2009〕39号文件精神的情况报告》的正式文件向县人大常委会报告了食品安全整改工作情况。

第四章
绿色的产业经济体系

当今时代，人类社会发展的资源环境约束不断强化，面临重大机遇和挑战：一是积极应对全球气候变化，需要综合运用产业结构、能源结构调整和提高能效、增加绿色碳汇等多种手段；二是人类正面临一次绿色经济的巨大变革，绿色经济和生态产业正在对发展和创新产生积极推动作用。在新的历史条件下，怎样继续推进中国特色社会主义生态文明建设？着力推进绿色发展、循环发展、低碳发展是生态文明建设的战略任务。这是因为：

第一，形成符合生态文明要求的生产方式要求推进绿色发展、循环发展、低碳发展。解决人类活动带来的资源环境问题，关键是实现生产方式转变。生态文明的生产方式从现代科学技术的整体性出发，以人类与生物圈共存为价值取向发展生产力。与传统工业文明的线性非循环经济相区别，它的组织原则和技术原则是非线性和循环的，是以生态绿色技术改造现代工业生产，发展绿色经济、循环经济和低碳经济。

第二，着力推进绿色发展、循环发展、低碳发展是建设生态文明的战略要求。生态文明建设在本质上是要建立一种人与自然、消费与生产、物质与精神之间平衡协调的社会文明。应以人与自然和谐发展为中心、以"自然—社会—经济"复杂巨系统的动态平衡为目标、以生态系统中物质循环能量转化与生物生长的规律为依据发展生态产业，形成"生态农业—生态工业—生态信息业—生态服务业"的新型国民经济结构。为此，必须从战略高度全面推进经济发展绿色化、循环化、低碳化。

第三，绿色发展、循环发展、低碳发展是全球产业发展的必然趋势。当今时代，资源环境方面的国际合作与竞争深入发展，发展绿色低碳生态经济既是新的经济增长点，也是国际竞争的新焦点，还是提升国家绿色控制能力的重要手段。绿色、环保、低碳、减排正成为新的国际话语权竞争的焦点。美国在后金融危机时期，把发展绿色经济作为化危为机和实现经济转型升级的重要政策手段；欧盟和日本在新一轮低碳经济竞争中谋求抢占制高点。我国加速推进绿色发展、循环发展和低碳发展，是参与国际合作与竞争的必然要求，能够彰显发展中大国的责任意识，有利于推动发展中国家在应对全球气候变化中发挥更大作用。

第一节　大力发展绿色经济

一、绿色经济的内涵和基本特征

（一）绿色经济的演变

"绿色经济"最初是由经济学家皮尔斯在 1989 年出版的《绿色经济蓝皮书》中提出来的。2008 年 10 月，联合国环境规划署发起了"绿色经济倡议"，其目标和使命是在全球金融危机和经济衰退的背景下，使全球领导者以及经济、金融、贸易、环境等相关部门的政策制定者意识到环境投资对经济增长、增加就业和减少贫困方面的贡献，并将这种意识体现到经济危机重建的相关经济政策中；通过绿色投资等推动世界产业革命，推动国家经济的"绿色化"，创造新的绿色工作机会，从而复苏和升级世界经济。该倡议所秉承的宗旨和理念是：经济的"绿色化"不是增长的负担，而是增长的引擎。联合国环境规划署提出发展绿色经济和绿色新政的倡议得到了国际社会的积极响应。

总的来看，绿色经济本身并不是一个新的概念，但在目前全球能源、粮食和金融等多重危机的背景下，联合国环境规划署首次较为系统地提出了发展绿色经济的倡议，具有倡议的政治性、时机的恰当性和影响的广泛性，并已经开始成为全球环境与发展领域新的趋势和潮流。

（二）绿色经济的内涵

从绿色经济的演变过程及当前绿色经济的使命看，绿色经济是发展模式创新过程中出现的新的经济学概念，是建立在生态环境容量和资源承载力的约束条件下，将环境保护作为实现可持续发展重要支柱的经济发展形态。

绿色经济是以保护和完善生态环境为前提，以珍惜并充分利用自然资源为主要内容，以社会、经济、环境协调发展为增长方式，以可持续发展为目的的经济形态。对绿色经济内涵的理解需要把握以下几个要点：一是要将环境资源作为经济发展的内在要素；二是要把实现经济、社会和环境的可持续发展作为绿色经济的发展目标；三是要把经济活动过程和结果的"绿色化"、生态化作为绿色经济发展的主要内容和途径。

（三）绿色经济的基本特征

从绿色经济的历史演变可以看到，绿色经济作为一种新的经济形态或模式，主要具备以下几个方面的基本特征：

1. 绿色经济促进经济活动"绿色化"、生态化

新时期倡导的绿色经济，不仅要大力发展节能环保等绿色产业，还要加大对传统产业的绿色化、生态化改造。这一点对于当前正处在工业化快速发展阶段的中国显得尤为重要。因此，发展绿色经济，必须加大力度对传统"两高一资"产业进行绿色化改造，坚决淘汰落后产能，提高环境保护的准入门槛，优化经济发展的结构，提升经济发展的质量。

2. 绿色经济以绿色投资为核心、以绿色产业为增长点

新阶段下发展绿色经济，必须准确把握绿色经济的核心和增长点，必须加大绿色投资的力度。这里所指的绿色投资，既包括传统的环境保护、节能减排方面的投资，也包括一切有利于环境保护、可持续发展的投资行为。特别是在联合国环境规划署提出的几大绿色投资优先领域，要着力扶持和培育新的经济增长点，实现经济的绿色复苏和振兴，最终促进人类社会迈向绿色繁荣。

3. 绿色经济强调可持续性，充分考虑生态环境容量和自然资源的承载能力

绿色经济重点强调可持续性，必须把经济规模控制在资源再生和环境可承受的界限之内，既要考虑当代的可开发利用，又要考虑后代的可持续利用，全面提高人的生活质量。同时，经济要具有可持续的发展模式，以原生资源投入为主的工业发展模式最终是不可持续的，必须发展以绿色产业为支柱的经济发展模式。

因此，绿色经济是一个广义的概念，是人类经济发展的新方向。目前倡导的低碳经济和循环经济，都可以归属于绿色经济的大范畴，只有正确把握绿色经济的内涵和基本特征，对各种经济模式和概念之间的逻辑关系分析清楚，才能准确把握绿色经济的发展方向。

二、发展绿色经济的必然性和必要性

（一）发展绿色经济是中国经济发展转型的必然要求

从环境与发展的关系看，中国目前已经进入了一个重

要的战略转型期。绿色经济的基本内涵和我国当前环境与发展的基本形势及战略目标是一致的，符合当前我国应对金融危机所制定的"保增长、扩内需、调结构"的总体策略，对于深入贯彻落实科学发展观、建设生态文明等国家重大战略目标具有重要的政策启示和借鉴意义。可以说，发展绿色经济是实现中国环境与发展战略目标的根本保障，也是实现中国环境与发展战略转型的必然要求。

（二）发展绿色经济是推动"两型社会"建设的重要手段

"两型社会"建设的核心就是促进经济转型，即从过去那种"高投入、高能耗、高污染、低产出"的模式向"低投入、低能耗、低污染、高产出"转变。发展绿色经济，首先要调整经济结构，减少以重化工业为特征的制造业份额，提高以信息技术、金融服务等为主要内容的服务业份额，从源头上减少资源消耗和污染物排放；其次要调整产业结构，不仅要淘汰落后产能，在现有的传统制造业中实现清洁生产，对传统工业进行"绿色化"改造，还要发展新能源、节能环保等新兴产业，提高国家经济的竞争力和可持续发展能力；再其次要大力进行绿色技术创新，为实现经济、产业和产品结构调整以及清洁生产提供技术保障。因此，从发展途径以及实现的目标看，发展绿色经济与建设资源节约型和环境友好型社会是一脉相承的，可以说发展绿色经济是建设"两型社会"的重要手段。

（三）发展绿色经济是实现以环境保护优化经济增长的战略选择

发展绿色经济需要不断增强环境与经济的协调性，关键在于加快推动环境保护"历史性转变"，即从重经济增长轻环境保护转变为保护环境与经济增长并重，从环境保护滞后于经济发展转变为环境保护和经济发展同步，从主要用行政办法保护环境转变为综合运用法律、经济、技术和必要的行政办法解决环境问题。

环境保护"历史性转变"的核心内容是以环境保护优化经济增长，必须从再生产的全过程制定环境经济政策，将环境保护贯穿于生产、流通、分配、消费的各个环节；坚持将保护环境的要求体现在工业、农业、交通运输、建筑、服务等各个领域；不断创新生产理念，推进清洁生产，发展循环经济，对传统产业实行生态化技术改造，从生产源头和全过程减轻环境污染。

从绿色经济的内容和作用方式看，它不仅要对传统产业部门实施"绿色化"改造，降低资源消耗和污染排放，同时还要加快建立更为清洁的、新的产业部门和经济增长点，以及更为清洁的技术和产品。同时，要把发展绿色经济理念贯穿到经济决策和经济发展规划之中，贯穿到生产、消费、贸易和投资等经济再生产的全过程。通过发展绿色经济在客观和源头上有助于促进解决环境问题。可以说，发展绿色经济是以环境保护优化经济增长，并实现环境与经济协调发展的必然选择。

三、加快发展绿色经济的途径

(一) 积极培育和发展新兴绿色产业

在当前形势下，政府需要切实加强对发展绿色经济的引导。通过实施各种环境经济激励政策，推动技术创新和进步，促进产业部门的"绿色化"。通过发展循环经济和实施清洁生产，推进产业、产品结构调整以及技术的更新进步。除对传统产业进行绿色投资外，还要着眼于绿色产业的发展与调整，以新能源、新材料、可再生能源、环保产业等为切入点，培育新兴绿色产业和新的经济增长点，在新一轮全球经济发展进程中促进经济及早转型，努力抢占未来竞争的制高点，从而实现自身的可持续发展。

(二) 将绿色经济纳入到经济社会发展综合决策

在环境与发展综合决策、经济刺激方案以及产业调整和振兴规划的执行过程中，要融入绿色经济的理念、措施和行动，真正体现科学发展观和"两型社会"建设的要求。要利用我国正在开展"十二五"规划前期研究的有利时机，多部门紧密协作，加快制订绿色经济发展规划，并将绿色经济理念融入到各部门、各领域的发展规划，从而推动国民经济各行业的全面"绿色化"。

(三) 加快建立绿色技术创新体系

发展绿色经济，绿色技术是支撑。许多发达国家都认为，绿色经济可能会引领新一轮的技术和产业革命，并积极利用应对金融危机的难得机遇，大力发展包括新能源、新型汽车等领域的绿色技术，从而确保国家技术竞争力处于全球的领先地位。我国应当对绿色技术发展给予必要的资金和政策扶持，促进绿色生产技术开发示范，进一步加快环境友好型技术的产业化进程，为发展绿色经济提供坚实的技术支撑。

（四）形成完善的绿色经济政策体系

为了适应我国绿色经济的发展，必须对相关政策进行调整和完善，建立起有效的政策保障体系。一是从再生产全过程制定环境经济政策，推动资源性产品的价格改革，促进环境污染外部成本内部化，制订有利于环境保护的财政政策和税收政策，研究开征环境税；二是积极研究绿色投资政策，促进重点产业的"绿色化"生产，加强对环保领域的金融服务和对境外投资的引导；三是建立绿色经济的统计、跟踪和评价机制，科学预测绿色经济的发展趋势，为更好地制定绿色经济发展相关政策提供有效支持。

（五）积极倡导公众绿色消费

发展绿色经济，必须建立可持续生产体系与可持续消费体系，二者不可偏废。随着我国经济的持续增长，人民生活水平不断提高，消费能力正处于升级转型阶段，为此倡导可持续消费和绿色消费的意义尤为重要。要以环境标志产品认证为重要平台和抓手，以政府绿色采购为重要的切入点和推动力量，引导公众自觉选择资源节约型、环境友好型、低碳排放型的消费模式。

（六）加强对绿色经济的宣传教育

要充分利用广播、影视、报刊等宣传媒介，进行绿色经济知识的普及、教育和宣传，开展各种形式的宣传活动，增强全民的绿色意识，尤其是青少年的环境意识教育。中小学教材中应增加绿色经济的内容，大学也应设置相关课程和专业，并通过举办各类培训班、研讨班等，全面系统地培训技术人员、管理人员和科研人员，为绿色经济发展提供优秀的人才队伍。

（七）积极开展绿色经济国际合作

中国作为发展中大国，要实现绿色发展，从根本上解决中国环境保护的诸多问题，就必须加强国际交流与合作：

1. 加强绿色经济发展的对外交流，不断探索适合我国国情的绿色经济发展道路。

2. 与发达国家建立先进绿色技术的转让机制。

3. 加强与发展中国家的合作，将我国发展绿色经济的实践经验与有关发展中国家进行交流、共享。

案例：

吉林省大安市利用绿色资源，开发绿色食品，培育绿色产业，发展绿色经济，提高了经济发展质效，为可持续发展奠定了坚实的基础。大安市首先从改善生态入手，全面展开了举市三年大造林活动，完成湿地恢复、村屯绿化、荒山荒地造林、农防林、低质低产林改造等绿化任务 24.5 万亩，被评为全国绿化先进集体和白城市"举市三年大造林、加快治理荒漠化"活动优胜单位。城市、乡村绿意浓浓，焕发勃勃生机，为发展绿色经济奠定了较好的基础；大安市依托国家无公害农产品生产示范基地县的金字招牌，坚持以市场为导向，开发绿色食品，如今绿色有机无公害作物发展到 48 万亩，30 多个特色农产品先后打入市场，并迅速成为备受域内外客商和消费者青睐的知名品牌；大安风力资源丰富，全市可开发风电场面积 1600 平方公里，已经列入国家千万千瓦风电基地，初步纳入国家和省规划 525 万千瓦，是吉林西部风电基地的重要组成部分。截至 2010 年底，装机总量达到 75 万千瓦，并网发电 40 万千瓦。风电产业的开发同时还带动了风电配套企业的迅猛发展，引进了 9 户风电配套企业。积极开发利用太阳能、加强节能减排、发展生态旅游，成为大安市一笔无尽的财富，按照发展大湿地、大旅游的思路，以建设"一江环绕、四湖相拥"的城市水系为突破口，打造生态旅游城。同时深入挖掘旅游文化，丰富旅游文化内涵，着力把大安建设成为生态宜居的长吉图开发开放先导区、中蒙大通道中重要的节点城市和吉林省区域中心城市，实施的嫩江湾湿地恢复保护与旅游开发工程，栽植树木 150 万株，湿地生态持续改善，景区功能逐步增强，嫩江湾国家湿地公园已成为大安城市名片。

第二节　积极倡导循环经济

循环经济是对物质闭环流动型经济的简称。它按照自然生态系统物质循环和能量流动规律重构经济系统，使经济系统和谐地纳入到自然生态系统的物质循环的过程中，建立起一种新形态的经济，循环经济在本质上就是一种生态经济，要求运用生态学规律来指导人类社会的经济活动。它要求把经济活动组成一个"资源—产品—再生资源"的反馈式流程；其特征是低开采，高利用和低排放。

当前面临的严重资源能源短缺与环境污染是中国提出发展循环经济的基本背景，通过发展循环经济，减少资源能源投入，提高资源能源的利用率，从而减轻对环境的污染，实现经济与环境的双赢。

发展循环经济，是提高经济效益的重要手段。从企业来看，推进资源节约和循环使用，减少了能源消耗，降低企业的生产成本，提高企业对外竞争能力，增强企业经济效益；从全社会来看，资源的综合利用和回收利用，培育了新的经济增长点，形成循环利用的新产业，产生新的经济效益。

一、正确把握循环经济的内涵及其特征

（一）循环经济的内涵

循环经济即物质闭环流动型经济，是指在人、自然资

源和科学技术的大系统内，在资源投入、企业生产、产品消费及其废弃的全过程中，把传统的依赖资源消耗的线形增长的经济，转变为依靠生态型资源循环来发展的经济。它要求运用生态学规律来指导人类社会的经济活动，其目的是通过资源高效和循环利用，实现污染的低排放甚至零排放，保护环境，实现社会、经济与环境的可持续发展。循环经济为工业化以来的传统经济转向可持续发展的经济提供了战略性的理论范式，从而从根本上消解长期以来环境与发展之间的尖锐冲突。

（二）循环经济的特征

循环经济作为一种科学的发展观和一种全新的经济发展模式，具有自身的独立特征，主要体现在以下几个方面：

1. 新的系统观

循环是指在一定系统内的运动过程，循环经济的系统是由人、自然资源和科学技术等要素构成的大系统。循环经济观要求人在考虑生产和消费时不再置身于这一大系统之外，而是将自己作为这个大系统的一部分来研究符合客观规律的经济原则。

2. 新的经济观

循环经济观要求运用生态学规律，而不是仅仅沿用19世纪以来机械工程学的规律来指导经济活动。不仅要考虑工程承载能力，还要考虑生态承载能力。在生态系统中，经济活动超过资源承载能力的循环是恶性循环，会造成生态系统退化；只有在资源承载能力之内的良性循环，才能使生态系统平衡地发展。

3. 新的价值观

循环经济观在考虑自然时，不再像传统工业经济那样将其作为"取料场"和"垃圾场"，也不仅仅视其为可利用的资源，而是将其作为人类赖以生存的基础，是需要维持良性循环的生态系统；在考虑科学技术时，不仅考虑其对自然的开发能力，而且要充分考虑到它对生态系统的修复能力，使之成为有益于环境的技术；在考虑人自身的发展时，不仅考虑人对自然的征服能力，而且更重视人与自然和谐相处的能力，促进人的全面发展。

4. 新的生产观

传统工业经济的生产观念是最大限度地开发利用自然资源，最大限度地创造社会财富，最大限度地获取利润。而循环经济的生产观念是要充分考虑自然生态系统的承载能力，尽可能地节约自然资源，不断提高自然资源的利用效率，循环使用资源，创造良性的社会财富。

5. 新的消费观

循环经济观要求走出传统工业经济"拼命生产、拼命消费"的误区，提倡物质的适度消费、层次消费，在消费的同时就考虑到废弃物的资源化，建立循环生产和消费的观念。同时，循环经济观要求通过税收和行政等手段，限制以不可再生资源为原料的一次性产品的生产与消费，如宾馆的一次性用品、餐馆的一次性餐具和豪华包装等。

二、中国发展循环经济的基本思路

（一）中国发展循环经济的面临主要问题

1. 企业规模小，发展循环经济缺乏规模支撑

中国"五小"企业在中国污染密集型和资源型行业占有很重要的地位。这一特点在落后地区表现得更为明显。实践表明，只有实现规模经济，循环经济才能得以更好地发展。

2. 尚没有形成适合区域性循环经济网络发展需要的经济机制和政策体系

一些城市建立了垃圾再生处理设施，但由于缺乏运转费用而不能运转。其主要原因是缺乏一种弥补市场外部性的政策体系支持和投融资机制。

3. 宏观经济调控政策与循环经济发展之间缺乏一致性

为了解决经济发展中的资源短缺和环境问题，中央政府把发展循环经济提到了很高的地位。但在各级政府和综合经济管理部门的相关政策中，仍然没有把发展循环经济作为整体政策中的一个环节进行具体化落实。发展循环经济仍然边缘于主体经济政策之外。

4. 没有形成适合于循环经济发展的制度体系和运行机制是循环经济发展缓慢的根本原因

不解决制度和激励机制问题，仍然按照传统的对经济管理的认识，把生态环境和自然资源排除在宏观经济要素之外去管理经济，循环经济发展模式将无法实现，可持续发展也仅仅是理念。

5. 在循环经济管理方面，中国尚未建立起基本的物质流量表，对于企业和地区进行循环经济管理缺乏基本的数据信息。

（二）促进中国循环经济发展的基本思路

1. 进行制度创新

循环经济的发展需要改变现有利益格局，把生态环境和基本资源作为生产要素进入市场"流通"，因此，首先要设计一种制度框架，明确生态环境和基本资源的产权关系，并规定其交易和补偿机制。

2. 选择优先领域

选择发展循环经济的优先领域应该遵循以下原则：第一，应有利于增加就业，至少不与就业发生矛盾。在中国当前存在极大的就业压力的情况下，发展循环经济不能以牺牲大量就业为代价。必须在就业、节约资源和保护环境之间寻求平衡。第二，应该以在总体污染排放中所占比例比较大，资源消耗多的行业为优先发展循环经济的领域。第三，针对短缺资源推进资源的循环利用。例如，中国的水资源总体上极为短缺，水的循环利用应优先推进。第四，具有较为成熟的循环利用资源技术、资源再生技术的产业领域应优先推进。

3. 建立伦理体系

发展循环经济要得到公众的理解和支持，循环经济涉及生产和生活的所有领域，与全社会的所有人的利益都密切相关，因此，必须发动社会大众，充分认识环境和资源对可持续发展的严重制约，使全社会充分认识循环经济模式对中国可持续发展的重要性。有必要在中国开展一场发展循环经济的社会动员，鼓励非政府组织充分发挥作用。

4. 配套国家政策

过去国家的宏观调控政策主要集中于利用财政政策和货币政策调控经济总量，很少在总量调控的同时对不同部门和不同类型的企业和产品进行精细的分类调控。对于循环经济发展，其政策应该充分细化，与财政货币政策相协调配套，防止政府不同部门按照部门利益和业绩需要"有选择地"执行。

5. 重视技术创新

没有技术上的可行性，或在现有技术水平下循环利用资源的成本很高，则循环经济就没有经济上的可行性。政府应该大力支持和鼓励循环经济技术体系的创新，并应该将其作为政府职能的一部分。

6. 加强环境资源监测

发展循环经济不是目的，而是节约资源，保护环境，实现可持续发展的手段。推进循环经济需要有效率的政策和科学的管理，真实而充分的信息是提高管理水平，制定正确政策的基础。目前中国的环境和资源信息缺乏透明度和适时性，不利于循环经济政策的实施。发展循环经济应该加强环境与资源监测的科学化、信息化和网络化。

三、促进循环经济从不同层面协调发展

循环经济是一种经济发展模式的革命，需要社会各个方面的参与和推动才能实现，需要在思想理念、行为方式上和社会经济各项活动中加以体现。循环经济在实践中，一般包括三个不同而又有序衔接的层面：在企业层面上的

小循环、区域层面上的中循环和社会层面上的大循环。循环经济在企业、企业之间以及公民个人以及整个社会不同层次展开。实践证明单个企业内部的循环是实现循环经济的基础，但是仅有小循环不能实现真正意义上的资源和能源利用最优化，企业之间的中循环和全社会对资源能源的循环与节约利用，才能实现最终的资源能源利用最优化。

（一）小循环——在企业层面

企业是资源消耗和产品形成的地方，实施循环经济必须从单个企业入手，将循环经济低消耗、高利用和低排放的"两低一高"的思想贯穿于整个循环过程中。

通过选择典型企业和大型企业，根据生态效率理念，采用产品生态设计、清洁生产等措施进行单个企业的生态工业试点，从源头减少资源能源投入；采取一定的技术工艺对生产环节中的废弃物进行综合利用，打造企业内部的物质循环，进一步减少企业所产生的废弃物，实现污染物排放的最小化。当前来看应重点抓好钢铁、有色金属、电力、煤炭、化工、建材、轻工等重点行业和再生利用企业循环经济发展，积极推进这些行业开展清洁生产审核，支持建设一批清洁生产示范企业。对污染严重企业，实施强制性清洁生产审核。对"三河三湖"、松花江、三峡库区、南水北调工程沿线等重点流域和区域内的工业企业，要加快实施清洁生产技术改造。

（二）中循环——在区域层面

由于单个企业的清洁生产和厂内循环具有一定的局限性，产生的部分废料和副产品无法消解，于是需要在企业外部去组织物料循环。区域层面的中循环体系主要是通过企业间的物质集成、能量集成和信息集成，在企业间形成工业代谢和共生关系，建立生态工业园区。园区内企业的废弃物或副产品通过贸易的方式被另一家企业用作投入品或原材料，实现企业间资源的循环利用与园区内废物的"零排放"，通过产业、企业间的协调合作，构筑起产品与废物间的加工链，从而打造出生态工业园区里的"中循环"。

目前，我国也集中发展了一批生态工业园区，并且效果良好。如广西贵港、山东鲁北、辽宁鞍钢与抚顺、内蒙古包头等工业区建立生态工业园，对传统的工业区开始进行初步的生态化改造。其中广西贵港国家生态工业园区。该园区以制糖业为主导产业通过副产物、废弃物和能量的相互交换和衔接，形成了"甘蔗－制糖－酒精－造纸－热电－水泥－复合肥"这样一个多行业综合性的链网结构，该园区以贵糖股份有限公司为核心，以蔗甜系统、制糖系统、酒精系统、造纸系统、热电联产系统、环境综合处理系统为框架，通过盘活、优化、提升、扩张等步骤，建设生态工业示范园区。该园区的六个系统，各系统内分别有产品产出。各系统之间通过中间产品和废弃物的相互交换而互相衔接，从而形成一个比较完整和闭合的生态工业网络，使得行业之间优势互补，达到园区内资源的最佳配置、物质的循环流动、废弃物的有效利用。

（三）大循环——在社会层面

所谓构建社会层面的大循环是指在整个社会的范围内形成"自然资源—产品—再生资源"的循环经济环路。当前我国社会层面的资源循环利用体系已具雏形。10 个试点省市在全社会层面，把城市和农村、工业和农业、生产和消费有机结合起来，根据产业结构特点，积极探索构建社会循环经济体系。如辽宁省按照试点工作方案，积极推进 6 个重点行业、5 个城市、10 个区县、10 个重点园区以及 50 家重点企业循环经济试点工作，提出了构建清洁生产企业、生态工业园区和循环型社会三个循环层次，培育区域性再生资源产业基地为主要内容的 "3 + 1" 模式；重庆市以循环经济理念指导产业结构优化和调整，大力实施主城区环境污染企业搬迁和主城工业企业 "退城进园"，同时把发展库区循环经济作为重点，积极探索 "工业反哺农业"，统筹城乡发展新思路；山东省从企业、园区、城市三个层次推进全省循环经济工作，培育 10 个循环型城市、20 个循环经济型园区和 300 家循环经济型企业。

四、建立促进循环经济发展的学习、合作与借鉴机制

循环经济是人类在探索和实践可持续发展过程中，逐渐形成的一种全新的经济发展模式。重在从转变人类生产、生活方式和价值观念入手，从根本上消除经济与社会发展对资源的压力与对环境的破坏，进而实现人类社会—经济—自然复合生态系统的整体可持续发展。循环经济是建立在人与人、人与自然之间和谐共生、持续发展基础上的环境友好型经济可持续的发展模式。

就当前我国循环经济的发展状况来看，第一批国家循环经济试点取得了阶段性成果，还要继续深化。经国务院

同意，第二批国家循环经济示范试点也已经正式启动。第二批试点，不是第一批试点简单数量的增加，而是对第一批试点的补充和深化。一方面，将第一批试点中未包含的行业和领域，如矿产资源、机械制造、皮革、食品、包装、纺织（再生纤维）等行业纳入试点范围；另一方面，将节能减排任务比较重的重化工集聚区或园区及对建立全社会资源循环利用体系有典型示范意义的重点城市和地区纳入第二批试点范围。对列入试点的单位来说，这是全面提升发展水平的重要机遇，要积极努力，成为发展循环经济示范试点的典型单位，为全面推进我国循环经济发展提供经验。各试点单位要进一步统一思想，提高认识，加强领导，扎扎实实推进试点工作，力争取得更大的成效。

（一）国外的先进技术和管理经验

在西方发展循环经济的模式中，有两种模式比较受关注：日本模式和德国模式。日本和德国在循环经济的理念先进、措施具体、效果明显，环境保护取得了长足的发展。学习和借鉴发达国家的经验，对于我国推动循环经济又好又快发展，缩短与发达国家的差距，具有十分重要的意义。

德国是欧洲国家中循环经济发展水平最高的国家之一，它的循环经济系统已经趋于成熟。由于政府、企业和国民的密切合作，废弃物回收利用经济已发展成为德国的一个重要行业。德国对垃圾的管理不仅仅是环卫部门的事，废弃物清理和循环经济市场是一个新兴而充满活力的市场，生产者和消费是循环经济市场活动的主体，这个市场一般由三个分市场组成：废弃物处理和服务市场、利用服务市场和回避服务市场。官方统计数字表明，德国垃圾再利用行业每年要创造 410 亿欧元的价值。在德国，所有生产行业产生的垃圾被重新利用的比例平均为 50%，其中一些行业如包装生产和玻璃生产行业甚至达到 80%。

日本是世界上循环经济发展水平最高的国家之一，近几年又提出建设循环型社会的国家目标，还在国际会议上提出了实行 3R 的倡导。日本政府在循环经济建设中发挥主导作用的四大路径：一是制定推进循环经济的法律法规体系；二是科学制订循环经济发展规划；三是实施促进循环经济发展的优惠政策；四是倡导全民环保，推进公众参与。日本的物质循环废弃物的再生循环利用是日本发展循环经济的主要切入点。

（二）对我国发展循环经济的启示

通过对发达国家发展循环经济的实际经验总结，尤其是经过对日本和德国的实际考察了解，结合我国目前发展循环经济的现状，对我国循环经济立法、开展循环经济等工作得到以下启示：

第一，循环经济不仅仅是在技术层面上要求资源利用创新，它还表现为一种发展模式的变革。日本、德国等众多发达国家都将其确定为国家的发展战略，并制定纲领性、综合性的循环经济法律以及结合实际制定专门的循环经济法律和法规，从而健全科学合理的循环经济法律制度。这是实施循环经济的重要保障。

第二，协调好各部门间关系是发展循环经济的保障。环境省和经产省是日本推进循环型社会建设的主管部门，由于日本循环型社会建设相当一部分是依靠废弃物再生利用技术推进地区产业振兴和发展，所以日本产业发展管理部门的经产省的产业技术局是推进循环型社会建设的直接主管部门。这个部门在推进循环经济方面的定位，一是提出扶持产业振兴的政策，支持其发展；二是做好环境与经济协调发展的工作。尽管环境省和经产省事两个主要主管部门，而其他中央政府部门也努力配合，共同形成了良好的分工合作关系。

第三，健全监督机制是发展循环经济的必要条件。在日本和德国，许多个人和环保组织是环保事业积极的推动者，作为环境污染的受害者，也是直接的利益攸关者。日本重视国民的环境教育和发挥民间环保组织、社会中介组织的作用，形成"政府主导、企业治理、全民参与、根植基层、覆盖全社会"的环保网络，日本公众对环保的广泛参与，成为环境保护的强大力量。日本通过环境信息公开化，保障公众环境知情权和监督权，充分发挥公众对政府环境政策和企业环境行为的监督作用。例如在日本北九州市环境局每年都要将废弃物循环利用和处理的数量、收取的垃圾处理费的使用状况向市民公开，以求得公民的理解和支持。为了监督企业发展循环经济和处理垃圾的情况，德国设立了专门监督机构。生产企业必须向监督机构证明其有足够的能力回收废旧产品，才被允许进行生产和销售。产生垃圾的企业必须向监督部门报告生产的垃圾的种类、规模和处理措施等情况。

案例：

"十二五"期间，青海省格尔木市将全力实施"338"战略，着力打造3个枢纽、3个中心和8个产业基地，加快循环经济发展，促其成为青藏高原经济发展的新引擎。

格尔木"338"战略的3个枢纽,是指把格尔木打造成中国西部区域性交通枢纽、电力枢纽和信息通信枢纽;3个中心就是要把格尔木发展成为中国西部区域性现代物流中心、资源转换加工中心和高原特色旅游中心。在3个枢纽和3个中心基础条件之下,格尔木将重点围绕钾盐、锂盐、镁盐、石油天然气化工、太阳能光伏、钢铁、有色冶金和新材料8大产业基地建设,加速推进循环经济产业链。近几年,围绕特色资源,格尔木以盐湖开发为主的盐化工产业集群初步形成。在盐湖工业的带动下,格尔木油气加工、有色金属冶炼等产业集群也在逐步形成,并与盐湖化工业逐渐衔接,形成大的循环经济产业链条。

第三节 高度重视低碳经济

一、低碳经济的概念

低碳经济是以低能耗、低污染、低排放为基础的经济模式，是人类社会继农业文明、工业文明之后的又一次重大进步。低碳经济实质是能源高效利用、清洁能源开发、追求绿色 GDP 的问题，核心是能源技术和减排技术创新、产业结构和制度创新以及人类生存发展观念的根本性转变。

二、低碳经济概念的发展

"低碳经济"最早见诸于政府文件是在 2003 年的英国能源白皮书《我们能源的未来：创建低碳经济》。作为第一次工业革命的先驱和资源并不丰富的岛国，英国充分意识到了能源安全和气候变化的威胁，它正从自给自足的能源供应走向主要依靠进口的时代，按目前的消费模式，预计 2020 年英国 80% 的能源都必须进口。同时，气候变化的影响已经迫在眉睫。

2006 年，前世界银行首席经济学家尼古拉斯·斯特恩牵头做出的《斯特恩报告》指出，全球以每年 GDP1% 的投入，可以避免将来每年 GDP5%—20% 的损失，呼吁全球向低碳经济转型。

2007 年 7 月，美国参议院提出了《低碳经济法案》，表明低碳经济的发展道路有望成为美国未来的重要战略选择。

2008 年，联合国环境规划署确定"世界环境日"主题为"转变传统观念，推行低碳经济"。

2011 年 5 月 17 日，英国政府公布了温室气体排放减排远期目标，英国也成为世界上第一个就 2020 年之后减排目标做出法律规定的国家。方案规定，到 2025 年为止，英国将把温室气体排放减少到 1990 年水平的一半，2030 年实现法定减排量的 60%，2050 年达到 80%。

三、我国低碳经济的演进与发展

2006 年底，科技部、中国气象局、发改委、国家环保总局等六部委联合发布了我国第一部《气候变化国家评估报告》。

2007 年 6 月，中国正式发布了《中国应对气候变化国家方案》。

2007 年 9 月 8 日，胡锦涛总书记在亚太经合组织（APEC）第 15 次领导人会议上，郑重提出了四项建议，明确主张"发展低碳经济"，令世人瞩目。

2007 年 12 月 26 日，国务院新闻办发表《中国的能源状况与政策》白皮书，着重提出能源多元化发展，并将可再生能源发展正式列为国家能源发展战略的重要组成部分，不再提以煤炭为主。

2008 年 6 月 27 日，胡锦涛总书记在中央政治局集体学习上强调，必须以对中华民族和全人类长远发展高度负责的精神，充分认识应对气候变化的重要性和紧迫性，坚定不移地走可持续发展道路，采取更加有力的政策措施，全面加强应对气候变化能力建设，为我国和全球可持续发展事业进行不懈努力。

2009 年 6 月，国务院总理温家宝指出，把应对气候变化、降低二氧化碳排放强度纳入国民经济和社会发展规划。

在全球气候变化的大背景下，发展低碳经济正在成为各级部门决策者的共识。节能减排，促进低碳经济发展，既是救治全球气候变暖的关键性方案，也是践行科学发展观的重要手段。

案例:

经过山东省环境科学学会审核评定，平度市新河镇被授予"山东省低碳经济示范乡镇"荣誉称号。这是对该镇在发展低碳经济、循环经济方面取得成绩的充分肯定。近年来，新河镇积极转变经济发展方式，围绕循环经济、低碳经济，将草编工艺品产业作为促进镇域经济又好又快发展的突破口，着力构建低碳发展产业。

1. 挖掘特色优势，实现变废为宝。新河草编工艺品产业作为新河镇的草根产业、炕头产业，有着能耗低、污染小的特点。加工工艺品的原材料主要由玉米皮、秸秆、废旧报纸、杂志组成，加工方式全靠手工制作，产品不仅在国内供不应求，而且畅销到欧美、东南亚，不但做到了物尽其用，大大减少了秸秆焚烧的现象，同时，也为当地创造了大量外汇。

2. 实行规模经营，加快集群发展。为避免工艺品企业恶性竞争，实现企业之间的互利共赢、团结协作，新河镇打好"规模牌"，因势利导营造产业环境。先后投资 3000

多万元规划建设了 5 平方公里的工艺品园区。工艺品企业全都以"公司＋加工点＋农户"的模式进行产业化和集群化经营。

3. 严格减排制度，规范产业配套。在对工艺品企业出台扶持政策，引导企业做大做强、加快转型升级的同时，在工艺品配套产业入驻方面，严格审批环保手续。督促企业建立"三废"处理系统，健全企业污染源减排制度，将减排责任落实到每个企业和具体项目上。

第四节　打造绿色经济体系

绿色经济是对传统经济发展模式的变革，这种变革需要借助经济发展的内在动力，即市场机制。发展绿色经济需要社会重新构建一种新的制度框架，这种新的制度框架的核心是要将生态环境作为生产要素纳入市场运行机制之中。

一、市场机制与绿色经济的发展

市场经济是以市场作为实现资源优化配置的基础性手段，以市场机制作为启动和调节经济的运行方式。在市场经济中，一切经济活动都是直接或间接地处于市场关系之中，所有的劳动产品和生产要素都通过市场机制加以配置。

绿色经济体现出节约资源、优化生态与提高效益的统一性，反映了越是环保越有效益（包括社会效益、环境效益和经济效益）的经济发展趋势。事实上，绿色经济符合市场经济发展规律，两者都遵循成本与效益原则，追求资源的高效利用和优化配置，其运行机制具有同一性。因此，运用市场机制发展绿色经济比使用强制手段有更高的效率和更少的管理成本。

二、政府行为在绿色经济发展中的地位和作用

绿色经济在经济发展模式由传统经济向绿色经济变革的进程中，具有社会经济管理职能的政府，应当成为促进绿色经济发展的责任主体。政府行为在绿色经济发展中的作用可概括为以下十个方面：

（1）依法推进绿色经济的发展。加强绿色经济法规体系建设，通过立法，对绿色经济加以规范。

（2）编制绿色经济发展规划，或把发展绿色经济作为编制有关规划的重要指导原则，使绿色经济从规划阶段就全面纳入到社会经济发展的全过程中。

（3）建立和完善促进绿色经济发展的政策体系。一是加大对绿色经济投资的支持力度；二是将资源环境要素纳入生产要素之中，逐步建立起能够反映资源性产品供求关系的价格机制；三是制定支持绿色经济发展的财税和收费政策。

（4）制定和实施绿色经济推进计划，尤其要研究制定矿产资源集约利用、能源和水资源节约利用、清洁生产，以及重点行业、重点领域、产业园区和城市发展绿色经济的推进计划。

（5）加快经济结构调整和优化区域布局，根据资源环境条件和区域特点，用绿色经济的发展理念指导区域发展、产业转型和老工业基地改造。

（6）加快绿色经济技术开发研究。包括资源综合利用技术、能源节约和替代技术、废物综合利用技术、绿色经济发展中延长产业链和相关产业连接技术等。

（7）建立与完善绿色经济物流信息体系，建立绿色经济信息平台，利用市场机制在资源配置方面的优势，为绿色经济的资源回收利用提供比较完全的信息服务。

（8）建立绿色经济评价指标体系和统计核算制度，并逐步纳入国民经济发展计划，加强对绿色经济主要指标的分析。

（9）制定和完善促进绿色经济发展的标准体系，尤其要加快制定高能耗、高水耗及高污染行业市场准入标准、合格评定制度和涉及绿色经济的有关污染控制标准。

（10）探索发展绿色经济的有效模式，通过搭建生态产业园区或改造工业园区或建设城市绿色经济发展模式等，引导不同企业构建共享资源和互换副产品的产业共生组合。

三、市场机制与政府行为的有机结合对绿色经济发展的作用

（一）市场机制与政府行为的关系

市场机制和政府行为在经济运行和发展中均具有重大的不可替代的功能和作用，实践和理论已经证明，市场机制是配置资源的最有效方式，而由于市场失灵的存在，界定了政府作用的范围，但政府作用也是有局限的，也存在政府失灵问题。因而，无论是市场机制还是政府作用，都存在自身不可克服的缺陷。现代市场经济现实而理智的选择并不是纯粹的市场或纯粹的政府，而是这两者的结合。市场机制的缺陷需要政府作用来弥补，政府作用的缺陷需要市场机制来纠正，功能互补是市场机制与政府作用相结

合的切入点。

在市场经济条件下，政府的职能是保持经济总量的平衡和宏观的稳定；而资源在部门之间、地区之间的配置，应该主要由市场发挥基础性作用。尽管市场机制是配置资源的有效方式，但其也存在自发性、盲目性、滞后性的消极一面，这种弱点和不足必须靠政府对市场活动的宏观指导和调控来加以克服和弥补。因此，市场机制和政府作用是相辅相成、相互促进的。

市场机制与政府作用相结合，其前提是让市场机制充分有效地发挥作用。现代市场经济的一个突出特点是政府与经济之间保持一定的距离。政府的作用主要是通过制定和执行规则来维护市场秩序。政府不直接干预企业的生产和经营，而间接通过经济手段和财政、金融等政策调节，营造一定的市场环境来引导、规制企业的生产和经营活动。

（二）市场机制与政府行为的有机结合对绿色经济发展的作用

现实中的市场机制实际上是制度力量与经济规律的复合体。政府通过一定的制度安排对市场运行进行引导和干预，市场则遵循经济规律的内在要求，在制度限定的范围内发挥作用。因此，政府可以通过适当的制度安排来调整或改变市场运行的机制，从而引导和改进经济运行和发展的模式。这种制度安排既可以规定经济主体的行为规范，又可以为经济活动设定一定的边界。

绿色经济是一种符合经济运行内在规律的经济发展模式，它要求市场在生态环境的阈值内配置资源。发展绿色经济更需要市场机制和政府行为的有机结合。政府的作用在于通过恰当的制度安排，使经济主体的经济活动受到设定的资源限量与生态环境阈值的限制，而市场的力量在于如何在这种限制下更有效地利用资源和生态环境。政府应成为促进绿色经济发展的责任主体，在社会经济的发展进程中，以绿色经济的理念建立规范经济主体行为的法律法规，并通过制定激励性和惩罚性的政策制度来引导市场行为向着绿色经济的目标发展。

案例：

印度总理辛格在 2007 年承诺，印度在 2050 年前人均温室气体排放量不会超过发达国家。印度当前从政府措施和市场机制两方面入手，创造未来"绿色经济"大国。印度政府 2007 年 6 月份成立了由总理辛格直接领导的高级别环境顾问委员会，以协调和评估此前由各部出台的一系列减排政策。2008 年委员会推出了"应对气候变化全国行动计划"，包括太阳能、能源效率、可持续居住、水、喜马拉雅生态环境、植树造林、可持续农业和应对气候变化八个领域。印度新能源部也正在起草"国家可再生能源政策草案"，规定到 2010 年所有邦发电量中的 10% 必须来自可再生能源，到 2020 年这一比例须提高到 20%。除政府措施外，印度同样注重运用市场机制推动企业节能和提高能效。印度政府从 2007 年开始对电厂、铁路、铝、水泥、氯碱、纸浆纸张、化肥、钢铁等高耗能产业单位实行强制能源审计，要求这些单位每年汇报能耗数据。印度政府计划在 2010 年 3 月份完成这些产业的耗能标准制定，750 家大型企业必须据此调整。此外，印度政府非常支持利用碳信贷为本国新能源融资。2008 年 1 月份，孟买多种商品交易所与芝加哥气候交易所合作启动了碳信贷的期货交易，年交易额约为 250 亿卢比。印度全国商品和衍生品交易所（NC-DEX）也从 2008 年 4 月份开始进行碳交易。印度积极发展碳交易二级市场，为节能减排和发展清洁能源提供更多资金来源。2008 年，欧洲公司购买的碳排放总量中，已有三分之一来自印度，约为 250 万吨。

第五章
先进的科技支撑体系

我国正处于社会主义初级阶段，经济社会发展水平不高，人均资源相对不足，进一步发展还面临着一些突出的问题和矛盾。从我国发展的战略全局看，走新型工业化道路，调整经济结构，转变经济增长方式，缓解能源资源和环境的瓶颈制约，加快产业优化升级，促进人口健康和保障公共安全，维护国家安全和战略利益，我们比以往任何时候都更加迫切地需要坚实的科学基础和有力的技术支撑。①

---

① 摘自胡锦涛于 2006 年 1 月 9 日《坚持走中国特色自主创新道路　为建设创新型国家而努力奋斗——在全国科学技术大会上的讲话》。

第一节　高度关注绿色壁垒，提高技术创新水平

从环境战略、环境应用技术和环境标准研究等方面入手，选择具有一定基础优势、关系生态文明发展全局和生态安全的关键领域，作为生态技术创新的突破口。大力提升原始创新能力，突破长期制约环境保护的技术"瓶颈"；把自主创新和引进消化吸收结合起来，集中力量组织攻关，力争在环保关键技术、共性技术方面取得突破，切实提高我国环境保护的科技含量；争取将环境科技项目列入国家和地方攻关课题，依靠社会科研力量，全面推动环境科学事业的发展；培育一批有实力、有竞争力的环保企业和企业集团，促进环保产业成为具有良好经济效益和社会效益的新兴支柱产业。

一、基于环境保护的绿色壁垒的合理性和合法性

（一）绿色壁垒的概念、产生和发展

绿色壁垒也称环境壁垒，就其本来意义上说，它是指那些以维护人类健康和环境安全为目的而采取的限制甚至禁止有关国际贸易活动的法律、法规、标准、政策及其相应的行政措施，以避免这些贸易活动可能导致的环境污染

与生态破坏，实现经济与社会的可持续发展。具有隐蔽性强、技术要求高、灵活多变、合法性程度大等特点。

绿色壁垒的产生是环境保护的国际需求以及国际贸易发展的必然产物。从国际背景来看，下列因素促进了绿色壁垒的产生和发展：

1. 全球环境问题使环境保护成为全球共同的呼声，贸易与环境问题的产生使绿色壁垒的实施找到了合理借口

减少污染，节约能源，合理利用资源已成为新的国际焦点。同时，一个健康安全的环境可以为经济的可持续发展和不断扩大的贸易市场提供必需的生态环境资源。

2. GATT 和 WTO 中的有关规定为绿色壁垒的实施提供了合法性

在关贸总协定成立之初，环境污染和环境破坏的问题尚未成为国际社会关注的焦点。随着工业经济的飞速发展，环境污染的日益严惩人们的环保意识才逐渐提高。为了争夺国际市场，保护国内市场，一些国家用国内环境法规或措施作为保护的手段；另一方面，环境污染的加剧，公众对环境保护的强烈呼吁，国家不得不制定涉及生产、加工、运输、销售、包括进出口贸易在内的各个环节的环境标准和措施。

3. 发展中国家与发达国家在科技、经济发展上的差距是绿色壁垒迅速发展的重要因素

由于生产力水平的差异，特别是出于资源保护和经济利益上的考虑，发达国家利用经济水平差距造成的不同环境标准，把环境问题作为新的贸易壁垒，从而抵消发展中国家资源与廉价劳动力方面的比较优势，限制发展中国家的经济发展，以保持其在国际多边经济贸易领域的主导地

位。这种以"环境保护"名义在国际贸易中引入所谓"环境条款"，借以歧视乃至限制发展中国家的经济发展及其产品的市场准入的做法使绿色壁垒迅速发展。

（二）绿色壁垒的表现形式

目前国际上使用的绿色贸易壁垒主要有以下七种形式：

1. 绿色关税制度

进口国对可能造成环境威胁及破坏的进口产品征收的一种进口附加税。

2. 绿色市场准入制度

进口国以污染环境、危害人类健康以及违反有关国际环境公约或国内环境法律、规章而采取的限制国外产品进口的措施。如1994年美国环保署规定，进口汽油中硫、苯等有害物质必须低于有关标准，否则禁止进口。

3. "绿色反补贴"、"绿色反倾销"以及环境贸易制裁

一国怀疑进口产品的低价是由于接受了来自于出口国政府的环境补贴或未将生产过程中的环境成本内在化，对进口商品采取的一种限制措施或给予相应的制裁。

4. 推行国内PPMs标准及其他环保标准

PPMs是"PROCESSING &PRODUCT METHOD"的缩写，是对产品生产和加工过程所制定的特定环境标准。有的国家生产技术水平较高，随着人们对生存环境提出了更高的质量要求，这些国家制定了较为严格的PPMs标准以及其他一些近乎苛刻的环保标准，要求进口商品必须达到。

5. 强制性绿色标志（签）、强制要求ISO 14000认证等

绿色标志（签）、认证制度本身是非强制性的，各类企业可以根据自身的需要而决定是否申请，但是如果进口国

政府把通过认证规定作为进口商品的必要条件或国内企业对外合作的必要条件，对于想要出口到对方国家的产品来说，就必须选择通过认证，取得标签这条路。

6. 繁琐的进口检验程序和检验制度

绿色贸易壁垒有很多是针对有毒有害物质的含量而设置的，为了达到限制进口的目的，进口国政府不惜重力研究制定了一整套严密的检验制度和繁琐的检验程序，利用其先进的检验设备和条件对进口货物实施检验，使进口货物难以通过。

7. 要求回收利用、政府采购、押金制度等强制性措施

例如荷兰政府规定啤酒饮料一律采用可以回收利用的包装容器，实际上为进口的同类产品带来了极大的麻烦。

二、绿色壁垒对经济社会发展的双重影响

（一）积极影响

绿色壁垒根源于生存环境的保护和人类生存安全的需要，在客观上有利于推动发展中国家的可持续发展，加速产业结构升级和经济结构模式的转变。发展中国家由于历史上的各种原因，环境恶化日趋严重，产品技术含量低，污染性大，随着绿色壁垒的实行，发展中国家的企业为了生存发展，不得不对自身的产品结构、服务内容进行更新改造，加大科研技术的投入力度，从产品的功能、外形设计、生产加工过程、包装材料、包装说明、销售方式、售后服务等多方面进行创新，实现产品改造升级。对出口国政府而言，为应对绿色壁垒，也必须彻底放弃原来"以牺

牲环境为代价"的经济模式，逐渐走上一条经济、文化、社会协调发展的可持续发展之路。从长期来看，绿色贸易壁垒的实施可以带来全球生态环境的改善和相关技术创新和产业升级换代，对全球社会的可持续发展具有积极意义。

（二）消极影响

发达国家以保护环境和保护居民生命健康为由进口国产品，特别是有些国家借保护之名行贸易保护之实，不仅缩小了发展中国家产品的出口市场范围而且削弱了产品的国际竞争力。作为最大的发展中国家，我国受其影响也是最大的。绿色壁垒一方面阻止了我国部分产品的出口——如我国出口到日本的绿茶因农药残留量超标而被退回，出口到加拿大的花生因黄曲霉素含量超过其规定而遭销毁，出口到欧盟的蜂产品以氯霉素超标为由而遭封杀等；另一方面也加大了我国产品出口的难度——由于发达国家对进口产品制定的绿色壁垒标准过高，甚至实施"双重"标准，因而我国出口产品必须达到所规定的标准方能跨过"门槛"。

三、美国非关税壁垒向技术壁垒和绿色壁垒演进对我国的影响

纵观国际贸易发展的历史，国际贸易壁垒经历了一条由关税壁垒、配额制度、许可证制度、技术壁垒到绿色壁垒的演进轨迹。

近年来美国采取的对我国出口影响较大的技术壁垒情况：

（1）针对中药和保健食品的技术性贸易措施：美国食品和药品管理局（FDA）在对中国传统中药的贸易管理中，一直无视中国中药与西药的根本性差异，实施了多种不合理的管理措施。自20世纪80年代开始，美国就通过不合理的药物充分鉴定等手段限制中国中药对美国出口。近年，FDA禁止含有他汀类充分的保健食品在美国作为非药品销售，这对中国基于中药原理开发的保健食品对美国出口造成了很大的障碍。

（2）关于食品的技术性贸易措施：从1994年5月起，美国开始实施《食品标签法》，对所有的预包装食品实行强制性标签，内容复杂而烦琐。特别是该法要求食品必须加贴营养标签，每种食品为此进行的营养成分检测需花费约500美元—2000美元。虽然这一措施也适用于美国制造商，但由于外国制造商对此措施及其具体检测程序不熟悉，适应过程较慢，美国有关部门在审批时也存在拖延情况，给外国制造商增加了额外成本。

2009年下半年，美国众议院通过了碳排放限额与贸易法案，未来将对包括我国在内的广大发展中国家的产品征收碳关税。

四、大力发展绿色技术，引领未来可持续发展的若干建议

（一）建立绿色技术创新体系

发展绿色技术，需要政府、企业、社团组织、社会公众的共同推动，发挥多方面的合力。

　　政府要在绿色技术创新中发挥主导作用。绿色技术有利于社会经济的可持续发展，其价值体现在经济效益、社会效益和环境效益上，但初期投入和风险较大，因此政府应成为发展绿色技术的主导力量。

　　企业要成为绿色技术创新的主体。首先是观念的创新。企业要充分认识到绿色技术革命是时代发展的大趋势，是企业应承担的社会责任，同时也是企业发展的重大商机。通过绿色技术创新，不但可以赢得技术竞争优势，而且还将获得良好的经济收益和公众形象。

　　社会组织要充分发挥催化剂的作用。社会组织是科技创新体系的重要一环，也是推动绿色技术发展的重要力量。社会团体在促进政、产、学、研结合方面可以起到桥梁纽带和催化剂的作用。

（二）建立以企业为主体的科技创新制度

1. 积极发挥企业技术创新主体作用

　　企业是技术创新的主体，是技术创新收益的直接受益者和技术创新风险的承担者，企业技术创新能使经济发展摆脱过度依赖资源的模式，通过产品中技术含量的增加来实现产品的价值增值。我国经济和社会发展进入了一个重要阶段，走新型工业化道路，为全面实施生态文明建设，必须依靠自主创新提升我国产业技术水平，建立以企业为主体、市场为导向、产学研相结合的节能减排技术创新与成果转化体系建设，增强企业在环保事业上的自主创新能力。

　　充分发挥企业在技术创新中的主体作用，激发企业的创新活力，应当着力做好以下几项工作：

　　（1）企业要转变技术创新观念。转变以经济增量为重点指标的粗放型发展思维，始终注意经济的发展不能以牺牲环境为代价。要在技术创新的全过程中引入生态观念，遵循生态规律，围绕企业可持续发展目标，进行资源优化配置及可持续利用与保护，使经济的发展建立在生态化的技术平台之上，促进经济、生态环境的良性循环和协调发展。

（2）加大企业参与国家科技计划的力度。进一步加大对企业技术的集成创新和引进消化吸收再创新的引导，统筹考虑项目、人才和基地建设，考虑企业原始创新、集成创新和引进消化吸收再创新活动的系统性衔接和支持。

（3）确立生态化的技术创新管理战略。企业技术创新管理战略是企业进行技术创新活动的总体性谋划，是整个经营管理战略的有机组成部分。技术创新生态化就是以生态思想即绿色和谐全面发展的思想，来指导企业技术创新管理战略与实施过程，它要求企业的技术创新战略必须在整体上遵循减量化、再使用和再循环的原则；要求企业根据市场需要和自身实际情况，选择提高材料利用率，能够节能降耗，降低成本，实现经济目标同时又兼顾各方面效益的生态技术。

2. 落实企业技术创新项目财税优惠政策

努力完善鼓励企业自主创新的体制机制和政策环境。企业的技术创新活动，更多地体现在企业自身的生产经营过程之中。由于技术创新本身的高投入、高风险性，只有通过建立良好的市场环境和政策条件，才能充分激发企业创新的内在动力。因此，应当在深入调查基础上，进一步摸清企业自主创新的现实状况，深入研究制定有利于鼓励企业自主创新的措施。对现行的政府采购政策、税收政策、贷款担保政策、进出口政策、环保政策、高新技术产业政策等，进一步加以完善，形成经济政策与科技政策的协调互动。要建设社会化、网络化的科技中介服务体系，大力培育和发展各类科技中介服务机构，引导科技中介服务机构向专业化、规模化和规范化方向发展。同时，要尽快构建自主创新的法律保障体系和知识产权政策，在全社会营造鼓励创新的文化氛围，使建设创新型国家成为全民族的统一认识和行动。

（三）加快生态科技项目实施

1. 将关键性技术研究纳入国家科技发展规划

按照"自主创新、重点跨越、支撑发展、引领未来"的指导方针，围绕国家和地方主要生态环境保护目标和重点，抓住阻碍国家和地方环保事业发展的牛鼻子，提炼出更加广泛的重大科技需求和更有针对性的研究主题，提高规划的前瞻性、针对性和可操作性。

《国家中长期科学和技术发展规划纲要（2006—2020年）》中指出，未来科技发展实现目标中要"能源开发、节能技术和清洁能源技术取得突破，促进能源结构优化，主要工业产品单位能耗指标达到或接近世界先进水平。在重点行业和重点城市建立循环经济的技术发展模式，为建设资源节约型和环境友好型社会提供科技支持。"并指出："根据全面建设小康社会的紧迫需求、世界科技发展趋势和我国国力，必须把握科技发展的战略重点。把发展能源、水资源和环境保护技术放在优先位置，下决心解决制约经济社会发展的重大瓶颈问题。"这些规划对落实国家生态环境科技发展计划具有重要支撑和导向作用，各个部门尤其是科技部门、环保部门要认真贯彻落实，将生态环境重点领域的技术问题如水污染治理、气候变化、可再生能源利用等要重点抓、抓落实、抓成效，力争在科学技术解决方法有所突破。目前我国"973"计划、"863"计划中有大量涉及低碳领域的项目与课题，科技部对节能和清洁能源、可再生能源、核能、清洁能源汽车等具有战略意义的低碳前沿技术也已经进行了部署，并加大了投入力度。

2. 加大国家财政对生态循环经济科技研究支持

中国在从传统的工业经济科技向全新的生态经济科技转型过程中，政府财政应大规模投向新能源开发和循环经济，用政府的优惠政策鼓励新能源开发与循环经济，促进绿色经济体系形成。尽快解决那些迫在眉睫的生态科技难题，如绿色国民经济核算技术系统、保障人体健康的污染防治技术、大面积生态退化的修复技术、区域污染治理的综合技术、生态监测预警的科技系统等。引导和支撑循环经济发展，大力开发重污染行业清洁生产集成技术，强化废弃物减量化、资源化利用与安全处置，加强发展循环经济的共性技术研究。促进环保产业发展。重点研究适合我国国情的重大环保装备及仪器设备，加大国产环保产品市场占有率，提高环保装备技术水平。积极参与国际环境合作。加强全球环境公约履约对策与气候变化科学不确定性及其影响研究，开发全球环境变化监测和温室气体减排技术，提升应对环境变化及履约能力。

各地方政府要抓住国家科技发展计划实施的机会，要主动出击、主动落实、主动配套，在国家大力发展环保科技创新的背景下，解决区域经济发展中的生态环境问题，提升生态文明建设能力。

3. 重点培养一批生态技术创新示范园区

国家及各地方政府要以创建国家生态科技示范园区为契机，以循环经济和生态工业理论为指导，鼓励园区在建设中采取有利于物质减量、资源循环利用和环境质量改善的措施，探索我国生态型科技园区的建设模式，促进工业园区产业结构优化，推进生态科技示范园区和区域经济可持续发展。

案例：

受农药残留量超标影响，宁夏回族自治区枸杞等特色农产品出口国外时常常碰壁。据调查，2007年1月至2009年3月，我国共有24批出口到美国的枸杞产品因为检出农残、亚硫酸盐、色素、恶性杂质以及标签、成分未作说明等问题被美国食品药物管理局拒绝入境；欧盟一些进口商也从我区枸杞干果中检出农药残留超标，从而提出质疑甚至退货。宁夏沃福百瑞生物食品工程有限公司在"绿色壁垒"最森严的美国依然拿到了准入资格证，宁夏沃福百瑞生物食品工程有限公司出口美国的有机枸杞饮品，在国内500毫升售价15元人民币，在美国却可以卖到11美元，最新的枸杞萃取高科技产品，每公斤售价更是达到6000元以上。该公司相关负责人表示，他们通过科研攻坚，仅需3到5分钟就能解决枸杞鲜果的农药残留问题；而枸杞干果也可通过臭氧降解将农药残留降至极低水平。技术上的领先，让他们赢得了市场，更获得了市场定价权。

第二节　引进消化吸收创造，构筑绿色科技体系

一、生态文明的科学技术支撑体系

由于推动社会文明进步的终极动力是生产力，特别是先进生产力，而在生产力结构中，劳动资料是表明社会经济发展阶段的标志。各种经济时代的区别，不在于生产什么，而在于怎样生产，用什么劳动资料生产。换句话说，社会经济形态演进的直接动力来自社会技术结构的变化升级。所以，我们需要研究支撑生态文明大厦的技术体系特征。

第一，智能化微制造技术。工业文明的科技体系主要是为采掘冶炼各种天然化学物质以加工制造成各种工业品服务的，是高度发达的机器体系的生产制造技术。生态文明的主导科技和标志性生产力首先是智能化的微制造科学技术。智能化微制造技术，不仅将渗透到社会生产的方方面面，也将渗透到社会生活的方方面面，它对于"采掘和利用天然化学物质"的工业文明向生态文明的转型，将发挥先导作用。

第二，生态化农业技术。生态文明社会仍然离不开农业，因此，发展生态化农业技术具有广泛的现实意义。这里的农业是指大农业，即包括种植业、畜牧业、林业等在

内的农业体系。仅在种植业范围内就应发展基因工程技术、栽培技术、机械技术、无害化肥料生产技术、无害化农药生产技术、病虫害防治技术、水利工程技术和农产品加工与保鲜技术等。在畜牧业方面，应发展种畜培育与改良技术、疫病防治技术、科学饲养技术、畜产品加工技术和畜产品保鲜与包装技术等。同时，农业机械与计算机、卫星遥感等技术组合，新型材料、节水设备和自动化设备应用于农业生产。农田水利化、农地园艺化、农业设备化以及交通运输、能源运输、信息通讯等的网络化、现代化，将成为今后生态农业发展的基本趋势。

第三，生物工程技术。生物技术革命是人类技术思想的巨大飞跃。生物技术的实用转化将形成一大批新兴产业群，包括新生物化学和材料产业、新生物能源产业、新生物信息产业、新生物农牧业、新生物机械产业、新生物医药产业、新生物食品产业、新生物环保产业等。可见，生物技术是渗透于生态农业、生态工业和人类健康和环境保护各个方面的技术体系，是支撑生态文明的核心技术体系。

第四，循环经济技术。包括洁净生产技术和资源循环利用技术。传统的线性经济发展方式的核心就是以高消耗、高能耗、高污染为特征的落后的生产加工技术，这些生产技术使企业沿着"资源—产品—污染排放"的路径形成物资单向流动经济。更为重要的是，洁净生产技术的普及与推广，不仅缩小了生产者所承担的成本与他们实际上所造成的成本之间的差距，而且还减轻了末端治理的负担，因而从源头上提高了社会效益和生态效益。

第五，清洁化的新能源技术。具体来说，就是以洁净的自然能源（光能、风能、水能、生物质能）技术替代化石能源技术，以低污染的化石能源（如天然气、石油）技术替代高污染的化石能源（如煤炭）技术，以加工形态的煤炭能源（如发电、洁净煤等）技术替代初级形态的煤炭能源技术。从某种意义上讲，清洁化能源技术是所有国家的奋斗目标。

第六，新材料技术。新材料是科学技术发展不可缺少的物质基础。没有新材料的发展，很多高新技术都不能转化为现实的生产力。新材料技术包括以半导体材料、信息记录材料、传感器敏感材料、光导纤维等为代表的信息材料技术；以超导材料为代表的能源新材料技术；新型金属材料技术；高分子有机合成技术、纳米技术等等。

第七，健康与环保技术。包括末端污染控制和治理技术等等。

科技要满足生态文明建设的需要，必须积极促进科技成果转化，重点解决国家能源问题，大力发展低碳技术、减排技术、污染处理技术、生态修复技术等关键技术，最终实现生态化生产。

二、建设生态文明的四项关键技术

为适应生态文明建设的需要，需要加快诸如低碳技术、污染处理技术和生态修复技术等关键性技术研究和推广应用。切实解决自身发展中的瓶颈问题。比如，许多企业重点在工艺上有新要求，普遍推广资源节约和替代技术、能量梯级利用技术、延长产业链和相关产业链接技术、"零排放"技术、有毒有害原材料替代技术、回收处理技术、绿色再制造技术以及降低再利用成本的技术等。

（一）低碳技术

随着经济全球化深入发展，降低能耗和减排温室气体成为国际社会面临的严峻挑战，以低能耗、低污染为基础的"低碳经济"成为国际热点，成为继工业革命、信息革命之后又一波可能对全球经济产生重大影响的新趋势。据预测，走"低碳经济"的发展道路，每年可为全球经济产生 25000 亿美元的收益，到 2050 年，低碳技术市场至少会达到 5000 亿美元。"低碳技术"包括在节能、煤的清洁高效利用、油气资源和煤层气的勘探开发、可再生能源及新能源、二氧化碳捕获与埋存等领域开发的有效控制温室气体排放的新技术，它涉及电力、交通、建筑、冶金、化工、石化、汽车等部门。可以说，低碳技术几乎涵盖了国民经济发展的所有支柱产业，从某种意义上说，谁掌握了发展低碳核心技术，谁就将赢得商机、获得发展权。

包括我国在内的广大发展中国家能否利用后发优势在工业化进程中实现低碳经济发展，在很大程度上取决于资金和技术能力。虽然《联合国气候变化框架公约》规定发达国家有义务向发展中国家提供技术转让，然而实际进展与预期相去甚远。

应对气候变化所推动的低碳技术与产业的兴起与发展，将成为未来工商企业发展的大课题，富有远见的企业应当前瞻性地认识这一全球趋势带来的重大变革与机遇，创造性地为未来市场作好低碳技术、产品及服务方面的准备，成为低碳经济时代的赢家。

（二）节能减排技术

要组织实施节能减排科技专项行动，组建一批国家工程实验室和国家重点实验室，攻克一批节能减排关键和共性技术。积极推动以企业为主体、产学研相结合的节能减排技术创新与成果转化体系建设，增强企业自主创新能力。在电力、钢铁和有色冶炼等重点行业，推广一批潜力大、应用面广的重大节能减排技术。制定政策措施，鼓励和支持企业进行节能减排的技术改造，采用节能环保新设备、新工艺、新技术。

（三）污染处理技术

我国国民经济的高速发展推动了我国环保科技研究领域不断向深入拓展，早期我国的环境科学偏重单纯研究污染引起的环境问题，现在扩展到全面研究生态系统、自然资源保护和全球性环境问题；特别是污染防治，由工业"三废"治理技术，扩展到综合防治技术，由点源的治理技术，扩展到区域性综合防治技术等。但是由于我国环境科技发展的长期滞后，目前我国污染防治技术不仅落后于发达国家的水平，而且落后于本国的工业技术水平。在有害废物处理处置方面，中国与工业化国家的差距甚远，在有害废物无害化、减量化、资源化方面，还有许多技术空白有待填补。

为了加强环境技术创新，推广污染防治达标技术，最大限度地利用国家环保专项资金，支持污染防治新技术、新工艺的研究开发以及资源综合利用率高、污染物产生量少的清洁生产技术、工艺的推广应用。国家环境保护部从

2006 年起，通过省市环保局和各工业协会，向社会征集符合条件的技术，编制、发布《国家先进污染防治技术示范名录》和《国家鼓励发展的环境保护技术目录》。其中，《示范名录》主要推荐能够解决我国当前和今后一段时期污染防治重点、难点的新工艺、新技术，用来指导环保专项资金中污染防治新工艺、新技术示范项目的申报和审批；而《鼓励目录》所列的技术是经过工程实践证明了的污染防治效果稳定可靠、运行经济合理的成熟技术（清洁生产和达标排放技术），鼓励污染治理单位优先采用，并在各级环保专项资金使用时重点支持。两个目录的发布，有利于污染防治技术、工艺的选择采用，有利于污染防治新技术、新工艺的应用推广，有利于污染防治项目、工程的申报和审批，有利于各级环保专项资金的有效管理和高效使用，对于我们落实科学发展观、促进环境保护事业、实现经济社会又好又快发展具有重要作用。各级政府要注重两个目录中污染处理技术的研发和应用，积极支持相关企业在该领域的技术创新，可通过相应的激励政策和措施保证企业在污染处理技术方面投入的积极性。

（四）生态修复技术

生态修复是指对生态系统停止人为干扰，利用生态系统的这种自我恢复能力，辅以人工措施，使遭到破坏的生态系统逐步恢复或使生态系统向良性循环方向发展；主要指致力于那些在自然突变和人类活动活动影响下受到破坏的自然生态系统的恢复与重建工作。

当前，技术的创新进化由单纯征服自然，破坏生态环境，发展到适应、保护、修复生态环境阶段。各级政府部门要充分发挥科技作用，提高生态修复科技含量，开展生态修复专题研究，重视科技特别是高新技术在生态建设中的作用。妥善处理生态、生产和生活三者之间的关系。企业、社会组织、广大民众是开展生态修复的主体，一方面要依靠他们来实施生态修复，另一方面，生态修复的目的就是要改善人们的生产和生活条件。生态修复要与生态环境综合治理紧密结合，要与当地的产业结构调整相结合，与工业发展、农业增产、农民增收相结合，这样才有活力，才有生命力。

案例：

南京的绿色科技创新体系，重点是从以下四个层面展开：

一是构建"三核多点"的创新格局。重点是建设好麒麟科技创新示范园区、模范马路创新街区和高新技术开发区，集聚高端技术、高端产业、高端客户，高端人才。着力引进一批国家级的技术中心和工程中心，着力引进一批智能产业方面的重大项目，建设成为国内一流的创新产业发展集聚区。充分发挥高校院所科技创新优势，引导整合提升大学科技园、各类软件园，培育科技含量高的成长型科技企业。

二是搭建十大科技创新平台。即搭建传感网、软件和信息服务、现代交通智能电网、新能源、现代通讯、新型显示、生物医药、新材料和现代农业技术等十大科技创新平台，促进科技与经济相结合、科技与产业相融合。

三是推进"千企升级"计划。促进工业化和信息化融合，着重是抓好"六个升级"，即科技创新能力升级、企业信息化建设升级、规模企业升级、企业管理升级、品牌升级和企业人力资源升级，促进科技型大企业迅速做大做强，推动中小型企业在创新中加速成长，形成顶天立地、铺天盖地的发展格局。

四是落实好科技创新产业人才政策。为更好地激活创新资源、集聚创新要素、转化创新成果，制订出台了"三个十亿计划"，即三年内市、区县、园区联手筹资十亿用于引进领军人才，十亿用于科技产业创新平台建设，十亿用于支持新兴产业发展。出台支持科技创新的 20 条政策措施，鼓励科技创新平台建设，鼓励重大科技成果转化，鼓励创新型企业发展，鼓励开发园区专心，鼓励科技创新创业领军型人才。同时并用更优的政策，解决好南京人才特别是高层次人才生活居住、医疗、子女教育、知识产权保护和高品质国际化生活社区等实际问题，集聚更多的领军人才和高端人才。

第三节　发展和培育面向未来的新能源及其技术

一、新能源的内涵、现状与发展

(一) 新能源的内涵

新能源又称非常规能源,指传统能源之外的各种能源形式。一般地说,常规能源是指技术上比较成熟且已被大规模利用的能源,而新能源通常是指尚未大规模利用、正在积极研究开发的能源。因此,煤、石油、天然气以及大中型水电都被看作常规能源,而把太阳能、风能、现代生物质能、地热能、海洋能以及核能、氢能等作为新能源。随着技术的进步和可持续发展观念的树立,过去一直被视作垃圾的工业与生活有机废弃物被重新认识,作为一种能源资源化利用的物质而受到深入的研究和开发利用,因此,废弃物的资源化利用也可看作是新能源技术的一种形式。

(二) 新能源的发展现状和趋势

部分可再生能源利用技术已经取得了长足的发展,并在世界各地形成了一定的规模。目前,生物质能、太阳能、风能以及水力发电、地热能等的利用技术已经得到了应用。

目前可再生能源在一次能源中的比例总体上偏低,一方面是与不同国家的重视程度与政策有关,另一方面与可再生能源技术的成本偏高有关，尤其是技术含量较高的太阳能、生物质能和风能等。我国政府高度重视可再生能源的研究与开发。我国制定颁布了《中华人民共和国可再生能源法》，重点发展太阳能光热利用、风力发电、生物质能高效利用和地热能的利用。近年来在国家的大力扶持下，我国在风力发电、海洋能潮汐发电以及太阳能利用等领域已经取得了很大的进展。

二、新能源的环境意义和能源安全战略意义

我国能源需求的急剧增长打破了我国长期以来自给自足的能源供应格局，自 1993 年起我国成为石油净进口国，且石油进口量逐年增加，使得我国直接介入世界能源市场的竞争。由于我国化石能源尤其是石油和天然气生产量的相对不足，未来我国能源供给对国际市场的依赖程度将越来越高。

国际贸易存在着很多的不确定因素，国际能源价格有可能随着国际和平环境的改善而趋于稳定，但也有可能随着国际局势的动荡而波动。今后国际石油市场的不稳定以及油价波动都将严重影响我国的石油供给，对经济社会造成很大的冲击。大力发展可再生能源可相对减少我国能源需求中化石能源的比例和对进口能源的依赖程度，提高我国能源和经济安全。

此外，能源和环境是一个问题的两个方面，环境的污染，特别是空气的污染，最主要的原因是来自传统化石能源的生产和消费。能源消耗绝大部分都是化石能源，化石能源直接导致温室气体的排放。可再生能源与化石能源相比，最直接的好处就是其环境污染少，有利于低碳经济的

形成。

三、金融危机下我国新能源战略走向及对策建议

（一）我国新能源发展的三个支撑要素

当前，我国新能源发展的三个支撑要素分别是政策、市场和技术，也就是说，要实现新能源产业的健康发展，政府推动、市场拉动和科技撬动三者缺一不可。

1. 政策

实施"绿色新政"的西方发达国家，无一例外地都将新能源作为国家的战略性产业，对新能源的政策支持力度是空前的。虽然近年来我国在鼓励新能源发展方面制定了一系列政策法规和激励机制，包括法律法规、发展规划、财政支持政策、产业发展政策等，但目前国家支持新能源发展的政策体系还不够完善，相关政策之间需要统一协调，特别是各级政府在财政、税收方面的支持政策还不到位，中央和地方在相关的公共财政体制上也存在利益冲突。应从国家战略高度出发，在梳理整合已有相关政策的基础上，统筹资金、技术、市场、规划、科研等多方面因素，加大新能源政策制订和完善的力度，创造一个良好的制度环境，避免将来陷入被动跟从、受制于人的落后局面。

2. 市场

从未来的市场前景看，若按"十二五"期间经济增长8%—9%、电力弹性系数接近于1来测算，2015年全国电力需求将达到约5.5万亿千瓦时，要达到电力供需基本平衡，相应约需发电装机12.5亿千瓦。按此继续推算，到2020年全国约需发电装机16亿千瓦，而到今年底，全国总

装机预计达到 8 亿千瓦，这说明新能源发展拥有广阔的市场前景。从现实的市场竞争力看，受技术、设备等因素及新能源自身分散性、不稳定性特点的制约，新能源要在成本上与常规能源并驾齐驱还有待时日，加之新能源的关键设备要依赖进口，成本更进一步被推高。这说明高成本、高价格、低效率导致的新能源市场竞争弱势是制约新能源商业化和产业化的最直接因素。

3. 技术

技术创新能力不足和相关科学研究滞后已经成为新能源发展的技术"瓶颈"。一是当前可再生能源资源的分布、蕴藏量等尚未有统一且详细的勘查和评估，直接影响了我国新能源的开发和利用。二是新能源自主创新能力不足，许多高技术材料和设备仍依赖进口，一些核心技术、关键技术和前沿技术尚未突破。三是新能源集成应用技术缺乏，无法产生巨大的示范效应。我们应从保证国家能源安全的高度，重新审视和重视新能源的技术创新，主动赢得发展的主动权。

（二）新能源发展战略的思考和建议

1. 科学预测需求，制定发展战略

要重视能源战略的综合性和前瞻性，而这些都取决于对未来能源需求的准确预测。只有把我国现实生产力水平、所处的发展阶段、国际能源科技的发展趋势、我国能源资源禀赋、环境承受能力和应对气候变化等多方面因素统筹考虑，综合分析，才能系统把握各个阶段、各个区域乃至全国的经济发展远景，进而科学制定出近期、中期和远期的新能源发展目标，使之真正成为我国能源长远发展的指南。

2. 立足基本国情，安排能源布局

我国能源发展战略是"节约为先、立足国内、多元发展、依靠科技、保护环境、加强国际互利合作"，其中"多元发展"的最重要体现就是新能源的发展。但是，在制定能源战略过程中，我们不能照抄照搬国外经验，而应充分结合我国国情。当前，要以科技创新支撑我国新能源产业发展。我们要按照"自主创新、重点跨越、支撑发展、引领未来"的科技发展方针，把自主创新作为新能源发展战略的基点和中心环节，以科技进步带动新能源产业的规模化和产业化，抢占发展制高点，避免将来出现受制于人的被动局面。

3. 计划结合市场，形成发展合力

第一，应充分发挥政府"看得见的手"的作用。在新能源发展初期，需要政府投入一定的开发资金，或在能源集中采购方面给予倾斜，或给予一定的财政补贴，或设立专项的投资基金。但政府直接投入毕竟有限，政府投资的真正目的在于吸引商业资本进入，产生乘数效应。

第二，应充分发挥市场"看不见的手"的作用。一是要加快市场化进程。要通过市场竞争，优化资源配置，降低成本，扩大市场，促进效率和效益的提高，最终实现商业化和产业化。二是要加速新能源产业投资的市场化。除了要促进商业银行贷款投入和吸引民间资本进入外，还可争取风险资本、发展股票融资、开辟国际融资渠道等。比如，当前可以发挥国内金融市场的媒介作用，为节能减排技术和新能源技术研发投资开拓新渠道。

案例:

1997 年欧盟颁布了可再生能源发展白皮书，制定了

2010 年可再生能源要占欧盟总能源消耗的 12%，2050 年可再生能源在整个欧盟的能源构成中要达到 50% 的雄伟目标。2001 年欧盟部长理事会提出了关于使用可再生能源发电的共同指令，要求欧盟国家到 2010 年可再生能源在其全部能源消耗中占 12%，在其电量消耗中可再生能源的比例达到 22.1% 的总量控制目标。从 2003 年开始，新能源发展战略成为欧盟全球气候控制战略的一个重要组成部分。2006 年 3 月 8 日，欧盟委员会发表了《欧洲安全、竞争、可持续发展能源战略》，亦称《绿皮书》。2007 年，欧盟委员会提出欧盟一揽子能源计划。欧洲议会于 2008 年 12 月 17 日批准了欧盟能源气候一揽子计划，以保证欧盟到 2020 年把新能源和可再生能源在能源总体消耗中的比例提高到 20%。2009 年 1 月 26 日，由德国、西班牙和丹麦发起的国际新能源组织（IRENA）在德国波恩成立。欧盟委员会 2010 年 11 月 10 日发布了未来十年欧盟新的能源战略——《能源 2020：有竞争力、可持续和确保安全的发展战略》。

第六章
生态的企业运营体系

当前，我国经济社会正进入一个关键的发展阶段。经济社会的快速发展，对环境保护主体特别是作为排污单位的企业提出了更高的社会责任要求，同时也为企业的发展提供了更加广阔的舞台和新的空间。

企业作为建设和谐社会的一股重要力量，是维护生态文明的生力军。这支队伍对生态文明的认识程度，直接关系到社会经济发展中生态环保的力度。从企业自身的生存和发展角度来看，企业必须跳出把利润作为唯一目标的传统理念，转而关心、回报社会，保护生态环境，强调自己对消费者、对环境、对社会的责任，提高企业建设生态文明能力和拓展建设生态文明的领域，遵守企业伦理和商业道德，体现自己的文化取向和价值观念，使企业得以保持生命力，保持长期可持续发展。

第一节 强化企业社会责任

一、企业社会责任的内涵

企业的社会责任就是企业在创造利润、对股东承担法律责任的同时，还要承担对员工、消费者、社区和环境的责任。企业的社会责任强调在生产过程中对人的价值的关注，强调对消费者、对环境、对社会的贡献。

企业的环境责任是社会责任的重要组成。企业履行环境责任的态度也大致可分为三个层次：第一个层次是遵守环境保护法规，履行环境保护义务，这是责任底线；第二个层次是自觉保护环境、注重节约资源，这是责任中线；第三个层次是发展环保经济，实施清洁生产，预防污染，保护生态，通过主动履行环境责任来优化企业形象，赢得发展机遇，这是责任高线。

企业主动创建、履行和承担环境责任，具有良好的经济、社会效益：

（1）能够大幅提升企业竞争力。在国际上，是否履行社会环境责任正成为企业是否能进入全球市场的关键。近年来，沃尔玛、家乐福、雅芳、通用电气等超过50家跨国企业巨头开始在订单中加上环境责任的条款，许多企业因为不符合要求而被取消了供应商资格。通过自觉履行和承担社会环境责任，能够促使企业进一步融入全球化市场体系，全面提高企业竞争力。

（2）能够全面提升企业形象。企业是市场主体，也是社会成员。企业竞争力既来自产品竞争力，同时也来自社会影响力，主动履行企业责任是提升社会影响力的高效途径。在开放的市场背景下，消费者越来越重视企业的公信力和社会环境的责任感。企业更好地履行环境责任，可以改善企业的形象，提高企业的声誉，增进社会对企业的信任，并因此获取实实在在的经济利益。

（3）能够推动企业持续发展。企业是经济目标的实现者，也应该是环境保护的责任人。科学的企业发展观应该是企业与环境和谐相处，协调发展，只顾企业自身利益，不顾环境利益的企业不为社会所接受，终究要遭淘汰。只有走科技含量高、经济效益好、资源消耗低、环境污染少、人力资源优势得到充分发挥的新型工业化发展道路，才能获得企业发展速度、效益和后劲同步增长。

（4）能够推动社会和谐。我国是一个人口密度较大、人均资源紧缺的国家，也是一个自然环境受工业污染伤害较大的国家。切实保护环境，和谐企业与人、企业与环境的关系对于我国经济社会可持续发展显得十分重要。企业应该把保护环境作为自己的责任和使命，并付诸行动，不断优化经济增长方式，不断提高自主创新能力，努力做到清洁生产、节约生产、安全生产、健康生产，全面推动人与环境的和谐。

二、企业社会责任的全球化共识

社会责任已经渐成一场全球化运动，在中国经济全面成为全球化一部分的时代，倡导中国企业更多地关注企业责任不完全是纯粹道德的问题。从国际贸易的角度来看，越来越多的迹象表明，企业社会责任已经开始成为一道道贸易壁垒影响着我国企业的发展。今天，企业"社会责任"已经越来越多地出现在跨国企业订单的附加条件中，它要求合作企业从质量管理、环境管理扩展到更进一步的社会责任管理，一旦供应商不能实行相关责任，就意味着有失去订单的危险。

跨国企业从追求利益的本质出发，已经充分认识到了企业利益与企业环境，特别是企业可持续发展能力与环境、社会的关系成为相互促进、相互协调的关系。企业加强社会责任意识和积极履行社会责任，有利于构建和谐的劳动关系，保护劳动者的合法权益；有利于营造有序竞争的良好市场环境，保护消费者的合法权益；有利于提高中低收入者收入，缩小贫富差距；有利于节约资源、保护环境，转变经济增长方式；有利于企业树立良好的社会形象与品牌，提高企业的竞争力。

三、企业社会责任思想的绿色演化

21世纪企业社会责任思想的主题词是"企业公民"。企业公民通过将公民的概念从个人延伸到企业，又基于全球化扩展为"全球企业公民"，是对企业社会责任思想的继承、发展和突破：它将企业社会责任从一种自愿行为发展为公民观下的公民——整个生态大环境的企业——对社会的义务；它重新审视了企业的地位和作用这一重要命题，直接触及了企业与社会的关系的本质问题；它还突破了地域和文化的界限。

企业社会责任思想的演化史，实为人类社会文明的进化史。作为人类文化发展的成果，即人类改造世界的物质和精神成果的总和，作为人类社会进步的标志，人类文明经历了人不敌天的史前文明、天人合一的农业文明和人定胜天的工业文明三个阶段。21 世纪以来的后工业化时代，以全球变暖为集中表现的世界性环境危机，引发了一场声势浩大的关于企业社会责任的国际化浪潮，使企业社会责任思想走上了前台，并化作以构建生态文明社会为目标的普遍共识和绿色实践。其深刻背景在于：世界工业化的发展使征服自然的文化达到极致，需要开创一个新的文明形态来延续人类的生存，这就是生态文明——一种以构建"人—自然—环境"复合生态系统而良性循环、全面发展、持续繁荣为基本宗旨的文化伦理形态，这是一种新境界的天人合一。

　　企业社会责任思想的演化史，还是环境技术和环境制度建立与变革的历史。在技术水平既定条件下，不同的制度安排会导致截然不同的结果。"人不敌天→天人合→人定胜天→新境界的天人合一"所映射的"史前文明→农业文明→工业文明→生态文明"的路线，展现了环境制度的出现、变迁总是依存于并作用于一定经济社会发展阶段的图景。

案例：

　　作为日本和世界著名的跨国公司，索尼在环保社会责任方面的努力和成就有目共睹。2003 年 3 月，索尼集团成立企业社会责任（CSR）部，核心主题是"为了下一代"。这个理念的具体含义是指，对于整个社会来说，最重要的是下一代的健康成长，因此需要让社会有一个健康的环境。继《绿色管理 2005》之后，索尼对 2006—2010 年间的环境课题进行了规划和整理，并制定出新的环境中期目标《绿色管理 2010》中将"持续扩大产品资源再生量"以及"持续提高产品循环率"作为产品循环利用的指标。为了保护事业所周边的自然环境，索尼在努力削减由自身业务活动带来的环境影响的同时，通过与所在地区社会的紧密合作，在资源循环利用、绿化及保护生态系统方面采取了大量积极有效的措施。

第二节 企业社会责任及其承担

一、生态文明视角下我国企业社会责任的机制问题

从西方发达国家企业社会责任演进的过程来看，企业社会责任并不是完全靠企业家自身的觉醒形成的。其中，市民社会基础、各种社会运动，包括民间非政府组织推动起了不可估量的作用。在我国，由于缺乏这样的基础和民间组织社会运行的有效机制，试图通过企业自律机制而强化相关社会责任对于绝大多数企业几乎没有可能。

中国企业社会责任的设计与构造、规范与落实必须借助政府的强大力量。这就要求政府首先将自己的观念拨正到社会责任的轨道上来，在此基础上进行制度与机制的创新。其中可采取的措施有：实现企业社会责任的法制化，填补相关法律"真空"，增强法规的可操作性；监督检查企业社会责任的落实，并予以十分明晰的奖励与处罚；推动企业信息透明化，帮助企业建立财务、环境、社会责任相统一的信息公布渠道；创建科学的评价机制，在关注创造财富英雄的同时，更多地张扬承担社会责任的英雄。

二、生态文明背景下我国企业环境保护战略的定位问题

新的时代环境下，我国企业环境保护战略及其管理机制的定位应当坚持多元性结构管理机制，即由国际社会、各国政府、企业、非政府组织和公众共同参与的，由生态伦理、环境法制、社会发展模式、人类生存理念、模式、生态文化教育、生态环境技术的开发与应用水平和企业管理等多种因子共同作用形成的，以促进企业实现资源节约型、环境友好型企业目标的管理模式和运行机理。

（一）目标定位

1. 近期目标定位

在"十二五"时期，继续建设和完善企业环境管理制度机制建设，即在我国企业全面建立环境管理机制的基础上，初步形成政府促进企业环境管理法律制度运行机制、市场引导企业强化环境管理的经济氛围机制，社会舆论、非政府组织、公众参与企业环境管理的渗透机制。初步消除企业环境管理制度盲区。与此同时，加速提升环境监测预警和监督执法的科技含量，加大环境保护的奖惩力度，树立环境管理机制的公信力和权威性。

2. 中期目标定位

即到2020年，基本构建好我国企业环境管理体系机制，从根本上转变企业以牺牲环境为代价的经济增长方式，使循环经济、绿色技术、清洁生产、绿色管理、生态理念、生态企业成为我国企业可持续发展的主导潮流。

3. 长期目标定位

即经过几十年的努力，建立健全科学、先进、全方位、高效的企业环境保护战略及其管理机制，使我国的所有企业都成为资源节约型、环境友好型企业，让人民群众生活、工作在生态良性循环、山清水秀、环境优美的社会之中。不仅物质生产生态化，而且生活方式、社会制度也呈现生态化。

（二）性质特征

1. 时代性与战略性一致

在人类中心主义的指引下，企业的成长是以破坏生态平衡、污染环境、滥用能源、资源为代价的。在生态文明时代的企业管理机制理应发生绿色革命，即单纯的"经济人"企业理应转变为资源节约型、环境友好型企业，或者称之为绿色企业、生态企业。21世纪人类发展所面临的最大威胁是生态环境危机。因此，可持续发展是21世纪全球公认的最重要的发展模式。当人类具备生态文明与绿色管理的系统理念之后，企业环境保护战略及其管理机制的科学性、针对性、有效性、长效性构建，就表现出特别重要的战略性。它不仅关系到企业的生存与发展，而且关系到生态文明与绿色科技、绿色管理、绿色法律和绿色伦理能否变成现实的转变，关系到我们当代人民的生存与发展以及子孙后代唯一家园的可持续发展。

2. 经济性与生态性融合

企业追求经济效益是贯穿其生命全程的重要目标，但不是唯一目标。21世纪的企业已跨越了单纯"经济人"的时代，生态文明背景下的企业只有从产品设计到产品回收全方位贯彻生态环保的理念，节能减排、保护环境，才能为社会所认可、为法律所允许、为市场所欢迎；企业作为"社会人"，只有对投资者负责、对员工负责、对消费者负责、对社会负责、对生态环境负责，才能有更广阔更长远的发展空间和前途。实践证明，绿色企业、绿色产品深受社会所欢迎，绿色责任能提升企业的核心竞争力。可以说，只有具备创新能力和生态环保理念，将商业模式、技术创新模式与绿色管理机制有机融合的企业，才是 21 世纪标志性企业。

3. 伦理性与法制性结合

在生态文明背景下，构建资源节约型、环境友好型社会已成为人类的共识；生态伦理已成为 21 世纪的先进理念和主流伦理，科学、高效的企业环境保护战略及其管理机制必定渗透生态伦理，从传统的企业伦理转向现代企业生态伦理，标志着企业伦理价值观正在发生深刻的革命；在生态文明背景下，国际国内的法律也正在走向生态化，制定了大量的有关保护生态平衡、防治污染、清洁生产、节能减排、循环经济等保护环境的法律、法规，这些绿色的法律制度的实施必然促使企业环境保护战略及其管理机制的生态化。只有二者有机结合，才能培育出具有长久生命力的企业环境保护战略及其管理机制。

4. 多元性与特色性同构

我们首先要走出企业环境保护战略及其管理机制单一主体、单一因素的定位误区。事实上，构建和实施企业环境保护战略及其管理机制，不仅是我国企业在生态文明背景下的绿色责任，而且是我国政府在生态文明背景下建设生态文明、实施保护环境职能的重要职能机制；不仅是国际社会、非政府组织和公众共同参与监督、管理的必然结果，而且是生态伦理、环境法制、社会发展模式、人类生存理念、模式、生态文化教育、生态环境技术的开发与应用水平和企业管理等多种因子共同作用形成的逻辑结果。只有多方机制的有机融合，形成合力，才能形成先进、有效的企业环境保护战略及其管理机制，才能达到促进企业实现资源节约型、环境友好型企业目标。与此同时，根据不同企业的性质、特点、行业背景和自身条件设计，构建各具特色的企业环境保护战略及其管理机制。诸如，钢铁企业环境保护战略及其管理机制、IT 企业环境保护战略及其管理机制、化工企业环境保护战略及其管理机制，等等。

5. 教育管理与科技创新协调

随着人口的增长、资源的紧缺、生态的失衡和环境的恶化以及工业文明时代的财富观、幸福观、消费观的扩展，靠传统的人文教育管理方法和现有的技术来解决生态环境问题已经显得力不从心。因此，我们迫切需要创造新的融绿色人文教育管理与科技创新管理为一体的企业环境保护战略及其管理机制。不仅要强化绿色人文教育管理，培育与企业相关的决策者、管理者、执行者的绿色或生态人文价值观，而且在管理中要体现出企业环境管理的科学性和不断创新性。比如，生物能源、太阳能技术、核电技术、废弃物再生循环技术、绿色财税金融政策的运用、环境监测与执法机制的重大突破等都会促进企业环境保护战略及其管理机制的迅速进步。

6. 科学性与统筹性兼顾

企业环境保护战略及其管理机制是一个系统工程，是一个具有国际性意义的前沿课题，由很多相关机制和子系统机制构成，他们分别从政治、行政、经济、法律、伦理、教育、科技的不同层面切入企业环境保护战略及其管理机制，涉及众多部门和社会多个主体，具有综合性、复杂性和系统性。客观上要求以科学发展观来指导企业环境管理工作，统筹运用国际国内各种力量、各种资源以提升企业环境保护战略及其管理机制的科学性、实效性和前沿性。

三、生态文明时代我国企业环境保护战略的创新发展

（一）理念创新

1. 构建企业环境保护战略及其管理机制，既是企业深入贯彻落实科学发展观的实际行动，也是促进社会主义和谐社会建设的重要举措。节能减排、保护环境是生态文明背景下企业义不容辞的社会责任。

2. 构建企业环境保护战略及其管理机制，应尽快走出"人类中心主义"阴影，按照人与自然和谐发展的价值观，构建科学有效的企业环境保护战略及其管理机制：

从以经济效益为中心的企业管理机制转变为将经济效益、社会效益、生态效益协调统一的新的企业环境保护战略及其管理机制；从"先污染后治理"的末端治理模式转变为绿色设计、绿色采购、绿色生产、绿色科技、清洁生产、零排放、循环经济新模式；从单一的技术层面的污染防治转变为战略层面的企业环境保护战略及其管理机制；从被动的、抵抗型、反应型企业环境保护战略及其管理机制转变为积极型、主动型、生态型、创新型企业环境保护战略及其管理机制。

3. 科学而先进的企业环境保护战略及其管理机制不是

企业单一主体、单一因素所能决定的机制，而是一种由多元主体、多种因素有机组合创造出来的管理机制。因此，生态文明背景下，构建我国企业环境保护战略及其管理机制必须坚持以企业为主体、以政府为主导、以生态环保法律为依据、以生态伦理、环境责任为支撑的构架，企业环境保护战略及其管理机制应该是与时俱进的，力争具备与国际前沿性与民族特色性相结合、多元性与层次性相呼应、全方位与先进性、实效性相统一等特点。

（二）行为创新

1. 加大国家对建立健全企业环境管理法律机制的推动力度

21 世纪是生态文明的新时代，国家必须通过强大的公权力、推动力，规范性、强制性地指引企业步入企业环境管理法律机制的轨道，从而克服和消除企业唯利是图地破坏生态、污染环境的行为。诸如，提升政府环境管理部门的法律地位和权威性、完善政府促进企业环境管理法律机制以及加强环境影响评价制度、区域限批制度、环保一票否决机制、清洁生产促进法、节能减排制度、循环经济制度的执法力度，等等。

2. 充分利用市场机制，促进企业环境保护战略及其管理机制又好又快运行

比如，政府绿色采购机制、生态补偿机制、自然资源市场化、产业化管理机制，等等。

3. 充分利用评价、奖惩机制，推动我国资源节约型、环境友好型企业制度全面展开

针对国情，一方面，大力推动国家环境友好型企业评建活动的全面展开，评建出一批环保示范性企业；另一方

面，加快 ISO14000、HSE、QHSE 等环境管理标准体系在我国企业中的推广和应用，促进区域性环境友好型企业的形成。

4. 创新构建具有中国特色并借鉴国际先进经验的公众参与企业环境保护战略及其管理机制

我国应尽快地制定《公众参与企业环境管理条例》，并加大生态人格教育的力度，提升公众参与企业环境管理的广泛性、深入性和有效性。

5. 将重罚制度引入企业环境保护战略及其管理机制之中，加大执法力度，用以解决"违法成本低、守法成本高"的现象

面对生态环境危机的严峻现实，我国政府应尽快制定《中华人民共和国环境违法重罚条例》，让环境违法者政治上身败名裂、经济上倾家荡产；让所有的社会成员更加注重环境保护；让《生态环保法》真正地"硬"起来。

6. 以战略性视角构建企业生态人格教育机制

一方面，在企业招聘、职业资格、企业员工、领导干部学习培训考试中增加生态文明、环境伦理、循环经济、环境法制等方面的知识。另一方面，强化绿色财富观、绿色幸福观、绿色管理观、生态人格的培育，从而提升企业全体员工的环保意识，为构建环境友好型企业提供良好的生态文化氛围和环境伦理基础。政府与企业在这方面应该有相应制度、政策和经费支持。

7. 借鉴国际企业先进经验，强化企业内部环境管理机制

诸如，诺基亚公司将环保责任与经济责任、社会责任统一考核的管理机制；索尼公司的环境战略管理机制；以及企业绿色文化建设机制、企业环境员工管理制度、企业

环境会计制度、企业环境报告书、企业环境绩效评价制度、企业循环经济、企业绿色供应链管理机制：PRTR 制度、企业环保一票否决制度、奖惩机制和企业环保目标责任机制，等等。

8. 充分利用经济机制，激励企业环境保护战略及其管理机制运行与升级

具体措施为：（1）绿色财政税收机制。比如，逐步加大节能减排、环境保护的财政专项基金、征收环境税、资源税、对节约型经济、环境友好型企业实行税收优惠，等等。（2）绿色信贷机制。比如，环境友好型企业可以享受低息或无息绿色专项贷款。（3）绿色价格机制，即充分利用价格杠杆，促进企业节约资源、保护环境。比如，科学地设定生产、生活用电、用水、用油、用煤等资源的分段式收费机制。既保证企业生产、生活需要，又限制浪费资源的行为；对企业创新生产的节能产品、环保产品，政府给予适当的价格补贴。比如，节能灯、太阳能、光能、生物能源产品。（4）建立全国性企业环境污染有奖举报机制，促进公民积极履行环境监督性绿色责任。（5）设立中央和地方环境友好型企业表彰奖励机制，引导全国企业环境保护战略及其管理机制的循环上升。

9. 创建企业节能减排、环境保护指标体系、监测体系、考核体系和信息披露制度

在信息化的社会里，我们完全可以通过技术、法律、管理等措施将企业节能减排、环境保护信息通过权威媒体公布于众。一方面，有利于社会各个方面了解、监测、考核、评价、监督企业的节能减排、环境管理状态。另一方面在舆论、管理层面给企业以压力，有利于促进企业争先恐后、不断升级环保机制。

10. 构建企业环境公益诉讼制度

环境公益诉讼，特别是环保公益团体提起的诉讼，在环保先进国家都是遏制环境违法行为、救济环境公益的重要法律手段。作为一种环境司法救济，它可以有力地弥补环境行政执法手段的不足，有效地制止环境侵害行为，有利于促进环境保护和社会公平，值得大力推动。

案例：

2011 年 2 月 16 日，《国家电网公司 2010 社会责任报告》在北京发布，这是"十二五"开局我国企业发布的首份社会责任报告，也是国家电网公司连续第六年发布的年度社会责任报告。在刚刚过去的"十一五"期间，国家电网公司在我国企业社会责任理论研究和实践探索、推进自身绿色发展、最大限度增进生态文明方面，始终保持了领先地位。

2010 年发布的《国家电网公司绿色发展白皮书》中，国家电网公司充分凝聚绿色发展合力，发布了"十一五"和"十二五"节能减排行动和目标，最大限度促进温室气体减排，应对全球气候变化。

与以往五年的社会责任报告不同，本年度报告首次全面阐述了国家电网公司履行社会责任与创造综合价值的密切关系。展现了国家电网公司通过实现"保障更安全、更经济、更清洁、可持续的能源供应"的核心社会功能和"负责任地对待每一个利益相关方"的一般社会功能，最大限度创造综合价值的意愿、行为和绩效。国家电网，不仅仅关注它创新行为的本身，更关注它的不断突破为国家、为社会、为企业履行社会责任所带来的深远影响和前进动力！国家电网，值得中国企业社会责任运动铭记的领跑者！

第三节 绿色企业是发展
绿色经济的主体

一、绿色企业的时代内涵

绿色企业是指以可持续发展为己任，将环境利益和对环境的管理纳入企业经营管理全过程，并取得成效的企业。

作为绿色企业，它应该具备以下几个条件：

1. 生产绿色产品。产品从设计、制造、销售到回收处置的全过程中，对环境无害或危害较少，符合特定的环保要求，有利于资源再生的产品。产品注重了整个的生态产业链的绿色健康发展，对国家和社会及个人都有益。

2. 使用绿色技术。绿色技术是指能够节约资源、避免和减少环境污染的技术，是解决资源耗费和环境污染产生的主要办法，它既可以为企业带来效益和增强竞争力，又可以在不牺牲生态环境前提下发展，是建设绿色企业的关键。

3. 开展绿色营销。绿色营销即企业在市场调查、产品研制，产品定价、促销活动等整个营销过程中，都以维护生态平衡、重视环保的"绿色理念"为指导，使企业的发展与消费者和社会的利益相一致。绿色营销应包括收集绿色信息、发展绿色技术、开发绿色产品、实行绿色包装、重视绿色促销、制定绿色价格、选择绿色渠道、树立绿色形象、提供绿色服务等，将资源的节省再生与减少污染的环保原则贯穿营销活动的始终。

二、绿色企业的战略选择

（一）落实科学发展观，树立环保意识

一是要建立人与自然的和谐观念。认识到人与自然是一个有机整体，两者互相依存，相互制约，相互作用。两者必须协调发展，才能保证人类生存和发展的健康、安全。要变社会以人为中心为人与自然和谐并存，变企业追求自身利润最大化为追求自身利益与社会利益最佳结合为目标。二是要树立环境道德观念。把人与人之间的平等、正义等道德观念扩展到人与自然的关系上，明确人类对自然界所负有的道德责任。三是要树立环境法律观念，明确环境责任，以法治理和保护环境。

（二）以人为本，教育为先

企业员工不仅应有较强的环保意识，还要有环保及专业基础知识，使其岗位责任同环保紧密相连，这样员工不仅能自觉地保护环境，还能够使环保技术创新同工艺创新相一致，推动企业发展。因此，企业绿化首先从人的教育开始，这里的人应是全体员工，包括经营者、各级管理者和职工；这里的教育不仅包括环保意识教育、环保知识教育，还包括岗位专业技术培训。只有这样才会让人适应市场和社会的需求，为企业的发展创造最根本的条件。为了倡导环境保护的观念、激励员工做出对环境友善的行为及

推动实施环境管理系统，企业必须规划并执行对全体职工的教育训练。

（三）推行绿色生产，提供绿色产品

绿色生产又称清洁生产，是指以节能、降耗、减污为目标. 以技术、管理为手段，通过对生产全过程的排污审计、筛选、实施污染防治措施，以消除和减少工业生产对人类健康和生态环境的影响，从而达到最大限度地防治工业污染、提高经济效益双重目的的综合型措施。它包括两方面的含义：即清洁的生产过程和清洁的产品。前者要求生产过程对环境无污染或少污染，后者要求产品在使用和最终报废过程中不对环境造成损害。

（四）实施绿色营销战略。

绿色营销是一个复杂的过程，它要求将绿色管理思想贯穿于原料采购和产品设计，生产销售到售后服务的各个环节。企业要不断探索绿色经营，如建立绿色商品基地，营造绿色购物环境，推广绿色营销、绿色服务、宣传推广绿色消费方式等。适应人们崇尚健康、保护生态、追求生活高品质的需要。绿色营销即企业在市场调查、产品研制、产品定价、促销活动等整个营销过程中，都以维护生态平衡，重视环保的"绿色理念"为指导，使企业的发展与消费者和社会的利益相一致。绿色营销应包括收集绿色信息、发展绿色技术、开发绿色产品、实行绿色包装、重视绿色促销、制定绿色价格、选择绿色渠道、树立绿色形象和提供绿色服务等。

（五）　塑造绿色企业文化

绿色文化是使人类愈来愈好地生存和发展而进行的设计、制造并使之产生积极成果的一种文化。其基本观点是把人与自然、人与人、人自身的和谐作为人类应有的追求.是企业文化的基础。随着企业绿色生产和绿色营销的开展以及员工绿色需求的增长，营造绿色企业文化势在必行。绿色企业文化是以绿色文化为企业经营管理的指导思想，并将其贯穿于企业经营的各个方面。它是发展绿色企业的基础，以开展绿色营销为保证、以满足员工的需求为动力，实现员工、企业、生态和社会可持续发展的经营文化。

三、绿色企业的经济取向

绿色企业具备循环经济取向。绿色企业在经济运行上要求具有高度的开放性特点，即其绿色原材料和半成品供应、绿色产品设计、资金来源、绿色技术创新、绿色设备和工艺流程改造、绿色产品销售等方面都要对外开放。但绿色企业在其生态运行上要求具有高度的内部封闭性，采取少废和无废料绿色技术，减少各个生产环节上物质和能量的跑、冒、滴、漏，使废物最小化并回收利用，尽可能实现闭路循环。

创建绿色，企业发展循环经济是重要的战略选择。我国企业发展循环经济，建立和完善绿色企业，应主要完善以下措施：

（一）改造企业技术

我国很多企业最初产品质量、技术水平和生产工艺比较落后，废料产出环节多、大量消耗资源和能源、环境污染和生态破坏严重，到后来通过对一系列现有工业技术的生态化技术改造，才使企业运行过程中的物质流、能量流、信息流和价值流从不合理逐步趋向合理，即大量的绿色企业是在技术改造中建成的。发展循环经济必须利用绿色技术，加快改造我国绿色企业现有的工业技术系统，这是建立和完善绿色企业的重要途径。企业技术改造主要包括：在改造落后的工艺流程中建成生态工艺；改造生产流程中的关键性设备，降低废料产出率；改造整个生产流程的控制系统，使其实现微机控制而使全流程变成无废料工艺；采用使能源、资源综合利用的先进技术等使企业变成绿色企业。

（二）创新绿色技术

加快以生态原理为主要基础的绿色技术、特别是生态型高新技术的创新和扩散，建立可持续发展的绿色技术体系，是建立和完善绿色企业、提高其核心竞争力、最终促进我国循环经济发展的基本对策、关键措施和核心问题。这要求企业真正成为绿色技术创新的主体，从宏观（国家政策）和微观（企业机制）两个层次出发，建立起以市场机制为基础的绿色技术创新的外部激励机制、内部动力机制、自身能力机制、信息传递机制等复合机制体系；针对绿色技术创新、扩散的外部经济性、社会化及多学科交叉的特点，建立起集多种职能于一身的企业绿色技术创新、扩散、中介和服务中心，降低创新的学习成本，提高绿色技术创新效率；进行绿色企业内部的制度创新和组织创新；建立企业绿色技术创新风险基金；加快推广节水、节能、无废、少废和"三废"综合治理等实用绿色技术。

（三）实施清洁生产

清洁生产其实质是一种物料和能源消费最小的人类活动的规划和管理，将废物减量化、资源化和无害化，或消灭于生产过程之中。清洁生产兼顾了经济效益和环境效益，最大限度地减少了原材料和能源的消耗，实现了在生命周期内对产品进行全过程的管理，在很大程度上有助于解决环境污染与生态破坏的问题，且有很高的环境效益，同时还可以在技术改造和工业结构调整方面有所作为，创造显著的经济效益。这与绿色企业所追求的目标（生存、获利与发展）相一致，与循环经济的基本要求即资源的循环利用相符合。因此实现绿色企业重要途径就是推行清洁生产，发展循环经济，按照少投入、低消耗、多产出的集约化方式生产，实现生产全过程的污染控制，进而走上经济、环境、资源协调发展之路。可见，大力推行企业清洁生产是变革以大量消耗资源和能源、严重污染破坏生态环境为特征的传统发展模式，发展循环经济，建立绿色企业的战略措施和重要途径。

（四）建立生态工业园

生态工业区是在某一地域上，由多个工业企业依据生态经济规律和生态系统优化原理，综合运用生态工程手段等建立的有一定物质循环、能量流动和价值增值等内在生态工艺联系的工业企业群体，是发展循环经济的一种新模式。生态工业园具有整体性、集约性和区域性特征，在设计和建立生态工业园时要把能合理利用某一类资源并具有内在生态工艺联系的企业在一定地域逐步聚集，形成较完整的食物链—投入产出链（网），提高整个系统对原料和能量的利用效率，使其组成一个生态工业园有机整体。

案例：

　　绿色奶源是乳业生存的生命线，也是可持续发展的根基。蒙牛建设了 14 座万头以上大型生态牧场。遵循"取之草原、用之草原"这一原则，蒙牛生态牧场以奶牛养殖为主体，以有机、环保技术为支撑，将牧草种植、饲草加工、奶牛养殖、粪污处理、蔬菜种植、花卉观赏、人员培训、休闲观光等融为一体，从而形成的资源节约型、环境友好型和生态观光型牧场。

　　据悉，目前正在规划和建设的大型牧场有 20—30 座，还有数千家中小型牧场也在建设与规划之中，现代化的生态牧场让我们相信，今后的牛奶更加绿色、健康。

　　与此同时，早在 2008 年，蒙牛就投资了 4500 万元建立了全球最大的畜禽类生物质能沼气发电厂，日处理鲜牛粪 500 吨，日生产沼气 12，000 立方米，年发电量直接接入国家电网。联合国开发计划署特别对此项目授予"加速中国可再生能源商业化能力建设项目·大型沼气发电技术推广示范工程"。

　　此外，蒙牛投入累计超过 4 亿元的资金，建设了国内领先的万吨级污水处理厂，处理后的水达到国家一级排放标准，经沉淀分离后可直接用于农业灌溉和企业生产。不仅如此，蒙牛还启动荒山绿化工程以改善企业核心区的生态环境，着力构建绿色花园工厂。这些开创性的低碳探索与实践，不仅让蒙牛实现了变"绿"为金，也成就了其独一无二的行业绿色领导力。

第四节　绿色财富观是生态文明时代的理性选择

一、财富观的绿色演变

所谓财富观，是指人们关于财富的本质特征、运动规律、创造方式、拥有享受方式、积累方式、管理方式，以及社会功能、作用等问题所持的理念系统。不同的时代，不同的人群，会有不同的财富观。在原始社会里，生产力水平的原始性，决定了人类不得不归属自然，融合于自然界。这就使得原始人的财富观呈现现出原始自然性和简单朦胧性的特征。人类进入农业文明时代，生产力水平有所提高，对于社会、自然和财富的认识有所进展。农业文明时代人类的财富观表现出有形物质财富观、土地财富观等特点。工业革命后的几百年，大工业、机器化代替了手工业，人类以惊人的速度创造财富，并以同样惊人的速度破坏生态环境、消耗自然资源。在"人类中心主义"的旗帜下，人类把对财富的追求建立在自然资源和环境的破坏与浪费的基础之上。于是，当今社会出现了生态环境危机和人类的生存危机。从卡逊的《寂静的春天》到布伦特兰的"可持续发展观"，从1972年的《人类环境宣言》到1992年的《21世纪议程》，从"人类中心主义"到"人—社会—自然"复合生态系统理论，从生态政治思潮到公众绿色运动，人们呼唤着 21 世纪新的财富观—绿色财富观。

二、绿色财富观的出现

从中国生态环境的现状上看，改革开放以后的 30 多年，中国经济的持续增长，令全球瞩目。然而，这种增长是以生态环境的恶化为沉重代价的，是一个眼前的危机。面对我国生态环境的严峻现实，我们不得不反思工业社会的发展观、财富观、价值观和自然观。我们越来越深刻地认识到，善待生态环境就是保护人类自己，拥有良好的生态环境，就是拥有无限的财富。由此可见，构建人类的绿色财富观，不仅是整个社会可持续发展的客观要求，也是人类生存发展的客观需要。

从国家发展战略层面上看，党中央和国务院提出了构建节约型社会和环境友好型社会的战略目标。中央和地方政府正在运用政治、法律、行政、经济、宣传、教育等多种手段促进这一目标的实现。绿色财富观的研究与构建，不仅有利于财富学科的与时俱进，而且有利于人类在科学认识基础上，理性地去追求绿色财富。人类经历了原始文明、农业文明和工业文明，21 世纪是知识经济时代与生态文明的时代。绿色财富观将是 21 世纪的主流财富观，这是生态文明时代人类的理性选择。

三、绿色财富观的界定

（一）绿色财富观的七个特征

1. 时代性

不同的时代，人类的财富观有不同特色。如果说工业文明时代，在"人类中心主义"指引下，其财富观表现出对生态环境破坏性、浪费性的特征，那么，生态文明时代，在生态伦理观和可持续发展观的指引下，其财富观理应呈现出生态性、和谐性、安全性、节约性和可持续性，简称绿色财富观。生态文明时代赋予了财富观新的内涵。

2. 标准性

如何来衡量财富的绿色性，人类应该怎样追求绿色财富，有学者认为，"绿色财富必须符合四条标准：经济学标准、生态学标、环境保护学标准和人文科学标准"。1995年，世界银行曾颁布了衡量国家地区财富的新标准，即一国的国家财富由三个主要资本组成：人造资本、自然资源和人力资本。绿色财富标准性衡量问题，不仅仅是对其本身的量化指标，还应该将绿色财富标准与社会、经济、政治、法律、教育、卫生以及可持续发展的相关指数结合起来分析研究。诸如：绿色财富指数与社会进步，绿色财富指数与和谐社会，绿色财富指数与人类的幸福等。

3. 伦理性

一般而言，人类的思想行为模式是受其伦理价值所支配的，人类对财富的认识和追求具有明显的时代伦理特征。从1972年的《人类环境宣言》到1992年的《21世纪议程》，从"人类中心主义"到可持续发展战略，人类的伦理观正在发生深刻的变革，构建节约型社会、环境友好型已成为人类的共识，生态伦理已成为21世纪的先进理念和主流伦理，在生态伦理支配下的财富观，毫无疑问应该是绿色财富观。

4. 法治性

面对迫在眉睫的生态环境危机，面对缺乏生态伦理价值观和环境保护意识的不良行为，为了人类与自然的和谐发展，为了子孙万代的幸福，只能通过构建完善的生态环保法律体系，强化其执行力度，促进人们绿色财富观的养成。

5. 国际性

我们深知，地球是人类唯一生存的家园，而人类是地球上唯一具有理性的生物体。不同国家之间的生态系统是相互联系、相互影响、不可分割的共同体。正是基于这种人类与自然界同呼吸共命运的客观基础，构建人类的绿色财富观具有了国际性。

6. 战略性

政府在不同的时代，其战略重点是不尽相同的，工业文明时代，许多国家的战略重点在于科学、教育、人才和市场。在生态文明时代，国际社会以及各国政府不得不把构建良好生态、保护环境、节约资源提升为战略性重点。因为良好的生态环境是物质文明、精神文明和政治文明建设的前提和基础。

（二）绿色财富的三种分类

在生态文明时代，对于绿色财富按照不同的划分标准可以做如下几种主要的分类。

1. 按绿色性划分

按财富是否具备绿色性可划分为绿色财富与非绿色财富。

所谓绿色财富，即以资源安全、生态安全、环境安全和社会安全为前提，有利于人与自然和谐发展的财富。反之则是非绿色财富。例如：森林、河流、植被、湿地、太阳能等都是绿色财富。

2. 按存在形式划分

按绿色财富的存在形式可划分为有形绿色财富与无形绿色财富。

所谓有形的绿色财富，是指以固体和液体形式存在或看得见、摸得着的绿色财富。例如，雪山、草地各种动物、植物等等，所谓无形的绿色财富，是指有关绿色财富的知识产权。例如有关生态建设、环境保护的专利权、商权标和版权等等。

3. 按人为加工划分

按绿色财富是否经过人为加工可划分为原生态绿色财富、人造绿色财富以及组合式绿色财富。

所谓原生态绿色财富，是指自然形成的绿色财富，例如，原始森林、河流、湿地、雪地、各种野生动植物等等。所谓人造绿色财富，即经过人类加工、生产出来的绿色财富。例如无污染农产品、环保汽车、节能建筑材料等等。所谓组合式绿色财富，即天然绿色财富与人造绿色财富的最佳组成。

四、绿色财富观的构建策略

构建绿色财富观，是生态文明时代所直面的新课题，是实施可持续发展战略的必然选择，是建设节约型社会、环境友好型社会客观要求，是突破代际局限，既有利于当代人，又惠及子孙万代的战略性策略。它是一个系统而复杂的工程，需要不同的社会主体从不同的层面共同构建。

（一）运用公共权利和行政手段

从某种意义上，我们所处的时代是"政府的时代"。构建绿色财富观，政府的责任与作用至关重要，应当指出，在中国现行体制下，解决绿色财富观问题，虽然路径有许多，但政府依然是主导，中央和地方政府应当充分适用其拥有的公共权力，采取一系列强有力的行政措施，从影响人们绿色财富观的主客观因素入手，培植和提升人们的绿色财富理念。诸如在构建和谐社会，制定和实施"十一五"规划的过程中，将绿色财富指数纳入评价考核指标体系；大力推行绿色 GDP；充分运用行政制度和行政措施，营造追求、创造、享有和管理绿色财富的社会氛围等等。

（二）强化法律保障与调节机制

国际经验表明，法律机制是构建生态文明和和谐社会的不可缺少的强有力的手段。因此，国家应当通过立法确立公众追求、创造、享受和管理绿色财富的权利和相应义务，并通过严格地监督执法，促进公众构建绿色财富观。诸如公民以破坏生态环境、严重浪费资源的方式来获取个人财富的行为，将受到法律的严厉制裁。

（三）利用经济措施和调节方法

实践证明，经济手段是促进人们追求绿色财富的有效措施。具体表现为：（1）政府每年拨出一部分绿色财富发展基金，用于支持全社会绿色财富的科研、开发和推广。诸如对生态建筑、太阳能技术、生物能源、节能产品等方面的支助。（2）科学地利用税收杠杆，促进公众择选绿色财富和绿色生活方式。诸如开征环境税、资源税、非绿色财富税等等。（3）合理利用价格杠杆，促进公众自觉节约资源，保护环境，追求绿色财富。

（四）开展教育普及和观念培育

应当提出，生态环保法律离开了公众的普遍自愿遵守，是难以强制执行的，因为没有那么多的强制执法人来监督强迫每一个公民守法；同样的，一个脱离了公民生态伦理、环境保护素质的绿色财富政策要能奏效也是很难的，绝色政策、法规的执行与否最终还依赖于全体公民生态伦理素质的提高。强化全方位的绿色教育，充分利用多种现代化技术和管理模式，培养公众的生态人格，树立公众的绿色财富观。

绿色财富观，作为一种新的财富观，在生态文明时代，决不仅仅是一种生态主义或理想主义的一种表现方式，它是21世纪人类理性而必然的选择。在国际社会，绿色财富观正在兴起并深刻影响和改变着人们传统的财富观、价值观、生存方式以及经济发展的模式。面对十分严峻的生态环境，作为一种新的财富理念和模式，亟待我们去探索和研究，要求国际社会，各国政府、企业、学校、公众从法律、伦理、教育、管理诸方面共同行动，促进人们用心去体验绿色财富观。

案例：

戴尔是在全球第一家实现"碳中和"的 IT 公司，它将计算出其全球工厂在生产中排放的温室气体总量，增加节能措施，最大化地使用诸如风力在内的可再生能源，从而减少并完全消除温室气体给气候带来的影响。戴尔要求供应商报告他们的工厂产生的温室气体量。比如，已经要求戴尔的物流供应商在一年内使用一定比例的低污染的生物柴油，在与马来西亚环境部合作的一个项目中，戴尔要求当地供应商对其不符合排放规定的运输工具在 10 天内进行整改。2006 年，戴尔执行了一项积极的产品节能策略——EnergySmart，帮助顾客从台式机到数据中心实现更高的性能/能耗比。去年，戴尔卖出了大约 2，370 万台台式电脑。如果它们都使用戴尔最新的台式电脑所具有的节能功能，消费者应该已经节约了大约 16 亿美元的电费开支。戴尔率先在全球免费回收自己的产品以及竞争对手生产的产品。

第七章
繁荣的生态文化体系

　　文化是民族的血脉，是人民的精神家园。狭义范畴的如文学、艺术、教育、科学等精神财富的文化，越来越成为民族凝聚力和创造力的重要源泉，成为大发展大变革大调整时期增强国家文化软实力和中华文化国际影响力重要支撑。建设生态文明，须臾不能离开文化范畴的深入考量。中国文化的复兴即意味着中华民族的复兴；没有社会主义生态文化的繁荣发展，就没有社会主义的生态文明；中华民族的伟大复兴，必然伴随中华生态文化的繁荣兴盛。

　　文明和文化都是人类创造的成果，但是，文明成果都是积极和进步的；文化的成果除了积极和进步的，还有落后和消极的。先进的思想文化是人类取得文明成果、达到文明社会的手段。纵观人类经济社会发展史，可以发现，任何技术进步和制度创新背后都有深厚的文化支撑，技术和制度只是文化土壤上长出的智慧之果。以近代欧洲为例，文艺复兴运动的文化催生了科学文化的兴起和工业革命的到来，并导致了强大的工业文明的形成。21世纪，以生态文明代替工业文明，这将是人类新的第三次文化革命。人类文化将以自然文化—人文文化—科学文化—生态文化的模式发展。这有其深厚的自然科学及其文化基础。

20世纪50年代以来，系统论、信息论和控制论产生；耗散结构理论、混沌学和分形理论等非线性科学的兴起，人类认识从还原论分析思维向综合性整体思维发展，认识到非线性、非稳定、不可逆和不规则才是自然界的真实图景。自然科学的这些发现以全新的复杂性的思维模式，大大加深了我们对自然和世界本质的理解，丰富和深化了对自然界辩证联系的认识。生态科学从这场引发科学思维方式变革的科学革命中获得了理论支持，它扬弃了传统的生物学和经典平衡生态学的思维方式，吸收并综合了物理学、化学、生物科学、系统科学等领域所取得的最新成果，促进了关系人类及整个生物圈持续存在和演化的新的文明状态的形成。与"和平与发展"的时代主题一样，我们深切地意识到，人类正在经历一次最重大的世界历史性的转折，在这个转折点上，人类将告别传统文化，走向一个新的文化时代—生态文化时代。新文化是"人与自然和谐发展的文化"，新的人类文化有三个层次：生态文化的制度层次、生态文化的物质层次和生态文化的精神层次。

第一节　建立全民生态文化教育试验平台

一、生态文化的内涵与价值

生态文明观下的生态文化，就是从人统治自然的文化过渡到人与自然和谐的文化。这是人的价值观念根本的转变，这种转变解决了人类中心主义价值取向过渡到人与自然和谐发展的价值取向。生态文化重要的特点在于用生态文明的基本观点去观察现实事物，解释现实社会，处理现实问题，运用科学的态度去认识生态学的研究途径和基本观点，建立科学的生态思维理论，并在此基础上建立新的价值观念、思维模式、经济法则和管理体系，从而可以有效地积聚起社会各方的力量，形成一股合力，共同致力于环境保护和人与自然的和谐发展。

生态文化的价值观实质上是一种与传统的极端功利自生型思维方式相对立的互利共生型思维方式。用这种互利共生型思维方式来处理人与自然的关系时，就避免了单纯的以自然为中心或以人为中心的行为，它的核心是保持人与自然的互利共生，和谐共存。也就是既看到人类的价值，又看到自然的价值；既把人类作为主体，又把自然作为主体；既关注人类，又关注自然；既维护人类的利益，又维护自然的利益。在价值主体上，生态文化体现了一种新的价值要求：追求"自然价值"的要求。它承认自然的内在价值，也承认自然的价值主体地位，承认自然价值的存在不仅仅是为了人的利益，还包括其它生命体和非生命体的存在。非人生命和自然界不仅对于人有价值，而且人对于非人生命和自然界的其它存在形式也有价值。自然界所有存在形式都有继续存在下去的权利。

二、生态文化在生态文明时代崛起

工业文明是以损害自然为代价的文明，是以损害自然价值来创造和实现文化价值。这就导致了自然界的严重透支，产生了严重的生态危机，这也是人类文化的危机。生态危机的现实表明人类的不合理活动正在使生态环境的退化趋向极致，同时也把人类自身置于危险的生存困境。面对科学文化的反自然特征和其所引起的生态危机以及人与人之间的异化所造成的压力，人类开始对这种科学文化进行反思，质疑它存在状态的合理性。同时，以生态学和环境学为代表的跨自然科学和人文科学的交叉学科的不断发展，为人类与自然的未来关系描绘了粗略的蓝图。基于这样的背景，生态文化不断发展，逐渐成为一种上升的文化。

生态文化的崛起表明人类正在经历一次历史性的变迁，在这种文化的引导下，人类将告别过去走向一个新型的文明。这个文明要求人类从极端的追求财富的角逐中解脱出来，进入到理性和精神创造的追求中，过一种建立在人与自然和谐相处意义上的新生活。这种文化的产生、繁荣和发达，将为人类创造以往无法比拟的福祉，使人类文化发展走向一个新阶段。

（一）生态文化是人类精神层面与道德建设的基础共识

生态文化的精神层次选择是在承认自然价值的基础上，走出人类中心主义，按照人与自然和谐发展的价值观建构尊重自然的精神文化，实现人与自然的共同繁荣。生态文化的精神层面的选择为人类提供了精神归宿，在这个世界上，人类并非是孤独的，并没有被遗忘，在人类之外还有一个享有独立精神和价值的主体——自然，通过与自然建立某种联系，人类获得精神的安慰与满足。在这种共同的精神家园里，会逐渐产生一种新道德，这种道德不是传统道德的简单复归，而是建立在自然这一主体上的道德新思考，表现为生态道德，即作为道德主体的人类对自然，对生态，对环境追求一种和谐相处的认同或认知。在人类社会活动中，承认自然的主体地位，尊重自然本身的价值，将被视为一种合适的行为，将被赋予一种善的意义。

（二）生态文化是当代中国先进文化的前进方向

推进文化创新，增强文化发展活力，起点要高，要站在时代的前列，选择符合历史潮流的文化。胡锦涛总书记在党的十七大报告中提出要"在时代的高起点上推动文化内容、形式、体制机制、传播手段的创新"。而生态文化作为一种正在崛起的新型文化，具有明显的时代特点，具有沟通现在和未来的双向性。因此，生态文化应该成为当代中国先进文化的前进方向。

1. 生态文化首先是当代中国先进文化的重要组成部分

生态文化是一种站在时代前列，符合历史发展潮流的文化。生态文化是一种符合客观真理的文化。它反映了人类对客观世界的真理性认识，反映了自然界和人类社会的发展规律和发展趋势。人与万物在整体自然界中互生，并在互生中达到共生。生态文化也昭示了一种科学的实践理性，即人类要有限度地生存。人类本身不能不顾同代之中的其它个体，尤其是弱势群体的利益诉求，不能损害后代人满足其需求的空间与能力，更不能只是考虑人类自身的利益，而是同时要考虑自然界中其它主体的利益和价值。生态文化建设的本身就包含着制度层面的、物质层面的和精神层面的人与自然、人与社会的和谐建设。生态文化建设最终代表着广大人民群众的根本利益，生态文化以长远的眼光关注人类的生存状态，建构着人与自然的和谐共存。

2. 生态文化是当代中国先进文化的前进方向

在当代中国发展先进文化，就是发展面向现代化，面向世界，面向未来的民族的科学的大众的文化。面向现代化，面向世界，面向未来规定了先进文化的方向性。生态文化遵循一种崭新的思想方法和思维方式，这种思想方法和思维方式符合现代化建设的要求，具有面向现代性的特征；生态文化是人类文化不断发展进步的结晶，具有面向世界的特征；生态文化是一种立足于当今，指向未来的新文化，又具有面向未来的品质。生态文化的这些特征保证它代表当代中国先进文化的前进方向。

三、建立全民生态文化教育试验平台

（一）生态教育体系概述

生态教育具有全面性、全民性、整体性、持续性和实践性等特征。生态教育是一项系统工程，必须建立完善的生态教育体系，才能将生态教育向前推进。

生态教育体系包括生态教育内容体系、生态教育目标体系、生态教育方法体系、生态教育效果评价体系等内容，要建设生态教育体系，必须兼顾生态教育体系的全面性和系统性，全方位地进行构建。

1. 生态教育内容体系

生态教育的内容包括生态意识教育、生态哲学教育、生态价值教育、生态伦理教育、生态文明与生态文化教育、生态立法教育、生态美学教育，涉及哲学、伦理、文学、法律、美学等多个学科。

在教育的过程中，必须将生态学与这些学科有机结合起来，科学合理地设置生态课程，采用形式多样的生态教学方法，落实生态教育的内容，构建完整的生态教育内容体系。

2. 生态教育目标体系

生态教育的目标是由生态教育的内容引发出来的，与生态教育的内容紧密相关。生态教育的目标是要通过生态意识、生态哲学、生态价值、生态伦理、生态文化和生态美学等方面的教育，培养公民正确的生态意识、生态知识、生态态度、生态能力以及生态行为。

生态教育培养的生态意识是人与自然和谐相处，了解自然、尊重自然的观念，包括生态责任意识、生态价值意识和生态审美意识等。个人要用生态意识规范自己的行为，养成科学的生活方式和消费方式。

生态教育培养的生态知识是个人对环境、生态基本规律的了解，对环境与经济、社会之间的辩证关系的把握，对环境保护法律法规常识的掌握。

生态教育培养的生态态度是个人对生态有正确的态度和价值判断力，对自然环境施以人文关怀，有人道主义精神，要热爱自然、尊重自然、保护自然，平等、公平地对待自然以及自然界一切生物。

生态教育所要培养的生态能力是个人解决生态实际问题的能力，是开发生态技术并用生态技术正确处理资源、环境、经济和社会矛盾关系的能力。

生态教育要培养的生态行为是个人按生态规律的要求，在日常生活和工作中自觉保护生态的行为。

3. 生态教育形式体系

生态教育具有全民性、持续性，生态教育不仅需要学校承担教育责任，而且需要政府、企业、传媒、公众和家庭等共同参与。

学校是生态教育的重要阵地。生态教育应该从学前教育开始，贯穿基础教育、高等教育的全过程。学校系统应包括幼儿园、中小学、职校和高校。应该提高学校管理者的水平，完善学校管理，设置科学的生态教育课程体系，完善生态专业化教育。

政府是生态教育的主导者。政府应该制定相应政策包括生态教育的近景、远景规划，教育人才的培训计划，资金投入计划等指导生态教育的发展。

企业是生态教育的重要执行者。企业应该加大对员工的生态知识宣传，强化对员工的生态教育；培养生态科技人才。

传媒的宣传是生态教育的重要途径。电视、网站、报纸、广播、报刊等现代新闻传媒的宣传报道对舆论有重要的导向作用，特别是对生态社会教育有重要的促进作用。

生态教育需要公众参与。公众对生态教育的内容、形式有批评权，对政府和学校生态教育的实施有监督权，民间环保团体的参与对生态教育也有直接的推动作用。

家庭是生态教育的另一个重要阵地。父母对孩子的教育是潜移默化的，也是影响深远的。父母应该对孩子的消费行为进行正确引导，培养孩子的生态保护责任意识。

生态教育形式是多种多样的，实现途径也是多样化。生态教育形式体系的构建，直接影响到生态教育的成效，应该大力构建和完善。

4. 生态教育效果评价体系

构建生态教育效果评价体系能够更好地推进生态教育，因此应该将生态教育效果评价体系纳入生态教育体系之中。

生态教育效果评价体系主要是通过问卷调查的方式来检验公众的生态意识和公众对生态环境的满意度。

(二) 完善生态教育体系的举措

完善生态教育体系，需要从政治和法律等多方面加强。

首先，应该完善立法程序，加快制定生态教育方面的专门法律。

其次，转变政府职能，加快行政体制改革，完善政府对公共事务的管理机制，建设服务型政府，加大对生态教育的资金支持力度以及对绿色科技人才的培养力度。

再次，建立管理生态教育的专门机构，对全国的生态教育进行监督和管理。

复次，健全生态教育的民主监督机制，发挥公众在生态教育领域的主动性和创造性。

此外，加强生态教育的师资队伍建设，提高生态教育的教材编写水平，完善学校的生态教育课程设置。

另外，要加强企业参与生态教育的力度，促使企业承担生态教育的义务，发挥企业在生态教育方面的示范作用。

最后，要加强民间环保组织和团体建设。要发挥社会团体的作用，鼓励检举和揭发各种环境违法行为，推动环境公益诉求。

案例：

嘉兴南湖区大桥镇中心小学一直以提高学生环境素养为重要目标，以"让绿色走进孩子的心灵"为主题，强化着学生的环保启蒙教育。

绿色理念走进课堂，大桥镇中心小学的语文、数学、美术、科学、体育等学科的教学中都渗透着环境教育。同时，把环境渗透教学纳入到了学校的整体教育系统中，确保每个班每两周一课时。在良好的环保知识学习氛围下，老师们对绿色教育的热情也被激发了出来。除了把环境教育纳入学校的整体教育系统外，大桥镇中心小学还从大桥镇的实际出发编写了校本教材，每年级一册。学期初制定计划、期中有检查、期末有总结，学校的环境教育变得更实效化。

实践出真知，也只有实践了才能更深刻地去体会其中的奥妙，所以除了在课堂上把环境知识教给学生外，大桥镇中心小学还格外重视课堂外的实践活动。"环保、节俭、卫生、可持续再生"的绿色理念贯穿于学校每一次具有创造性的实践活动中。"红领巾再生公司"、"秸秆还田利生态"、"还碧水111工程"、"让绿色走进失土农民心中"……各种实践活动内容丰富并紧密结合着孩子们的生活，形式新颖且大大开拓了学校环境教育的渠道，

环境宣传教育阵地坚实，环境教育渗透学科，实践活动新颖有效。2004年，大桥镇中心小学成立了新绿少儿文学社，定期出版《新绿》少儿专刊，并且每年坚持举办环境教育周或环境教育节活动。为了使环境走上更规范更科学的道路，大桥镇中心小学也不忘不断提高教师们的环境素养。学校专门为教师订了《环境教育》、《环境与少年》、《红树林》、《世界环境》等杂志，定期开展培训活动，在每个班级都配备了至少一名环保辅导员，并组织这些辅导员参加国家、省、市环保局和市教育部门组织的多种专题培训，回校后又让他们为全体教师开展二次培训，使全校教师的环境教育素养和技能得到不断提高。

第二节　完善生态文化
宣传教育引导

一、充分认识生态文化宣传教育

（一）充分认识生态文化宣传教育工作面临的新形势

党的十七大提出"建设生态文明"的战略目标，这是我们党在对经济社会发展规律和人类文明发展趋势深刻认识的基础上作出的重大决策。在全社会树立生态文明观念，离不开生态文化建设，离不开生态文化的传播、教育和推动。各级领导干部一定要深刻认识到生态文化是建设生态文明全局工作的重要组成部分，是引导社会公众参与生态文明建设的基本途径，是促进人与自然和谐的有效手段，通过强有力的生态文化宣传工作，正确引导和推动在全社会树立起生态价值观、生态道德观、生态政绩观和生态消费观；引导干部群众真正理解和掌握科学发展观的重大意义、科学内涵、精神实质和根本要求，充分认识生态文明建设在科学发展中的地位和作用。加强生态文化宣传教育，是推动全社会树立生态文明理念的必然要求。通过宣传教育，提升全民生态道德水平，在全社会牢固树立生态文明理念，养成文明的生产、消费及生活方式；加强环境宣传教育，是完成"十一五"污染减排目标的重要举措。

（二）新形势下生态文化宣传教育工作面临的新任务

坚持以科学发展观为统领，继续贯彻《国务院关于落实科学发展观加强环境保护的决定》精神，坚持团结稳定鼓劲、正面宣传为主、服务大众的方针，围绕建设生态文明、推进历史性转变和探索环保新道路，积极宣传党和国家环保政策方针，开展以弘扬生态文明为主题的生态文化宣传教育，引导公众积极参与支持环境保护。

二、大力加强环境新闻宣传工作

（一）正面宣传为主，突出舆论引导

宣传部门组织环境新闻报道要切实树立起政治意识、大局意识，充分发挥生态文化宣传的主渠道作用。要组织采编人员深入基层、深入实际，实事求是地引导公众用发展的、辩证的、建设性的眼光客观看待生态环境问题；主动开设专题专栏，组织策划优秀选题，对生态环境问题进行深入报道；精心组织对外宣传报道，及时宣传我国政府对加强环境保护、生态建设做出的决策部署、采取的正确措施、工作的进展和成效。

（二）围绕国家大局，服务生态文明

要针对推进生态文明建设、加强环境保护的历史性转变、主要污染物减排、让江河湖海休养生息、环境经济政策等内容，加大新闻报道力度。积极报道建设生态文明、探索环保新道路的热点、焦点和难点问题，报道推动环境

与经济协调发展的区域典型，坚持环保理念、克服经济困难、加强污染治理的典型经验；批评曝光环境违法行为和"两高一资"项目盲目发展等有违科学发展的问题。

三、积极推进公众文化宣教

（一）公开环境信息

推动生态环境信息公开，切实保障公众的环境知情权、监督权，积极探索公众参与环境保护的有效机制，引导公众依法、理性、有序参与生态环境建设。

（二）开展各类宣传

环保、宣传、教育、广电、新闻出版和文化等部门要积极配合，以各种与生态环境保护相关的重要纪念日为契机，设立统一的宣传主题，开展创意新、影响大、形式多样的环境宣传教育活动；继续推动绿色创建活动，并结合全国和各地环保工作实际，策划一批主题鲜明、可长期开展的活动，创建公众参与宣传教育活动品牌；积极探索农村生态环境保护宣传的有效方式，组织开展群众听得懂、易接受、喜闻乐见的宣传教育活动。

（三）实施全民宣教

各级领导干部要在总结以往经验的基础上，研究制订开展全民生态文化宣传教育的指导性文件。各地环保、宣传和教育部门要加强合作，筛选一批有条件、有代表性的城市、农村、学校、企业开展全民生态文化宣传教育试点，扩大全民生态文化宣传教育覆盖范围。

（四）加强教育力度

教育部门要积极推进环境科学专业教育，增加高等院校公共选修课中生态文化教育课程比重，普及中小学生态环境教育。环保、宣传、教育部门要积极配合，为各类学校开展环境教育和可持续发展教育相关的综合实践活动提供支持与帮助。支持开展与环保相关的研究性学习、专题讲座、绘画、征文比赛和科技创新大赛等丰富多彩的课外活动，积极培养和发展青少年环保宣传志愿者队伍。

（五）开展教育培训

环保和教育部门要将环境教育培训列入议事日程，制定年度计划，依托有条件的大专院校承担面向社会的培训任务，分级分类、有针对性地开展环境教育培训，尤其要加大对党政领导干部和企业领导干部的环境教育培训力度，增强他们的环境保护意识。

（六）推出环保宣传品

环保、宣传、教育、新闻出版、文化部门要积极引导、推动环保宣传品的健康发展，鼓励推出一批反映环保成就，倡导生态文明，高质量、有影响的优秀剧目、优秀图书、优秀影视片、优秀音乐作品以及环保公益广告，营造良好的舆论氛围和社会环境。为各类学校开展生态环境教育提供相应的读本、手册等。

四、重视理论研究和基础创新

（一）进一步加强对生态文明的理论研究，丰富环境宣传教育内涵

要广泛动员社会各方面力量，大力开展生态文明内涵和实践研究，主动联系和协调有关院校、研究机构以及文化单位，设立生态文明研究课题，形成研究成果，为生态文明的传播提供理论支持。

（二）开展环境教育立法研究。

环保、教育部门要共同推动环境教育的制度化和法制化进程，积极推进环境教育立法的理论研究和创新，并借鉴国外有益做法和经验，推动环境教育立法工作。

五、加强能力建设和组织保障

（一）重视生态环境宣传教育机构和人才队伍建设

建设一支政治素质高、思想作风正、业务能力强、工作有激情的生态环境宣传教育队伍。加强各级生态环境宣教部门领导班子能力建设，切实提高组织协调、宣传教育和策划活动的能力。加大对生态环境宣传教育人员的培训力度，开展经常性的、多种形式的学习交流活动，提升宣教队伍的思想政治素质和业务水平。

（二）完善生态环境宣传教育经费的多元化投入机制

各地要加大环境宣传教育经费投入，同时积极引导社会资金用于环境宣传教育。尤其要加强对西部地区生态环境宣传教育的扶持力度，积极创造必要工作条件，保障生态环境宣传教育拥有相应的设备、设施，包括网络运转能力、音像制作能力、信息处理能力、通讯传递能力、培训的电化教育能力。

（三）建立健全生态环境宣传教育组织协调机制

各主要部门要建立健全部门协调联动机制，统一规划、指导、协调、规范生态环境宣传教育工作，尽快形成政府主导、各方配合、运转顺畅、充满活力、富有成效的工作格局。重视发挥非政府组织在开展生态环境宣传教育中的重要作用，动员全社会力量共同为建设生态文明和环境友好型社会贡献力量。

案例：

全国首个生态县、首批生态文明建设试点地区——湖州市安吉县四项措施扎实推进生态文化建设，切实强化生态文明理念。一、举行"生态公益宣传月"活动。确定每年3月为生态公益月，近年来，安吉县充分利用3月份万物蓬发、草长莺飞的季节特点和节庆日、纪念日较多的人文属性，整合资源，组织开展以"美丽乡村，美丽心灵"为主题的"与春天相拥"生态文明公益月活动。通过新闻宣传、短信放送、发放倡议书等形式号召全县干部群众参与生态公宣传月活动。二、开设生态文明建设大讲堂。把普及生态意识作为宣传教育的根本点，结合实际开设了生态文明建设大讲堂，全力宣扬生态文明理念。实现生态文明宣传教育"五进"——进机关、进企业、进学校、进农村、进社区。通过面对面、心贴心的宣讲，走村入户、进企到家，使生态文明理念入耳、入脑、入心，不断推进全民以生态的眼光认识、用生态的方式生活、按生态的理念发展。三、开展生态文明创建活动。以建设"中国美丽乡村"为载体，扎实开展生态文明建设。计划用 10 年左右时间，力求把全县 187 个行政村都建设成为"村村优美、家家创业、处处和谐、人人幸福"的现代化新农村样板。四、兴建生态文化博物馆。注重挖掘、利用和开发安吉生态文化特色，建设生态文化博物馆，在各乡镇开展生态文化博物馆分管点建设，弘扬地方生态文化特色。

第三节　拓展生态文化建设领域

建设生态文化是人类实现文明可持续发展的需要，是时代的呼唤和要求，它要求人们从文化形态上转变思维方式，深入领会党中央关于建设生态文明的战略抉择，充分吸收和传承各种有利于促进生态文明建设的优秀文化，形成兼容并蓄的和谐生态文化。

一、推进生态文明理念的学习和贯彻

建设生态文化，必须要贯彻落实党中央的指示精神，深入领会生态文明理念与和谐社会的思想内涵，准确把握"四个文明"的本质关系。

（一）坚持科学发展观与生态文化的相互促进

科学发展观第一要义是发展，核心是以人为本，基本要求是全面协调可持续性，根本方法是统筹兼顾。科学发展观，从本质上说，就是坚持以人为本，全面、协调、可持续的发展观，是促进经济、社会和人的全面发展的发展观。

科学发展观是一种全新的文化理念，它所体现的思想与生态文化的思想是一脉相承的，生态文化是社会发展的一个方面，是人类社会发展的精神层面，生态文化的建设在一定程度上直接决定了科学发展观实施的可能性与现实性，因为物质文明的进步总是从人们的思想革新开始的。科学发展观的以人为本更是强调了人的发展是发展的终极目标，从更高的层面上对生态文化建设作出要求，即人的全面发展是生态文化建设的出发点和最终目的。科学发展观是对未来的发展道路和目标的宏观概括。在每一个发展的阶段中都有具体的要求，生态文化建设应围绕每个具体目标展开。

生态文化建设为科学发展观的实践提供重要的智力支持和制度保证。科学发展观的实施离不开文化创新，生态文化一旦形成就凝聚成一股强大的精神力量，建立起完善的制度体系，对一个区域的经济社会的可持续发展将发挥巨大的推动作用。落实和贯彻科学发展观，走可持续发展的道路，需要思想、文化、道德的创新与革命。

（二）构建社会主义和谐社会与现代生态文化的融合

构建社会主义和谐社会，是我们党在新世纪新阶段的重大理论创新，它蕴涵着马克思主义关于社会建设与发展理论的真理性和亿万人民群众建设美好社会的愿望。构建社会主义和谐社会离不开先进文化的支撑，而生态文化作为先进文化的重要组成部分，在构建社会主义和谐社会中具有重要的意义。

生态文化是人与自然协同发展的文化。生态文化包括持续农业、持续林业和一切不以牺牲环境为代价的生态产业、生态工程、绿色企业以及有绿色象征意义的生态意识、生态哲学、环境美学、生态艺术、生态旅游及绿色生态运动、生态伦理学、生态教育等诸多方面。而人口、资源环境的可持续发展是生态文化建设的核心。这就要求我们树立以人为本的科学发展观，促进生态文化在构建社会主义和谐社会中发挥积极作用。

在生态文化建设中，要充分发挥生态文化对人们思想的引导作用。要坚持把生态教育作为全民教育、全程教育和终生教育的一项重要任务抓紧抓实，并把生态意识上升为全民意识。同时，要倡导生态伦理和生态行为，提倡生态善美观、生态良心、生态平等、生态正义和生态义务等。如果人人都对大自然充满了爱，人与人之间就会充满关爱，构建社会主义和谐社会就有了坚实的基础。我国 56 个民族都有热爱大自然、与大自然和谐相处的生态文化传统，而这些文化传统是我们建设生态文化的根基。

二、重视民族生态文化的保护和发展

迄今为止的任何文化，从本质来说，都不过是人与自然的相互关系的某种推演和表现，都属于生态文化的基本范畴。从具体情况来看，世界上各个时期、各个地区、各个民族的生态文化无论就其表现形态还是内在意蕴来说，都是各不相同的，或者是不尽相同的。这种情况一方面表明了在不同的自然生态条件下各民族生态文化的丰富性和多样性，另一方面，也表明了不同地区、不同时代的不同民族在处理人与自然关系时的选择性、能动性和创造性。正因为如此，科学地研究和分析各个时代、各个民族的生态文化不仅是正确地认识民族文化和区域文化的必不可少的重要方面，而且也是探寻生态文化发展的基本原则和规律、寻求科学的生态文化模式、促进人与自然和谐共处、实现可持续发展的重要途径。

我国作为一个地域辽阔、历史悠久的多民族国家，独特的自然环境和历史进程孕育出了中国各民族不同的生态文化。一般来说，我国的各个民族由于居住地域的辽阔性、生态类型的多样性和复杂性以及历史发展进程的多样性和不平衡性，各民族生态文化的内涵和特色也是各不相同或不尽相同的。研究我国各民族生态文化，不仅有助于我们科学地认识人类生态文化的丰富性、多样性、普遍性和规律性，而且对于我们制定正确的生态环境政策和民族地区经济发展规划、实现民族地区生态环境和社会经济之间的相互协调与可持续发展以及形成繁荣的生态文化体系都具有重要的现实意义。

（一）尊重民族文化的多样性

一方土地造就一方文化，一方文化养护着一方的生态环境，不同的民族在价值观、生活方式、风俗习惯等方面存在不同，并由此为我国乃至世界生态多样性和文化多样性做出贡献。各民族必须相互尊重，相互学习，发挥各自的潜能。这不仅是文明发展的产物，也是社会文明发展的需要。建设兼容并蓄的生态文化，必须站在民族团结的角度，尊重民族文化中智慧表现的多样性，尊重各民族保护生态的行为。

（二）确立民族科学的现代生态文化观

必须在继承我国民族传统生态观的合理内核的基础上，确立各个民族科学的现代生态文化观。虽然我国各个民族传统生态文化中包含着许多科学的、辩证的自然生态观的思想因子，也包含着许多科学、合理的成分，但从严格的意义上来说，民族传统的自然生态观，尤其是一些少数民族的自然生态观毕竟是一种直观的、朴素的、经验性的前科学时代的自然观。按照现代科学的实证性和精确性要求来看，民族传统生态文化是不可能对人与自然之间的复杂关系做出系统、全面、准确的科学解释和说明的。因此，各民族的传统自然生态观必须在继承其中所包含的科学性、合理性因素的基础上，实现向现代的、科学的自然生态观的转换，使新形势下的各个民族的生态文化真正建立在现代科学的基础上。

（三）重视民族生态文化发展中的制度化建设

我国民族传统生态文化中的有关制度和习俗是在当时生产力水平和科技水平都较低的情况下对人与自然关系的朴素认识的反映，其传统生态文化中的制度化层面的内容远远满足不了各民族地区社会经济发展的要求，并且除了少数部分具有成文法典的形式外，大多是以乡规民约和风俗习惯的形式体现出来，这种形式离现代制度文明所要求的规范性、系统性和准确性还有一定的距离。因此，我国民族现代生态文化的构建，并不是完全继承和保留传统生态文明的制度层面就可实现的，而必须从内容和形式上实现对传统生态文化的制度层面的超越和转换。少数民族现代生态文化的制度化建设必须按现代制度文明的要求，进一步提高制度文化的水平和层次，以制度化和规范化作为构建中国少数民族现代生态文化的重要内容和基本保障。

三、加强生态文化的继承和设施建设

生态文化基础设施是传播文化科学知识和精神的重要阵地，是生态文化建设的重要组成部分。它有利于活跃和丰富人们的文化生活，满足人们日益增长的文化生活需求，提高人们的思想道德素质和科学文化素质。因此，建设生态文化基础设施，必须完善生态文化设施布局、创新服务方式、健全组织体制和运行机制。

（一）完善生态文化基础设施布局

生态文化基础设施主要包括：图书馆、博物馆、文化馆、美术馆、电视台、互联网等。生态文化基础设施的布局，要以大型公共文化设施为骨干，以社区、乡镇基层文化设施为基础，优先安排关系人民群众切身文化利益的设施建设。即大力推进生态文化信息资源共享工程等重大生态文化工程建设，加大对重要社科研究机构、体现民族特色的艺术团、具备公益性出版任务的出版单位的扶持力度。完善和巩固城市和县区的生态文化基础设施，实现乡镇有综合文化站、行政村有文化活动室。同时，加强各级广播电视转播台的维护，设备的更新，保障其正常运行。

（二）健全生态文化建设的组织体制和运行机制

建设生态文化，各级政府要发挥主导作用，加强对生态文化机构的指导、监督，并从资金、设施、场地、机构、人员等方面，保障生态文化设施正常运转和功能的补充发挥。鼓励和引导社会资金兴办国家允许的各类生态文化设施，开展生态文化服务。完成生态文化服务质量标准体系的制定，建立健全生态文化机构评估系统和绩效考评。形成政府主办、社会参与、功能互补、运转协调的生态文化服务组织体制和责任明确、行为规范、富有效率的运行机制。

四、坚持国际生态文化的吸收和借鉴

我国进行生态文化建设，除了要发掘国内建设潜力之外，还应该积极实施"走出去"战略，充分开发、利用一切国际文化资源。在生态文化建设领域实施"走出去"发展战略，就是要以更加开放的姿态广泛开展国际交流与合作，不断吸收、借鉴一切先进的生态文明成果，从而取长补短，获得生态文化持续发展的动力。在交流与对话的过程中，尊重各国生态文化特点，坚持树立有中国特色的生态文化。

（一）有选择地吸收先进经验和成果

首先，必须坚持开放的精神，大胆吸收、借鉴国外生态文化建设的先进经验和成果，勇于正视自己的不足。

其次，要保持在生态价值观、生态文化观赏的民族独立性，不能全盘照搬、照抄国外的做法。对于符合我国基本国情和社会制度的正确生态主张应加以维护。同时，坚决抵制借生态问题干涉我国内政的恶意行为。

再次，各国的生态文化具有某种程度的民族特性和国家特性，对不适合我国国情甚至与我国立场不尽相同的一些观点，我们要采取兼容并蓄的态度，求同存异，不应采取过激的反应。

（二）充分展示中国生态文化建设成果

在借鉴国外生态文化建设的先进经验和成果的同时，我们也要充分展示我国的生态文化建设成果。通过展示我国的生态文化建设成果，有助于增进国际社会对我国生态保护和建设实践的认识和认同，从而有利于塑造我国在全球生态保护领域的良好形象，提升我国在国际生态保护方面的话语权。

案例：

当业界在为名人旅游遭遇发展瓶颈担忧时，因孕育一代伟人毛泽东而蜚声中外的湖南韶山以百分之七十三点六的游客增长速度证明了，韶山旅游从单一瞻仰型向生态文化复合型拓展的成功。

"喜看稻菽千重浪，遍地英雄下夕烟"。这是 1959 年毛泽东回韶山时描绘的一幅美好而壮观的蓝图。如今，来韶山不仅可以瞻仰到新中国缔造者毛泽东的成长风采，还可以欣赏到优美的田园风光。韶山红色旅游、绿色旅游大有并驾齐驱之势。

"伟人故里、田园风光、自然生态、和谐韶山"是韶山"一号工程"建设的总体定位，按照这一定位，韶山大力加强旅游基础工作，使韶山旅游的容纳力和核心吸引力得到了很大程度的提升，同时，建立旅游综合治理长效机制，使核心景区的环境和秩序得以不断净化和美化。

事实证明，"伟人故里"这块金字招牌使韶山的红色旅游拥有源源不断的生命力。韶山将积极融入长株潭城市群，建设生态园林型精品旅游城市；整合伟人文化、红色文化和民俗文化资源，做活文化与旅游结合文章，发展独具韶山特色的文化产业。使韶山从单一的瞻仰型旅游向生态、文化、会展、乡村等旅游领域拓展，努力朝着国际旅游目的地迈进。

第八章
广泛的社会参与体系

　　社会参与是指人民群众和社会各界通过一系列正式的和非正式的途径直接参与到公共事务中。人民群众和社会各界有权利参与关系自己切身利益的公共事务，有权利对公共事务过问、咨询、提意见。提倡社会参与，是中国发展观与执政理念的伟大转变，是中国民主法制与政治文明逐步成熟的具体体现。

　　建设生态文明不仅仅关系到某个集团、某个阶层的利益，而是关系到每一个人的切身利益。加强生态文明建设的过程就是提高生活品质的过程，也是改善人民生活质量的过程，它不仅影响到当代人，而且影响到子孙后代。可以说，建设生态文明，是一项功在当代、利在千秋的伟业，这样一项伟大的事业需要全社会的共同参与。没有全社会共同参与的生态文明建设很难走远。因此，需要建立广泛的社会参与体系，动员社会各界积极投入到生态文明建设中来，在全社会形成关心、支持、参与生态文明建设的良好氛围，使全社会广泛参与成为一项实践生态文明的自觉行动。

第一节 树立"生态文明，匹夫有责"的生态公民观

生态文明是一种正在生成和发展的文明范式。生态文明的有机自然世界观凸显作为整体之自然的内在价值，强调自然是文明的基础；生态文明的伦理体系凸现关怀、责任与和谐价值，倡导理性消费与绿色生活方式。

这样一种全新范式的文明不会自发地产生。它需要生态公民的自觉追求和积极参与，具有生态文明意识且积极致力于生态文明建设的现代公民就是生态公民。

一、生态公民是具有环境人权意识的公民

1987 年，联合国环境与发展委员会提交的《环境保护与可持续发展的法律原则》指出"全人类对能满足其健康和福利的环境拥有基本的权利。"20 世纪 90 年代后期以来，随着环境意识在全球范围的普遍觉醒，环境人权已经成为一项得到绝大多数人认可的道德共识，并逐渐被落实到有关环境保护的国际法以及许多国家的宪法和法律之中。

作为一项全新的权利，环境人权主要由实质性的环境人权与程序性的环境人权所构成。实质性的环境人权主要包含两项合理诉求：一是每个人都有权获得能够满足其基

本需要的环境善物（如清洁的空气和饮用水、有利于身心健康的居住环境等）；二是每个人都有权不遭受危害其生存和基本健康的环境恶物（环境污染、环境风险等）的伤害。程序性的环境人权主要由环境知情权（即知晓环境状况的权利）和环境参与权（即参与环境保护的权利）两部分组成。明确认可并积极保护自己和他人的环境人权，是生态公民的首要特征。

二、生态公民是具有良好美德和责任意识的公民

生态公民不是只知向他人和国家要求权利的消极公民，而是主动承担并履行相关义务的积极公民。《人类环境宣言》在肯定人类对满足其基本需求的环境拥有权利的同时明确指出，人类"负有保护和改善这一代和将来的世世代代的环境的庄严责任。"维护公共利益（特别是生态公共利益）是生态公民之责任意识的核心。

生态公民还是具有良好美德的公民。现代社会的环境危机与公民个人的行为密不可分。单个地看，公民的许多行为（如高消费）既不违法，也不会对环境构成伤害。但是，这些看似无害的行为累积在一起，却导致了资源的枯竭和环境的污染。公民如何约束自己的这类行为，主要取决于公民自身的道德修养。对于环境保护来说，公民的消费美德以及其他美德（如节俭）都是至关重要的。此外，政府的环保措施是有限的，环保法规的制定具有滞后性。在这种情况下，公民需要采取主动行为，积极参与环保事业。因此，在创建生态文明的过程中，现代公民不仅需要具备传统公民理论所倡导的守法、宽容、正直、相互尊重、

独立、勇敢等"消极美德"，还需具备现代公民理论所倡导的正义感、关怀、同情、团结、忠诚、节俭、自省等"积极美德"。

三、生态公民是具有世界主义理念的公民

现代社会的环境问题大都具有全球性质。环境问题的根源具有全球性。许多国家（特别是弱小的发展中国家）的环境问题都是由不公正的国际政治经济秩序引起的。发达国家的消费取向和外交政策往往对发展中国家的环境状况造成严重的负面影响。环境污染没有国界。任何一个国家都不可能单独依靠自己的力量来应对全球环境恶化所带来的挑战（如全球气候变暖）。没有其他国家的配合与协作，单个国家的环保努力不是劳而无功就是事倍功半。因此，全球环境问题的解决必须采取全球治理的模式；生态文明建设必须在全球范围同步展开。

生态公民清醒地意识到环境问题的全球性以及生态文明建设的全球维度。他们不再把国家或民族的边界视为权利和责任的边界，而是在世界主义理念的引导下积极地参与全球范围的环境保护。世界主义反对狭隘的民族主义，强调人类之间的团结、平等和相互关心，凸现对全人类的认同和世界公民身份的重要性。具有世界主义理念的生态公民不仅关心本国的环境保护和生态文明建设，而且积极地关心和维护其他国家之公民的环境人权，自觉地履行自己作为世界公民的义务和责任，一方面积极推动本国政府参与全球范围的环境保护，另一方面又直接参与各种全球环境 NGO（非政府组织）的环保活动，致力于全球生态文

明的建设。

四、生态公民是具有生态意识的公民

健全的生态意识是准确的生态科学知识和正确的生态价值观的统一。生态科学知识是生态意识的科学基础，生态价值观是生态意识的灵魂。只有树立了正确的生态价值观，人们才会有足够的道德动力去采取行动，自觉地把生态科学知识应用于生态文明建设。

整体思维和尊重自然是现代生态意识的两个重要特征。

整体思维要求人们从整体的角度来理解环境问题的复杂性。环境问题不是单纯的技术问题，不能单纯依赖技术路径。环境保护所涉及的也不仅仅是人与自然关系的调整，而是涉及当代人之间以及当代人与后代人之间关系的调整。只有同时调整好这三种关系，环境问题才能从根本上得到解决。整体思维还要求我们充分意识到，生态系统是一个有机整体，它的各部分之间保持着复杂的有机联系。因此，人类在干预自然生态系统时，必须遵循审慎和风险最小化原则，要为后代人的选择留下足够的安全空间。

尊重自然是现代生态意识的重要内容，也是生态文明的重要价值理念。自然是人类文明的根基。脱离自然的文明是没有前途的。人类依赖自然提供的空气、水、土壤和各种动植物资源而生存。神奇而美丽的自然还能抚慰人类创伤的心灵，提升人类的精神境界，满足人类的求知欲望。对于这样一个养育了人类的自然，现代公民理应怀有感激和赞美之情。

尊重自然的理念与环境人权并不矛盾。人们对之享有权利的对象不是自然本身，而是自然的部分构成要素以及自然提供的部分"生态服务"。作为整体的自然不是任何人的财产，不属于任何人。因此，对环境人权的强调并不意味着人类是自然的所有者。相反，人类只有首先尊重自然，保护了自然的完整、稳定和美丽，环境人权才能最终得到实现。

案例：

2010年5月，云南卫视《自然密码》秉承一贯的节目追求，特别策划推出了《生态公民》系列节目。率先提出"大国公民要做生态公民"概念。当下，媒体借助于一切机会设置议题，我们能说出有哪一个街谈巷议的话题不是来自媒体吗？恐怕很难。电视能够建构话语场，设置议题，引导社会舆论。就《自然密码》而言，她设置的主要议题就是：大国公民要做生态公民。倡导转变经济增长方式，倡导健康生活方式，这就是栏目担当的媒体责任。环保公益节目《生态公民》系列由《直面危机》、《饮水思源》、《饮和食德》、《要时尚更要高尚》、《只消费不浪费》五集构成。节目邀请了以犀利雄辩著称的媒体评论员司马南作为节目嘉宾，以演播室评论的形式推进节目，揭示地球生态和自然环境日益恶化的现实，反思人类自身的行为方式，配合精心编辑的视频，唤起观众的生态道德意识，呼吁每个人都以身作则，成为生态公民，共建和谐社会。作为省级卫视中的一员，云南卫视推崇绿色人文。绿色人文不仅仅是一个自然生态概念，也是一个社会生态概念，其实质就是"科学发展，以人为本"，促使和增强大家对绿色、健康、人文话题的关注。通过环保公益节目《生态公民》，云南卫视告诉观众一个大国崛起的背后，离不开国民对责任的深刻认识。启发人们进一步思考，作为一个负责任大国，应该培育怎样的国民情怀，认识到只有具备了起码的生态素质，才配得上大国公民的称谓。

第二节 强化思想意识
加大全社会自觉参与

建设生态文明需要人人参与是每一个人肩上沉甸甸的责任。要在全社会形成了解国情、珍爱环境、保护生态、节约资源、造福后代的共识，充分调动起每一个人的积极性，使生态文明观念成为十三亿人民的自觉行动。

一、强化资源短缺、环境脆弱、污染严重的国情意识教育

中国是世界上人口最多的发展中国家，人口多、资源短缺、环境脆弱是现阶段的基本国情，且在短时间内难以改变。充分认识中国国情，增强忧患意识，才能激发全社会参与生态文明建设的自觉性。

（一）人口与资源、能源、环境

人口增长对环境影响的过程十分复杂，既有人口增长直接作用于环境的过程，也有通过多种途径间接作用于环境的过程。2010 年 10 月，联合国人口基金发表的《2010年世界人口状况报告》预测，到 2050 年，世界人口将超过90 亿，人口过亿的国家将增至 17 个，印度将取代中国成为世界人口第一大国。人口增长对环境资源产生巨大压力，

导致环境资源的开发与利用仍处于一种超负荷状态。人口增长对环境资源产生的影响主要体现在以下几个方面：

1. 耕地不断减少

中国耕地面积仅占世界总耕地面积的7%，人均占有耕地资源少。这必然会加大土地利用强度，对土地施加更大的压力。需要指出的是，在一定的技术发展水平下，土地的持续生产能力也有一定的限度。

2. 森林资源承受过重的需求压力

中国人均占有的林木蓄积量很低，为了满足人口增长和经济建设的需要，林业部门生产任务过重，长期以来采伐量居高不下，加之采取的"由近及远"的不合理的集中采伐方式，已造成开发林严重过伐，资源枯损。只重视和追求森林资源的物质性经济价值，忽视森林生态性的功能价值将导致一系列严重的环境、社会和经济后果。

3. 对矿产资源造成沉重的压力

中国矿产资源总量虽然很丰富，但人均量很少，在总体上，矿产资源人均占有量不足世界平均水平的一半，居世界第80位。在人均矿产消费较低的情况下，由于人口基数大，已使中国在很低的发展水平上就成为了一个矿产消费大国。这种对矿产资源的沉重需求压力，不仅造成资源供给的长期紧张局面，也诱发出严重的生态环境问题。

4. 对水资源施加了更大压力

我国是一个干旱缺水严重的国家。日趋严重的水污染不仅降低了水体的使用功能，进一步加剧了水资源短缺的矛盾，对我国正在实施的可持续发展战略带来了严重影响，而且还严重威胁到城市居民的饮水安全和人民群众的健康。以水资源紧张、水污染严重和洪涝灾害为特征的水危机已经成为我国可持续发展的重要制约因素，成为实现新时期经济社会发展目标具有基础性、全局性和战略性的重大问题。

5. 能源需求量增长，环境压力增大

我国能源结构以煤为主，目前，我国按人口平均能源消费量为每人每年 0.8～0.9 吨标准煤。我国每年新增人口1500 万人，能源需求量要增加 1350 万吨标准煤。这种逐年增长的能源消耗大大地超过了生产供给能力。同时，使得中国目前严重的煤烟型大气污染加剧。

（二）环境污染严重，环保形势严峻

中国的环保极其严峻，已进入"预警时代"。受全球气候变化的影响，中国水资源条件发生明显变化，极端水旱灾害事件呈频发与并发趋势。按目前的正常需要和不超采地下水，正常年份中国缺水近 400 亿立方米；土壤、大气环境亦不容乐观。2008 年由于担心北京空气质量影响健康，一些国家甚至建议参加奥运会的运动员不要提前到京，有的国家和组织要求部分奥运项目异地举行的声音也不绝于耳。

种种迹象表明，中国环境保护到了极其严峻的时刻，已经进入预警时代。从宏观层面来看，我国由于环境污染造成的直接经济损失每年高达 2800 多亿元，占 GDP 的 10%左右；全球污染最严重的 20 个城市中，我国占了 16 个；世界银行中国污染报告称，中国每年约有 75 万人由于空气污染而早亡。这些数据和征兆说明，中国将迎来环境灾难高发期。如果我们现在不采取非常的、坚决的措施，若干年内我国将面临环境灾难，其规模、频度、严重性将史无前

例，将非常严重地影响我国的经济发展和改革开放成果。

二、强化节约资源、保护环境的责任意识教育

（一）恪守道德责任

1. 节约资源是不可推卸的道德责任

古往今来，关于崇尚节约的名言警句不计其数，节约关系到一个人的道德品质，节约能造就良好的社会道德风尚。古人云：俭，德之共也；侈，恶之大也。意思就是说，节约是高尚的道德，奢侈是很大的罪恶。亦有：夫君子之行，静以修身，俭以养德。意思是说，德才兼备人的品行，是依靠内心安静、精力集中来修养身心的，是依靠俭朴的作风来培养品德的。全社会都应大力倡导厉行节约，包括节约每一滴水、每一度电、每一张纸、每一寸土地，每一个公民都要具备这种节约意识。

如果说，每个人的节能行动是一滴水的话，亿万人的节能行动汇集到一起就成了大海。有专家算过一笔账：按照我国办公设备电脑保有量1600万台、打印机1894万台计算，如果下班没有关闭电源而处于待机状态，全国每年的待机能耗高达6.38亿千瓦时。相比之下，如果我们每个办公室的工作人员都能在下班后捎带把电源关掉，仅此一项就相当于建一座发电能力72.8KW的电站，而且不需任何投资和运行成本。正所谓积土成山、积水成渊，每个人的举手之劳，联合起来，都可以成就一项大事业；如果我们每个人在生态文明方面迈出一小步，那么整个社会就会前进一大步。

2. 环保是基本的道德责任

在保护环境的问题上，每一个参与主体都要树立环保道德意识，要有社会责任感，要讲环保道德。一个人不讲道德，就会做出损人利己的事；一个企业不讲道德，就会危害社会；一个社会不讲道德，这个社会就会毫无希望可言。

有些群众在眼前利益的驱动下，不惜越过道德的底线，做出破坏生态环境的行为。例如猎杀飞禽、乱砍树木。他们认为，环保是社会的责任，与个人无关。事实上，个人对环保具有不可推卸的道德责任。"天下兴亡，匹夫有责"，这是我们每一个人份内之事，每个人都要从自身做起，树立起保护环境的道德意识。

有些企业，为了自己的经济效益，不讲职业道德，甚至以牺牲环保为代价，以牺牲他人的利益、危及无辜者的健康来换取自己的利益。实际上，企业的环境责任不仅仅有法律规定的强制性的义务，也包括不具有强制性的道德义务。企业要树立环保道德责任，让污染环境行为为全社会所不容。

（二）明确法律责任

《中华人民共和国环境保护法》第六条规定：一切单位和个人都有保护环境的义务，并有权对污染和破坏环境的单位和个人进行检举和控告。新修订的《中华人民共和国节约能源法》进一步明确了节能执法主体所应承担的责任、违反法律的个人和单位所应承担的法律责任。可见：节约资源、保护环境不仅是一种道德责任，也是我们必不可行的法律责任。每一个公众都要遵守国家的政策和法规，不要只顾眼前的小利益，而做出破坏环境的行为，对不顾大局者要坚决让它"出局"；我们每个人都要做环境的"守护者"，在约束自己行为的同时，还要珍惜当前的环保成果，对破坏环境的行为要及时制止，对违律违规的企业和个人要敢于举报。只有我们的言行举止都处于国家的法律约束之下，且真正落实到行动上，环境才能变得越来越好，社会才能越来越和谐，生态文明建设才会由理想变成实现。

案例：

社区、社会公益组织持续引导，北京大乘巷九成居民自觉参与垃圾分类14年。1996年12月，大乘巷家委会的黑板上发布了"给居民的一封信"，正式宣布"本小区实行垃圾分类投放"，成为本市第一个实施垃圾分类的小区。走进大乘巷这个位于老旧城区、只有两栋楼的宿舍区，第一感觉是"垃圾桶真多"：每隔四五米，每个楼门口都有蓝、绿、灰3个带盖的分类投放垃圾桶。在大乘巷，十几个楼门长，都自愿做着垃圾分类劝导工作。此举有效解决了宿舍区新房主或租户的垃圾分类引导问题。居民能坚持垃圾分类，是因为他们感受到了分类带来的好处。在分类垃圾桶五六米外，几名老人正悠然走着"车、马、炮"。空气中，槐树、杨树散发着清新的气息。引导垃圾分类14年，1500余名居民现在90%已经养成了垃圾分类的习惯。这离不开社会公益组织的广泛、持续参与和帮助。由专家介绍垃圾污染的堪忧现状，志愿者持续引导分类，让居民们真正投入了垃圾分类改善环境的这项活动。

第三节　推进机制建设
确保全社会广泛参与

近年来，社会参与生态文明建设的自觉性有了明显提高，但受民主政治发展程度的影响，社会参与的地位和作用还十分有限，虽然我们经常听到公众对政府的环境决策行为存在质疑或抱怨，但社会参与在很大程度上还是受到很大制约。因此，必须扫清这些障碍，通过建设生态文明实现民主，通过民主建设生态文明。

一、我国公众参与环境保护的局限性

（一）非政府组织影响有限

我国是一个拥有 13 亿人口的泱泱大国，但环境保护社团组织不过 2000 左右，这些组织中大部分还是自上而下的、由政府扶持的官办型民间组织，真正由民间人士发起成立的自下而上的草根型民间组织寥寥无几，而且每个组织的会员人数最多也不过几千人，环境保护民间组织的资金数量更是有限。这与发达国家环境保护非政府组织数量之多、规模之大和资金之雄厚都有很大的差距。受非政府组织数量、规模、资金的影响，环境保护非政府组织在环境保护中的作用就显得十分有限，表现在公众中知名度、认同度不够，对政府的决策影响不大，对企业等对环境有较大影响的主体没有太多的制约，在维护公众环境权益上没有起到应起的作用，在国际环境保护事务中几近没有什么影响。

（二）公众参与决策无力

目前公众参与主要集中在参与宣传教育方面，利用各种节日（如"3·12"植树节、"4·22"地球日、"5·22"世界生物多样日、"6·5"世界环境日、"6·25"土地日、"9·16"世界臭氧日等）开展宣传教育，并举办和参加各种环境保护专题讲座、研讨会、培训班、文艺演出、展览，编写环境保护科普读物、杂志，利用新闻媒体进行宣传，组织环境保护先进人物的评选等，公众参与的领域尚未触及和延伸至对政府环境决策的参与。应当看到，公众在环境保护的宣传教育等微观层次的参与是十分必要的，但是将公众参与仅仅局限在这些领域，不将公众参与环境保护的范围拓展至政府决策等宏观领域，将极大地限制公众参与的层次和作用的发挥。

（三）公众事前参与不够

《中华人民共和国环境保护法》第 6 条规定："一切单位和个人都有保护环境的义务，并有权对污染和破坏环境的单位和个人进行检举和控告。" 1996 年《国务院关于环境保护若干问题的决定》也强调："建立公众参与机制，发挥社会团体的作用，鼓励公众参与环境保护工作，检举和揭发各种违反环境保护法律法规的行为。" 从这些规定可以看出，我们从立法上就将公众参与的重点集中锁定在对环境违法行为的事后监督，而缺乏对事前参与的重视。在实践中，公众也主要是针对污染、破坏环境行为，特别是当这些行为危害到自身利益的时候才会向有关部门讨个说法。事后的监督固然重要，但鉴于环境危害后果的严重性，事前的预防更加重要，如果在事前能够充分发挥公众的聪明才智和公众对环境事务关心的热情，将会取得更好的效果。

（四）大众行动参与缺乏

由于人们越来越认识到环境对人类生存质量的重要性，以及环境与人类其他财产价值的密切关联性，并且人们在一定程度上也意识到保护环境是每一个人应尽的责任，所以在口头上绝大多数人都认为应当保护环境，但是一旦落实到行动上，则不尽然。我国禁止一次性白色发泡餐盒的使用就是一个典型例证。虽然商家、消费者都认为应当禁止使用一次性发泡餐盒，并对国家已经禁止使用一次性发泡餐盒心知肚明，但在国家明确禁用一次性发泡餐盒很长时间之后，白色发泡餐盒依然大行其道的现象表明，人们往往并不将慷慨激昂的语言与见诸于行动二者进行等同。

（五）制度性参与缺失

我国的环境保护群众活动，大多是由政府支持、组织和发动，并没有真正形成制度。20 世纪 90 年代中后期，国家虽然在新颁和修改的法律、法规如《水污染防治法》和《环境噪声污染防治法》均规定，"环境影响报告书中应当有建设项目所在地有关单位和居民的意见"，《环境影响评价法》也对公众参与专项规划和建设项目的环境影响评价作了明确规定。但是这些规定，都太过原则，缺乏可操作性，如什么是"公众"、公众在环境影响评价的哪个阶段进行参与、参与的方式是什么、如何保障公众参与等一系列具体问题没有规定，再加上中国缺少公众参与的基础性条件——信息公开制度，使得中国的公众参与制度基本上还停留在"纸面上"。另外政府官员对公众的参与在观念上存在的障碍，也使得公众参与没有得到认真地贯彻执行。

二、完善我国公众参与制度，促进生态文明机制建设

全社会人人参与是建设生态文明的重要环节。政府要集中民智，凝聚民力，体现民意，让群众以主人翁的姿态参与到生态文明建设中来。同时，社会参与还更需要一系列具体的、可操作的机制作保障。要综合运用行政、舆论宣传、经济激励等手段，继续探索并逐步完善公众参与的新机制，真正确保公众广泛参与。

（一）通过立法明确规定公民环境权

法律权利是指社会主体享有的法律确认和保障的以某种正当利益为追求的行为自由，是法律化了的社会权利。公众参与环境保护是群众的权利，权利只有在法制的范围内才能得到保证。因此，环境权应该在我国宪法中得到明确的规定，使其从应然权利变为法定权利，成为公众参与环境保护以追求符合自身利益的环境条件的资格。在立法层面上，规定了公民的环境权，才能为公众参与环境管理提供法律依据，从而使环境政策民主化，保护环境，促进生态文明建设，实现人和自然的可持续发展。环境权包括环境使用权，知情权、参与权、救济权等。其中，重要的

是要保证公民获得各种环境信息资料的权利、参与环境决策活动整个过程的权利、环境权受到侵害后的请求救济权利等。

(二) 健全信息公开机制

信息公开是公众参与环境保护的前提条件，公众了解到信息，才可能充分发挥作用。对于环境知情权，应建立、健全环境信息公开制度，政府有义务公开其所拥有的有关环境信息，公众也有权请求政府公开相关信息，并且这种权利应予以保障，同时还应规定信息公开的内容要清楚、具体，可能对环境造成的影响要详细、明白，不得含含糊糊，模棱两可，让公众造成认识误区，影响其权利的行使。

1. 明确信息公开范围

明确信息公开的范围，保护公众的知情权。近年来，"知情权"概念已为我国政界和普通公民所接受和使用，相对于政府部门而言，知情权的内容不仅仅局限于国家的法律、法规以及执政党的大政方针，还应当包括政府掌握的其他关系到公民权利和利益、公民想了解或者应当让公民了解的其他信息。凡是属于公开范围的，一律向全社会公开，除了受保密法规定不能公开的信息以外，其他任何政府掌握的信息只要公民想了解，政府就有义务提供。公民对政府信息具有知情权，信息公开是政府应尽的义务。政府应当保障公民、法人和其他组织能够依法获取信息，从而提高政府工作的透明度，促进依法行政，充分发挥政府信息对人民群众生产、生活和经济社会活动的服务作用。

2. 建立信息公开平台

政策信息对公众的开放程度在某种意义上决定了公民

参与的程度，政府应当通过政府公报、政府网站、新闻发布会以及报刊、广播、电视等多种形式，以便于公众知晓的方式公开。各级人民政府还应当在国家档案馆、公共图书馆设置政府信息查阅场所，并配备相应的设施、设备，为公民、法人或者其他组织获取政府信息提供便利。行政机关可以根据需要设立公共查阅室、资料索取点、信息公告栏、电子信息屏等场所及设施，公开政府信息。行政机关应当及时向国家档案馆、公共图书馆提供主动公开的政府信息，充分发挥自身的优势，通过政府网站等互联网形式传媒发布相关信息。

3. 大力推行电子政务

各政府在网页上构建三大公众参与平台，努力让群众畅所欲言。一是构建民生诉求平台。在网站首页的显著位置设立领导信箱、市民论坛，群众可以将生产生活中遇到的问题和对本地区各方面发展的意见、建议通过信箱、论坛进行在线提交，并由专门机构收集整理后交给相关部门办理。二是构建民意调查平台。建立网上调查栏目，将本地区发展规划、城市重点建设项目以及与群众生产生活密切相关的重大决策等通过网站对外公布，听取群众的意见和建议，促进政府决策的公开化、民主化和效率化。三是构建群众监督平台。设立举报投诉栏目，网上接受群众对机关作风，行政效能和干部违纪违法等问题的投诉和举报。

4. 受理信息公开申请

鉴于政府信息量大面广，涉及社会生产、生活的各个方面，有相当一部分人和事因为生产、工作、科研的关系，需要特殊的信息服务。除了行政机关主动公开的政府信息外，公民、法人或者其他组织还可以根据自身生产、生活、科研等特殊需要，向地方各级人民政府及县级以上地方人民政府部门申请获取相关政府信息。因此，各级政府应当受理这些信息公开申请，依法提供政府所掌握信息，满足特定主体获取政府信息的需要，对特殊人群点对点的服务。

5. 接受全社会监督

各级政府应当对于发展规划、政策的制定、法律实施情况进行定期发布，确保社会各方能够及时了解政府信息，获得参与决策和救济的机会。对于未建立健全信息公开保密审查制度的；不依法履行政府信息公开义务的；不及时更新公开的政府信息内容、政府信息公开指南和政府信息公开目录的；违反规定收取费用的；通过其它组织、个人以有偿服务方式提供政府信息的；公开不应当公开的政府信息等情形依法予以曝光。

（三）完善听证评价机制

2003年9月1日开始实施的《环境影响评价法》意义十分深远，它规定政府机关要对可能造成不良环境影响并直接涉及公众环境权益的专项规划，应当在该规划审批前，以举行听证会等形式，征求有关单位、专家和公众对环境影响报告书的意见。

中国公民的"环境权益"首次写入国家法律，它意味着群众有权监督那些关系自身环境的公共决策，它意味着谁不让群众参与公共决策就是违法。但是现在存在的问题是，虽然公众参与环境监督的权利在法律上得到肯定，但在参与的具体条件、具体方式、具体程序上，还缺少明确细致的法律规定。例如，一些计划启动的水电项目受到公众的关注，但这种关注更多地只是表现在专家开几个会、网上发发文章。热心的公众根本找不到参与的渠道。因此，引入听证机制，探索一条民主听证与依法行政相结合的环境保护管理的路子，是我们的义务。

公众参与环保听证在中国已有多方面的实践，在很大程度上已经成为了联系政府、社会和公民之间的良好纽带。听证的目的在于保证各方利益主体平等参与公共决策过程中，并且最终实现决策民主化、公开化、公正化、科学化乃至法治化，即使它在某种程度上会增加执法成本，但无论如何，都是"收益"绝对远远大于"成本"的。因此，坚持听证制度，实现真正的公众参与，应当是义无返顾的永恒追求，只有这样，才能使公共决策真正的体现民心，顺应民意。

1. 听证代表的构成应当具有代表性和广泛性

合理的代表构成是决定听证会能否成功的关键所在，代表的选择应该具有广泛性和代表性，要本着公开、自愿的原则吸引广大公众的参与，及时向社会公布代表的选取原则、要求、办法及其进展状况。以价格听证会为例，特别要注意吸收不同阶层、不同消费水平的消费者代表参加价格听证，例如要保护学生、民工、贫困人口等社会弱势群体的参与权利，明确规定听证代表应进行一定范围的社会调查，真正代表其背后的利益群体。代表名单确认后应该提前公布，主动接受社会监督，以消除公众对代表人选的疑虑，也有利于其代表的利益群体能够及时的向其表达自己的意见。

2. 为听证能力缺乏的代表建立利益代表机制

听证会代表的专业知识与专业素质对听证会的成功具有决定性的影响，参与听证的代表的基本知识和技术常识缺乏也是制约目前我国听证会公众参与效果的薄弱环节。如何使听证会真正形成"高手过招"的局面，其中一种可行的办法是在听证过程中引入听证代理人，他们往往具有相当的谈判技能，并且熟悉法律规定和流程，更能充分地反映委托利益集团的利益。但是在听证过程中，缺乏专业知识与专业素质的往往是弱势群体，往往没有雄厚的财力来聘请代理人，因此政府部门在此时有必要为其指定代理人，由其来听取和反映被代理人的意见与需求，而相关的费用应当由政府部门来承担。

（四）探索环境公益诉讼机制

环境公益诉讼是指社会成员，包括公民、企事业单位、社会团体依据法律的特别规定，在环境受到或可能受到污染和破坏的情形下，为维护环境公共利益不受损害，针对有关民事主体或行政机关而向法院提起诉讼的制度。实践证明，这项制度对于保护公共环境和公民环境权益起到了非常重要的作用。由于环境权益不仅仅属于私人权益，更属于社会公益，所以在欧美各国都普遍采用了环境公益诉讼制度。在我国，为加大对环境污染和生态破坏的惩治力度，司法应当逐步扩大环境诉讼的主体范围，将公众日趋增长的环境权益要求，纳入规范有序的管理。

1. 扩大环境民事诉讼的起诉资格

环境侵害具有社会性、间接性、复杂性、多元参与性、缓慢性和难以恢复等特点。环境受到破坏，对于个人来讲，可能并没有直接的财产损失或人身权侵害，但是却危害了整个人类的共同利益，危及到社会的可持续发展，最终也危及每个人的生存和发展。因此，有效保护公民的环境权益，必须扩大环境民事诉讼的起诉资格，赋予所有公民诉讼权，只要存在着环境违法行为，任何公民都可以自己的环境权益受到侵害为由，提起环境民事诉讼，从而扩大环境民事诉讼的起诉资格。

2. 设立环保法庭

我国在铁路运输、海事、军事、林业等方面，已经建立了专门的法庭（或法院）开展专门的审判活动，建立环境法庭在制度设计上是没有问题的。根据建立环境法庭的需要，人民法院应当对办案人员开展有针对性的环保专业知识培训，提高办案人员的专业水平和整体素质，保证环保案件处理的正确性和合法性。同时，还可以聘请环保专家和学者担任陪审员，提高人民法院执法的透明度，提高环境诉讼效率，避免案件久拖不决，从而达到迅速有效地控制和惩治环境违法行为的环境法制目的。

3. 确立新的赔偿原则和赔偿范围

首先要确立全面、及时、有效的赔偿原则，在审理环境公益诉讼案件时，不能仅仅只确定其经济价值的损失，还应包括对环境生态价值和潜在价值的危害进行全面评估，及时做出赔偿决定，以有效地制止危害行为，确保环境不受破坏和损害。

其次，要根据环境的多种价值，从保护公民环境权的角度，合理界定赔偿范围，除了应当赔偿直接经济损失之外，赔偿范围还应当包括对健康环境权、环境人格权等其他非财产性环境权益的损害。

（五）建立群众舆论机制

建立群众舆论监督机制，是宣传思想工作、贯彻落实科学发展观的一项重要任务，也是促使全社会广泛参与的重要手段。通过舆论宣传，发挥新闻媒体的舆论监督作用，可以营造舆论强势，使生态文明建设人人参与的观念深入人心。

1. 准确宣传中央对生态文明的方针政策

建立群众舆论机制，必须准确宣传中央对生态文明的方针政策。在思想上，以马克思列宁主义、毛泽东思想、邓小平理论和"三个代表"重要思想为指导；在政治上，与以胡锦涛同志为总书记的党中央保持高度一致；在工作上，坚持为人民服务、为社会主义服务、为全党全国工作大局服务。

2. 敢于做批评性报道

新闻媒体的舆论监督是社会航船的"纠偏器"，在传播正确行为的同时，要敢于揭露，对现实中存在的不良现象和违法行为，针砭时弊、做批评性的新闻报道。通过批评性报道，引起公众关注，使公众产生倾向性评价，或者由新闻媒介直接对问题进行评说，表达公众的倾向性评价。被监督的单位和个人一旦成为舆论监督的对象，往往会调整自己的行为，或对自己的行为作出解释，以适应社会规范的要求。同时，新闻媒体在进行批评性报道时，必须慎之又慎，考虑周详，运用各种手段加以有效控制，防止激化矛盾，引起社会的不安定。

3. 建设一支政治素质高的舆论宣传队伍

中华环保世纪行宣传活动是 1993 年开始，至今已开展了 18 年。此项活动是由全国人大环资委会同中宣部、财政部、国土资源部、水利部、农业部、国家环保总局、国家广电总局、国家林业局、国家海洋局、全国总工会、共青团中央、全国妇联、中国科协等 14 个部门共同组织，由《人民日报》、新华社、中央电视台、《中国绿色时报》等 28 家中央和行业新闻媒体共同参加的一项大型环保宣传活动。

中华环保世纪行宣传活动的宗旨是：大力宣传我国环境与资源保护方面的法律法规，结合中国的实际情况，以法律为武器，宣扬执法好典型，批评违法行为，推动地方政府加强有关法律法规的贯彻执行和促使解决重大环境问题，提高广大人民群众特别是各级领导干部的法律意识和环境资源意识。

围绕着这一品牌，各地相继开展宣传报道和舆论监督，目前在国家级的中华环保世纪行的带动下，31 个省级人大、257 个市级人大（占 81%）都开展了环保世纪行活动，客观上形成"相互参与，上下联动"的情况。各地开展舆论宣传工作主要遵循了以下原则：

一是坚持正确的舆论导向。坚决贯彻党中央宣传生态文明的方针原则，发挥舆论的引导和激励作用。弘扬社会正气，通达社情民意，引导社会热点，疏通社会情绪，发挥舆论的鼓舞和监督作用。

二是坚持正面报道为主。围绕着某一特定的主题，总结经验，宣扬典型，加深对有关法律的理解，增强全民法制意识，提高建设资源节约型和环境友好型社会的自觉性。同时，对于负面的事件进行揭露，推动他们采取措施，引起领导的重视。

三是坚持良好的职业素养。广大新闻宣传工作者不断加强思想道德修养，带头实践社会公德，恪守职业道德，做积极实践社会主义荣辱观的表率。在宣传报道中不断创新观念、创新形式、创新手段，搞的生动活泼，努力使宣传报道工作体现时代性，把握针对性，富有创造性，不断提高世纪行的权威性和公信力、影响力。

（六）搭建政府与民间组织沟通机制

各类民间环保组织，特别是那些广大青少年的环保志愿者组织，他们热爱祖国、激情奉献、关注环境、倡导节俭。作为政府机关，要对大部分民间环保组织予以支持引导。如对各类环保组织进行专业培训；如多层次地搭建政府与公众座谈、对话的平台；如联合民间环保组织和各界人士共同合作社会公益行动；如就重要的公共政策进行专门的解释与沟通等等。

案例：

山东东阿县环保局着力建立环保公众参与机制。积极推进环境公开，重点公开城区空气和饮用水源质量，公开行政许可审批事项，设置行政审批公开栏，公开治理减排落实情况。每月公布限期治理和污染物减排企业事业单位的名单和治理、减排进度。每季度向县委、县人大、县政府、县政协和上级环保部门报送主要污染物排放情况及减排任务完成情况。公开环保行政处罚案件。对已经立案的违法案件一律将予以公布，公开处罚措施及执法结果。公开重大污染隐患。定期拉网式排查企业事业的环境污染隐患，突出对重点企业、重点行业、重点区域的污染隐患开展排查。

第九章
跨区域的交流合作体系

　　当代中国的生态环境问题已经不是一个局部性问题和暂时性问题，而是一个整体性、全局性和长期性问题。跨区域交流与合作是大势所趋、发展潮流。区域协作有利于整合资源、优势互补，有利于实现集约发展、协调发展。区域交流与合作，一是要健全区域合作的法律与政策环境。到目前为止，区域之间的交流与合作还缺乏法律与政策方面的协调一致；二是要强化区域之间的联合执法监督，消除制度性障碍，避免地区保护主义造成区域间恶性竞争；三是要学会运用法律、政策以及其他途径来解决跨界纠纷；四是通过建立区域共同市场，解决产业结构趋同、基础设施建设缺乏统一规划等问题；五是要从思想文化、人才与技术等方面进行广泛的沟通和交流，实现资源共享、优势互补。

　　区域既有竞争，更有合作。必须以积极的姿态、主动的热情、充实的干劲，相互沟通、相互交流、相互帮助，共同解决发展中遇到的生态和环境问题。必须要有"一盘棋"的理念，大局意识、协作意识和忧患意识，切实发挥交流与合作机制的作用。

第一节　区域生态合作治理是
生态文明建设的必由之路

一、生态文明建设需要区域生态合作治理

中国环境危机仍十分深重，环境"拐点"远未出现。其重要原因在于：我国各地还未能按照科学发展观的要求，更新观念和创新机制，统筹协调，建立多元合作的跨区域生态治理机制。各地区的生态文明建设，长期以来忽视生态环境所具有的整体性和公共性的特点，地方政府固守着传统的"造福一方"和"守土有责"的狭隘视界，采取各自为政的做法。由于一些地方受经济利益的驱动而对环境整治持消极态度，在现有行政区划和行政管理体制下，一些地方政府领导人更注重本地区任内的政绩，特别是经济增长的政绩，搞所谓"造福一方"，在跨区域生态环境资源利用上甚至达到了竭泽而渔的地步，而在生态环境污染上则不惜以邻为壑，以影响和牺牲周边的生态环境为代价，获得本地区经济的高速增长。因而在以治理环境污染和进行生态环境修复等为内容的生态文明建设方面难以取得扎实成效。生态文明建设迫切呼唤跨区域的生态合作治理。

二、区域生态合作治理是生态文明建设的必由之路

我国的生态文明建设应该走系统整体化建设的道路，即应该走全国区域整体化、城乡一体化的建设道路。就全国来说，要推进西部大开发，振兴东北地区老工业基地，促进中部地区崛起，鼓励东部地区率先发展，应该将生态文明建设作为一项重要任务，在各区域第一产业、第二产业和第三产业的发展中都要纳入生态文明的要素，注重区域经济发展中的生态整体效益，进行区域生态环境的合作治理，努力形成东部、中部和西部在生态文明建设以及协调发展战略中相互促进、优势互补、共同发展的生态文明建设新格局。

对于跨区域的生态环境治理，必须反对简单化、部门化和一刀切等做法。要从整体性和全局性的高度，认真研究不同区域的生态环境状况和生态治理的要求，根据不同地区资源环境承载能力和发展潜力，按照优化开发、重点开发、限制开发和禁止开发的不同要求，明确不同地区的功能定位和发展模式。按照生态环境状况和功能区域构建区域发展格局，做到既要有开发，又要有保护，引导经济布局和人口分布适应自然。针对我国不同区域生态环境与经济发展的实际情况，明确不同地区的功能定位，有助于深化对区域经济发展规律的认识，明确促进区域经济协调发展的新思路，确立区域生态合作治理的思路，确立统筹协调思想，突破传统的生态文明建设的狭隘眼界和在生态治理中条块分割与各自为政的做法，找到有助于推动区域

经济发展与生态文明建设相得益彰的可持续发展模式。

三、创新区域生态合作治理机制

（一）区域生态治理组织架构制度创新

在传统跨区域生态治理的组织架构上，对于分属于多个行政区域的生态功能地域，如海洋、高山、大江大河、沙漠、森林、草原等的生态治理，虽然没置了层次众多的组织机构，从表面上看实施了面面俱到的管理，但是，各个省、市、县采取的却是分散且重叠的生态管理方式，难以满足跨区域生态环境治理所需要的整体性系统性协调性的要求。跨区域的生态都处于互相关联的整体性关系之中，生态治理只有改变各自为政的做法，采取合作协同的方式，加强环境建设和生态治理中的统筹协调，才能取得成效。这样有助于在生态治理中以联合体的力量和整体协调发展的思维，打破条块分割和壁垒森严的地方行政体制，制定统一或者互通的区域性生态政策与中长期生态文明建设规划，实现跨区域生态资源、生态信息、生态科技的共享，促进区域经济的协调发展和生态环境的整体优化。

（二）区域生态补偿机制创新

由于区域环境资源的公共性以及所有权与使用权的模糊性，各类生态环境资源的行政管理部门受利益的驱使，往往任意利用区域环境资源的使用权。同时，在对待区域生态资源问题上，往往无偿利用和破坏生态资源。如果允许这种既不核算保护生态环境所作的贡献，也不补偿生态环境破坏所蒙受的损失的现象继续存在下去，势必进一步加剧"公地的悲剧"。

建立区域生态补偿机制的理论根据和社会意义在于实现社会公正，而社会公正离不开生态公正。生态补偿是实现生态公正的重要手段。我国区域之间在经济发展、资源利用以及财富占有等方面存在的不平衡现象，都与生态不公正密切相关。

建立跨区域生态补偿制度。要对各区域的生态贡献和环境污染损失进行科学核算，为建立合理的生态补偿制度奠定基础。应实施生态补偿的公共财政政策，中央财政和生态受益区财政应将区域生态补偿资金纳入常规性预算之中，用于补偿贫困地区放弃高能耗高污染产业以及输出廉价的资源产品和初级产品带来的经济损失。

（三）区域生态环境资源价格制度创新

在区域生态治理中，要确立生态环境资源价值理念，利用价格杠杆优化区域生态环境资源的配置，努力形成鼓励合理开发和节约利用区域环境资源的价格体系，制定鼓励跨区域生态功能地区的核电、风力发电、垃圾焚烧发电及生物发电的价格政策，形成价格随环境资源量递增的机制，达到抑制多占、滥占和浪费区域内环境资源，促进区域内环境资源节约利用的目的。要建立和完善区域污染物排放的价格约束机制，进一步完善区域排污费征缴的政策措施，提高生态功能区域污染排放成本。要构建排污权交易制度，逐步实行污染物和二氧化硫排放总量的初始有偿分配使用机制，用经济手段鼓励跨区域生态功能地区的企业主动治污，积极发展循环经济，限制污染物的排放。要进一步促进环保设施建设和运营的市场化进程。实施环保型价格政策，建立排污者缴费、治污者收益的机制，通过收费政策，推动环保设施建设和运营的产业化、市场化和投资主体的多元化。

（四）区域生态环境资源税收制度创新

生态环境资源作为国家的重要资源，必须征收环境税，对于跨区域生态治理来说，这是促进区域生态环境建设的重要经济手段。所谓环境税，是指对一切开发、利用环境资源的单位和个人，按其对环境资源的开发、利用强度和对环境的污染破坏程度进行征收或减免的一种税收。环境税大体分为两类：资源生态税和污染控制税。为了促进环境保护和环境资源的合理利用，要扩大环境资源税收的征收范围，对所有可再生资源和不可再生资源的开发利用计征资源税，并适当提高现行资源税征收标准。要改变计税方法，按资源类别、数量和质量的不同计征不同的税额。另外，对于绿色产业开发利用资源予以税收优惠，鼓励开发利用新能源。资源税的征收应由现在的按企业产量征收改为按划分给企业的资源可采储量征收，促使企业提高资源回采率。要调整资源税征收办法，将税率与资源回采率和环境修复程度挂钩，资源开采率越低，环境修复程度越低，资源税率就越高。

（五）区域生态治理主体队伍创新

在区域生态合作治理中，政府是重要主体，担当着制定区域生态治理规划、协调区域行政组织、出台区域生态治理政策法规、统筹使用区域生态治理资金、整合区域生态环境信息等重要任务，需要强化政府在生态治理中的主体地位，发挥其主导性作用。但是，区域生态治理的主体不是单一的，而是多元的。在区域生态合作治理中，非政府组织和其他主体的作用越来越明显。非政府组织在获得生态资源信息和环境保护信息，在对环境污染行为进行监督以及参与生态治理方面都发挥着政府部门无法替代的作用，往往会弥补在区域生态合作治理中存在的"市场失灵"和"政府失灵"现象。企业在区域生态治理中是一支重要的生力军。区域生态环境保护或环境污染都与企业存在着紧密的联系，企业只有不断强化自己的社会责任意识，朝着绿色生产、绿色产品和绿色销售等方向迈进，才能推动区域生态治理取得成效。社会公众是区域生态治理中数量最为广大的主体。只有当每个人都能达到"区域生态治理人人有责，人人参与"的地步，区域生态治理才能扎扎实实地推进。因此，在区域生态合作治理的队伍创新中，应该组建由政府、企业、非政府组织和广大公众共同参与的多元的主体队伍，并充分发挥其作用。

案例：

2009 年 8 月，沈阳、长春、哈尔滨、大连四市签署《建设生态型宜居城市联合宣言》，确定将通过跨区域务实合作，推动东北地区生态环境一体化建设，共同打造东北地区的生态宜居城市群。

协调环境和经济发展成为东北新课题　振兴东北老工业基地战略实施以来，东北各市在经济迅速发展的同时，努力偿还过去多年由于传统工业发展模式带来的环境欠账。经过几年的巨额投入和治理，各市环境均发生了巨大变化。

　　然而，目前新一轮的经济发展，正带来新一轮的环境污染问题。这意味着环境保护已经不仅仅是一个城市、一个省的问题，因此跨区域综合治理环境，协调环境保护和经济发展，已经成为东北地区各市面临的新的共同课题。开展环境保护合作，不仅可以改善区域整体环境质量，提升东北地区的综合实力和竞争力，而且对于加快整个区域发展方式转变，推动区域经济加速追赶发达区域具有决定性意义。

　　工程展望：到 2020 年，四城市就业率在国内大城市保持较高水平，城市人均收入达到国内大城市较高水平，人文指标居于国内大城市上游水平；建成区绿化覆盖率保持在 35% 以上，市民出行 5 分钟可到达公共绿地，初步形成城市外围的生态保护带和城区内部的生态隔离带；节能减排率先达到国家标准，污水达标处理率 90% 以上，再生水利用率 40% 以上，城市空气质量良好天数 90% 以上；绿色经济初步规模，以低碳排放为特征的工业、建筑、交通体系初步建立，符合节能环保要求的产业结构、增长方式、消费模式初步形成；各城市居民对所生活的城市普遍拥有自豪感、认同感和幸福感，对生态宜居城市的满意度逐步上升，力争达到 80% 以上。

第二节　加强区域立法协作
创建政策协调机制

目前，由于缺乏法律政策方面的支撑，政府间的生态文明建设区域交流与合作具有很大的随意性，且往往难以在实质问题上取得进展。进行有效的跨区域立法协作和政策协调，对于解决当前遇到的环境资源问题，推动生态文明建设具有非常重要的作用。

一、加强区域立法协作，建立具有共同约束力的规章

（一）立法协作是区域发展的迫切要求

我国一些特定区域已逐步形成经济社会发展的一体化，迫切需要冲破行政区划上的障碍，打破各自为政的局面，通过立法协作来巩固各方利益关系，并确认和保护各方的共同利益追求。区域一体化要求采取一致的规则和行动，建立无壁垒、无障碍、各地利益最大化的共同市场和共同规则，避免地方保护、立法不协调的倾向。

区域立法协作是在国家统一法制的前提下，在立法权限范围内通过自愿参与、平等互惠、共享资源而进行的一种立法上的合作。区域立法协作的积极作用表现为：第一，

有利于改变传统地方立法观念，克服地方行政体制下的地方保护主义和本位主义，为区域经济协调发展打下良好基础。第二，有利于统一区域法制，提高地方立法效率。经过地方间立法协作，实现立法资源共享，避免重复调研、重复论证、重复讨论等带来的一系列问题。第三，有利于地方立法部门间的沟通交流，有效预防并解决各行政区之间的立法冲突，消除地方法律规章中的相互抵触或冲突现象。

（二）构建区域行政立法协作的五点建议

1. 明确区域行政立法的主体和相关机构

为使省际间区域行政立法能更顺利地进行，可规定，由区域内的省级政府的负责人组成省际间区域行政立法委员会，作为区域行政立法机关，负责行政立法的讨论和最后通过，各省的政府负责人轮流担任该委员会的主任。同时省际间区域行政立法委员会下设综合办公室，具体负责行政立法的日常工作。综合办公室由该区域内各省的法制工作机构的负责人组成，其职责是定期召开交流会、拟定立法协作项目、有时起草区域行政立法草案、对生效后的行政立法进行适用中的解释工作、负责办理区域行政立法备案手续、负责定期向区域行政立法委员会报告工作等。

2. 明确区域行政立法的权限和范围

区域行政立法只能是一种立法上的合作方式，其目的是解决立法横向冲突的问题。因此，必须坚持国家法制统一前提下构建地方行政立法，不能搞更大的地方保护主义，不能超越现有的立法权限。其次，在相关的法律中应明确省际间区域行政立法的权限。主要是在现有的地方规章立法权限范围内共同事项的联合立法，包括：一是为执行法律、行政法规的规定需要制定地方规章事项中的共同事项，这些事项中，有的属于法律、行政法规明确提出由地方政府规章规定的事项，有的属于法律、行政法规没有明确规定的，但为了更好地执行法律、行政法规，需要结合本区域实际制定一些实施办法和措施，具有执行性立法的特点。二是本区域的具体行政管理的共同事项。总之，省际间区域行政立法既不能侵犯中央的立法权，也不能侵犯地方权力机关的立法权限。

3. 明确区域行政立法的法律渊源和位阶

根据《立法法》的规定，我国法律渊源有宪法、法律、行政法规、地方性法规、自治条例和单行条例、部门规章和地方性规章等。而省际间区域行政立法具有较为特殊的性质，它是由政府制定的，这使它不同于地方权力机关的地方法规，但它又是几个省级政府联合制定的，因而它又不同于省级规章，为此，应将省际间区域行政立法形式作为我国法律渊源之一，从而使它成为我国立法的合法法律形式之一，有利于它的良性发展。至于省际间区域行政立法的位阶，由于法律位阶是依据法律规范的效力来源而确定法律规范之间相互关系的，因此，在效力上，省际间区域行政立法应在省级地方性法规之下，而在省级的地方规章之上。这样规定的目的，主要从制定机关的性质及立法权限考虑的，不能因为省际间区域行政立法适用范围广而使之凌驾于地方人大和地方性法规之上。

4. 明确区域行政立法程序

国务院关于规章制定程序主要是针对国务院部委的部

门规章和地方政府的地方规章，而省际间区域行政立法由于涉及到几个行政省，无法完全按照这个程序进行，应该为其设计一个更为有效的制定程序。具体可规定如下程序：一是起草。可由综合办公室负责拿出草案，然后交各省政府征求意见；也可由某个省负责起草，再征求其他省的意见；还可以邀请有关专家、组织参加，也可以委托有关专家、组织起草，后再交各省提出修改意见。一句话，在起草阶段要广泛地协商，广泛地听取意见，争取在起草阶段基本达成一致。二是决定。由省际间区域行政立法委员会召开全体会议一致通过。三是公布。由区域内各省负责人共同签署命令，以区域行政立法委员会及各省级政府的名义予以公布，并在各省级人民政府公报和本行政区域范围内发行的报纸上及时刊登。四是备案。由省际间区域行政立法的综合办公室负责向国务院办理备案手续。五是解释。对于适用过程中的解释，由综合办公室负责；对立法性的解释，遵循上述的立法程序，由省际间区域行政立法委员会最终决定并通过。

5. 理顺区域行政立法的审查监督体制

由于区域行政立法的适用范围已超出现有的行政区划，因此，再让地方权力机关直接进行监督审查容易产生诸多问题。应确立主要由国务院负责监督审查为主、地方人大及其常委会协助监督的审查监督体制。国务院的审查监督方式有两种，一是事前监督审查，要求区域行政立法综合办公室，集中将拟制定区域行政立法的事项、理由、论证、合作协议等事项，提前上报国务院法制部门，待审查批准后再着手拟定草案。二是事后备案。在行政立法由区域行政立法委员会通过后，由综合办公室向国务院进行备案。

在备案中，如果发现区域行政立法与宪法、法律、法规不一致，国务院有权予以改变或撤销，从而保证国家立法在各地方得到统一的贯彻和执行。

二、创新政策导向机制，制定具有共同约束力的政策

（一）政策协调是促进区域发展的重要手段

目前，区域发展中存在的问题主要包括，区域间经济发展不平衡，区域间利益关系不协调；一些区域产业发展超过了资源环境承载能力，生态环境不断恶化；在工业建设和城市扩张的过程中，大量消耗资源和占用耕地，环境污染加剧；区域间收入差距扩大等等。这些问题非常普遍，究其原因，既有我国现有区域政策不完善、区域管理体制不健全、区域规划和法制建设滞后等因素，也与现有体制下地方政府的行政干预、市场过度竞争等因素有关。解决这些问题，不仅需要合理规范地方政府职能，创新区域发展模式，更需要建立区域的政策协调机制。

地方经济发展政策与区域经济政策相协调，是区域经济快速发展的关键因素。但是，在区域经济一体化进程中，地方经济发展政策与区域经济政策的冲突和对撞时有发生。地方经济发展政策的选择，将对地区和整个区域经济长远发展起到重要的影响和引导作用，必须要顺应区域经济一体化的趋势，与区域经济政策协调互动。区域政策协调，是增强区域实力的内在要求，是突破传统的制度性障碍、推进区域整合，发展各种合作的有效手段。

地区之间进行政策协调的基础是地区之间的"市场差异"。区域政策协调可以涉及区域发展政策的制定、市场规划、重大项目决策方面的协调统一。区域政策协调可以促进区域之间统一规划和管理区域土地资源、水资源、旅游资源等公共资源，统一进行开发项目融资和投资管理；统一规划区域内重大基础设施体系、生产环境保护与建设，开展区域间的技术协作、标准制定，处理不同部门、不同行业之间的竞争关系等。区域之间政策协调的内容，主要包括：协调整合行政区发展规划，调整经济区域产业结构；协同整合地区产业优势，培育若干具备市场竞争力的区域产业群；加强政策合作，协同构建开放的市场体系等。

（二）典型区域的政策协调具有重要的示范意义

江苏、浙江、上海两省一市签订的《长江三角洲地区环境保护合作协议（2009—2010 年）》，对于其他地方在开展区域合作、进行政策协调时具有重要的借鉴意义。长三角地区环保合作旨在提高区域环境准入和污染物排放标准、创新区域环境经济政策、重点推进流域水环境综合治理、加强区域大气污染控制、健全区域环境监管与应急联动机制、完善区域环境信息共享与发布制度，优势互补，互利共赢。这是积极推进长三角环境保护"一体化"进程的具体行动。通过长三角在环境保护方面的合作，对其他区域的政策协作具有以下的启示：

1. 统一区域环境准入和污染物排放标准

制订更加严格、相对统一的建设项目环境准入和主要污染物排放标准，促进区域产业结构调整和优化升级。

2. 创新区域环境经济政策

深化环境资源价格改革，逐步推进统一的污水处理费和企业排污费征收标准，完善反映市场供求关系、资源稀缺程度和环境损害成本的环境资源价格机制。大力推行排污权有偿分配和交易制度，在合作区域先行开展 COD 排放指标有偿分配和交易试点，建设排污权交易平台，培育成熟有序的交易市场，完善区域"绿色信贷"政策，积极推行"绿色保险"制度。

3. 推进重点流域环境综合治理

共同实施一批工业污染源治理、城镇生活污水处理设施建设、生态清淤、网围养殖清理等重点治污工程，切实加强跨界河流的综合整治。进一步完善跨界水污染防治中的联合办公、监测预警和信息共享等制度，强化联合执法检查，共同打击环境违法行为，减少污染纠纷。

4. 建立全区域环境监管与应急联动机制

建立项目转移环境信息通报制度，对产业转移项目，迁入地环保部门可以请迁出地环保部门提供该企业环保守法、污染物达标排放等情况，防止重污染项目向经济欠发达地区转移。严格执行危险废物转移联单制度，进一步提高区域危险废物转移审批和监管效率。建立完善跨界水、大气、核辐射等环境预警和应急机制，联合开展跨界环境突发事件的应急演练，实行监测仪器、应急车辆等环境应急设施的紧急共享，提高区域环境应急水平。

5. 完善区域环境信息共享与发布制度

整合资源，合理布点，建设完善水和大气环境自动监测网络，合作开发区域环境监测信息共享平台，逐步实现环境监测数据的互通和共享。通过环保部门网站，向社会统一发布每日空气环境质量。定期发布拥有环评、污染治理设施运营等资质的环保中介机构信息，打破地区壁垒，促进环保服务市场的开放。

（三）建立政策协调的长效机制

为确保区域政策协调工作的顺利推进，拓展合作渠道，区域合作各方必须建立政策协调的长效工作机制。

1. 探索建立由区域行政领导参加的联席会议制度

定期召开会议，研究区域合作的重大事项，审议、决定合作的重要计划和文件。

2. 探索建立区域政策协调的组织机构

比如设立联席会议办公室，负责执行联席会议作出的决定，制定年度工作计划，推进合作协议的具体落实。

3. 建立部门衔接落实制度

各方责成有关主管部门加强相互间的协商与衔接落实，对具体合作项目及相关事宜提出工作措施，制订详细的合作协议、计划，落实本协议提出的合作事项。

4. 加强信息交流

通过交流信息，了解其他地方允许或禁止的事项、鼓励的事项、许可的条件、处罚的幅度等，然后根据本地的实际情况做适当调整，以最大可能地减少各地方之间政策的不一致。

信息交流的形式可以是多渠道的，主要有：（1）通报（每个季度书面通报一次、不定期电邮）；（2）工作例会（每年开展一到二次）；（3）联席会议（每年一次）；（4）学习考察（视具体项目而定）。通过建立多种形式的信息交流机制，互相通报重要的信息，相互学习、借鉴，加强政策互动，并为区域内政策协调的推进提供决策依据。

案例：

2007 年 9 月 24 日，江苏、浙江、上海两省一市的人大常委会法制工作委员会、政府法制办公室和法学会负责人在上海共同签署《苏浙沪法制协作座谈会会议纪要》。这意味着长三角两省一市已开始以"立法协作"的方式确保区域协调发展。长三角地区现有江苏、浙江、上海 3 个省级地方立法主体，和南京、无锡、苏州、杭州、宁波 5 个较大市的地方立法主体。"一些地方立法不协调、不一致的现象严重，不仅影响到地方立法效益的有效发挥，也影响到国家整体法制权威的有效维护，影响了长三角的整体发展。"浙江省人大常委会法工委主任丁祖年说。

长三角地区的太湖流域面积仅占全国的 0.38%。各种污水排放量却高达每年 32 亿吨，为全国的 10%。上海市政府法制办高级法律专务刘平说："今年太湖蓝藻危机背后是一个典型的'公地悲剧'。太湖既充当了周边城市的上水道，又充当了下水道。每个城市都想取用干净的部分，却又将污水无节制地往里倒。"执法不统一方面最典型的例子是：同样在公路上奔跑的汽车、同样在航道上航行的船舶，各地在养路费、通行费、航养费上的征收标准是不一样的，对逃缴费用的处罚规定也不一致。"由于资源管理的共同性要求，如长江、太湖、大运河的管理，越来越需要地方协作立法，对同样主体的同样行为，执法应该同等对待。"江苏省人大常委会法工委副主任王腊生说。

长三角、东三省、珠三角等一体化程度较高区域。都已在开展区域地方立法协作工作。2006 年 1 月 14 日 ~ 15 日，辽宁、黑龙江、吉林三省召开了东三省政府立法协作座谈会，形成了《东北三省政府立法协作框架协议》，开全国省际立法协作的先河。

第三节　强化跨区域联合执法机制建设

一、强化跨区域联合执法机制建设的必要性

跨区域联合执法，就是采用集中统一的办法，通过建立高效一致的指挥协调系统，充分整合和分享不同区域的执法资源，借助外力，壮大自己，提高整体执法水平，最终减少区域间生态环境方面的违法行为。

资源合作是区域联合执法合作极其重要的内容。区域合作各方应在执法协作中加强交流，积极拓展协作层面，充实协作内涵，提升协作层次，完善协作模式。一是积少成多，以联合方式"扩大"执法队伍。跨区域联合执法首先整合的是人员配置，通过联合将不同区域的执法人员集中到一个案件的办理中来，无形中便可有效解决当前执法系统突出存在的人员配备不足与执法任务繁重的矛盾；二是各取所需，以联合方式"扩充"执法内涵。由于所处区域的不同，各地执法部门往往各有特色，呈现出明显的个性特征。这其中就包括资源配置、管理模式、执法特长等方面的差异。通过跨区域联合可以有效地利用这些不同资源，取长补短、各取所需，实现优势互补、共同进步的目的。除了加强自身系统的联合外，还要吸纳公安、企业等方面的力量，并发挥其特长。

跨区域的联合执法，可以着眼跨区，解决违法行为发生地问题。违法行为发生地问题的产生，究其根源在于"区域"。违法行为与地域相分离的现象大量存在，违法行为发生地问题日显突出。通过跨区域联合，在统一指挥的基础上，按照属地化管理的原则，既分工协作又共同行动，会自然而然地避开"区域"的界限，违法行为发生地问题也就不攻自破。为此，跨区域联合执法在强调联合办案基础上，突出各方的协同配合，力求防止各自为战的现象。通过组成统一的执法领导小组，在行动方案、人员配备、时间安排等方面做到统筹安排、协调一致、共同出击，一举成功。

二、完善机制，强化跨区域联合执法组织建设

跨区域联合执法，能够有力促进行政执法，是当前我国执法工作的新探索，这种方式很重要，也很必要。然而，就目前情况看，各地环境执法部门的联合执法还无章可循，没有一套完整的可以遵循的联合执法规章制度，联合执法体系还没有建立起来，跨区域联合只停留在一种自发、临时和松散的层面上。

要充分发挥跨区域联合执法的作用，提高执法部门行政执法效能，当务之急在于尽快建立起跨区域联合执法体系。为此，必须建立以下保障：

（一）组织保障

各地执法部门应审时度势，提高对跨区域联合执法重要性和必要性的认识，加大在跨区域联合执法中人员和物

资的配备与投入力度，并适当组织和安排专门人员负责对外联合执法工作。同时，要加强联合执法部门之间的联系沟通，实现信息共享和优势互补。重点推进区域环境应急网络建设、区域环境监察执法标准化建设、污染源自动化监控网络建设和建立区域环保热线网络建设。增强区域内重点地段、流域、重点工程和重点生态保护区的环境执法协作能力，推进执法队伍规范化管理，保障区域开发与环境保护目标的实现，从而促进区域经济社会与环境的和谐发展。

（二）制度保障

"无规矩不成方圆"，只有建立起一整套完整可行的跨区域联合执法制度，在确定跨区域联合执法重要地位的同时，明确相关的联合执法措施、步骤及方式，才能从根本上改变当前普遍存在的联合执法松散低效的局面。建立奖惩考核制度，各级执法部门应将跨区域联合执法列入日常工作考核范围和业绩考评内容，制定出符合本部门实际情况的奖惩制度，通过定性评定、定量考核、奖优罚劣，确保区域联合执法工作的顺利开展。解决区域环境执法协作难的问题，必须打破地方保护主义，落实地方政府对环境执法负责，整合执法资源，逐步理顺体制、健全机制、强化法制、增强能力，切实加大环境执法力度。

三、强化监督，促进依法行政的顺利开展

高素质的执法监督队伍是区域联合执法、依法行政的基础，因此，建立高素质的环境执法监督队伍，应设立环

保队伍的人员入选和淘汰机制，保证高素质的人员进入到环境管理队伍，低素质的人员被淘汰出局；进一步明确各级环保部门纵向之间的职责和权限，避免上下级环保部门之间职能的交叉重叠或管理的空白区间，杜绝遇事推诿或越俎代庖的情况出现。

强化社会公众参与监督机制。应从法律制度上保障社会公众环境监督的地位、权利和途径，建立多渠道、多方式的公众监督体系，还可以推广有些地方聘请社会性的环境监督员，对检举揭发环境污染行为者给予奖励的经验，鼓励新闻媒体揭露违法排污、破坏环境的行为，形成政府行政监督和社会公众监督相结合的环境监督网络。

由于跨区域联合执法的人员来自于不同区域、不同部门，在实现相互间资源共享、互相促进的同时，客观上会形成相互监督和制约的氛围，这在一定程度上有助于减少人情案、关系案等，阻碍执法公正情况的发生。

四、合理组织，完善解决跨区域纠纷的协调机制

我国现有的环境纠纷解决制度，尽管对解决环境权益、维护社会稳定方面起了一定作用，但仍然存在一些很突出的问题。比如，缺乏环境与发展综合决策的观念、方法和措施，部门立法、利益分割，重行政手段轻市场手段、重法律条文结构完整轻法律实施条件设定，缺乏良好的统筹协调机制。法律部门相互之间缺乏统一的制度安排，经常引发法律之间的冲突。现有的法律没有为环境纠纷的解决提供合理的基础，如环境权没有成为我国公民的基本权利；仅规定了环境污染的损害赔偿责任，既没有确定环境污染

对环境造成损害的法律责任，也没有确定由于生态破坏引起的环境侵权责任；虽然确定了环境资源为国家所有，但并没有具体设定国家所有权在环境资源方面的代理人。在诉讼机制中，法院对环境纠纷的立案标准、事实认定、证据判断、法律适用无所遵循；在诉讼替代机制中，各种程序性规则更加缺乏，难以发挥应有的作用。

（一）重视纠纷的非诉讼形式

要高度重视纠纷的非诉讼解决方式，形成民间调解、行政调解、环境仲裁等各种独特的方式，建立人民调解委员会、仲裁委员会等民间调解机构。

建立全面的环境仲裁制度，是我国环境纠纷解决机制完善过程不可缺少的一环。扩大现有仲裁机构的受案范围，在省、自治区、直辖市人民政府所在地或根据需要在其他设区的市设立仲裁机构，把环境污染纠纷纳入其受案范围，并在仲裁委员会下另设环境仲裁分会，专门处理环境纠纷仲裁事宜。该仲裁分会可由环保部门代表、经济综合管理部门代表、人大常设机构代表组成，其办事机构可设在环保部门的执法机构。环境仲裁员由专职和兼职仲裁员组成，专职仲裁员由仲裁委员会在环保执法部门中聘请，兼职仲裁员由仲裁委员会从环境监测人员、律师、专家学者中聘请。

增加行政处理方式，形成行政斡旋、行政指导、行政调解、行政裁决等多种形式相结合的体系。对于行政斡旋和行政指导，应不具有法律强制执行力。

（二）建立解决纠纷的长效机制

建立完善区域纠纷排查化解的长效机制，上下游部门定期互通污染防治进展等情况，共同制定跨省界监测方案，开展同步联合监测和现场检查；当发生跨省界污染事故时，上下游部门协同处置，积极应对，同时加强跟踪协调，加强督查督办，保障协调合作机制的正常运行。

2007年西南环保督查中心先后就协调处置了陕川、川渝、湘黔等交界地区四起较大的跨省界水环境污染纠纷。2008年，云、贵、川、藏、渝等西南五省区市及相邻地区在成都签署备忘录，率先在全国建立区域水环境安全纠纷协调机制。西南地区是多条重要河流的发源地，由本地河流发生污染导致危及邻省的可能性很大。现行按行政区域分割治理的管理体制和各自为战的治理格局，已无法适应以流域为整体的水环境保护要求，更无法有效解决跨界水环境污染纠纷问题，此次协作机制的建立将一定程度上破解这些难题。此次协作机制主要体现在联系会商、信息通报、联合采样监测、联合执法监督等八个方面。每年定期或不定期由上下游环保部门共同主持召集联系会议，协商解决跨省界流域（区域）污染纠纷协调处理办法、措施等有关重大事项；上下游环保部门定期互通水污染防治进展、断面水质等情况，共同制定跨省界水质监测方案，开展同步联合监测和现场检查；当发生跨省界水污染事故时，上下游环保部门应协同处置，积极应对。同时，加强跟踪协调，加强督查督办，保障协调合作机制的正常运行。

五、注重长效，构建预警信息系统

打破行政区划对区域、流域的分割，协调各区域生态建设与环境治理工作同步实施，实现区域的可持续发展战略，应当建立区域协调和预警的长效机制。当前，应当在以下几个方面引起高度重视：

（一）必须明确区域协调和预警的主要内容

区域协调和预警，重点在于解决跨界、跨流域的环境问题，搜集综合区域内主要数据资料，筛选出重点环境质量因子予以监控；收集整理并通报重点污染物的总量排放及变化情况；协调处理跨界污染事故和纠纷；联合查处和打击跨界环境违法行为；关注重点污染物排放量较大的新建项目；建立主要江河流域的常态和紧急预警机制，确保水环境安全和水体功能符合要求。

（二）建立区域协调和预警的工作网络和基础数据库

区域内各省区市环保部门要尽快明确开展区域协调工作的相关机构、人员及工作职责，制定工作制度，落实工作经费，开展双方或多方区域协调工作；同时组织人员落实基础资料和相关数据的收集整理工作，建立相应的数据库，主要应包括：省区市环保部门的基本情况、相邻跨界的主要江河、湖泊、水库的水文资料和水质情况、重点污染物排放总量现状、重点污染物排放量较大的新建项目等环境信息资料。

（三）建立区域协调的统一平台，定期开展交流与合作

尽快建立区域环保网站，将其打造为本区域最大的环保信息交流平台，成为沟通各省区市政府、环保部门和公众的平台。建立区域环境月通报制度，定期通报区域内环境质量变化情况，针对不同情况分别向有关省区市发出预警。建立联席会制度，根据区域内的环境现状、双方或多方交流协作的情况及存在的问题，每年召开一次协调交流会，通报有关情况，协调解决存在的问题，交流分享合作的工作经验。

（四）建立区域统一的应急和预警机制

积极推动区域内建立统一的应急和预警机制，包括环境信息互通机制、环境案件联合调查和执法机制、定期会商机制、应急联动机制等。根据区域环境监测情况建立常态预警机制，提出区域内合理布局产业、积极调整产业结构、强化重点污染源的治理和监管、有针对性地削减重点污染物排放总量等建议；根据特殊气象条件和环境应急情况建立紧急联动预警机制，及时向有关省区市环保局提出限排或暂时关停部分排污大户的建议意见，确保环境质量符合要求。

（五）推动和促进双方或多方环保交流合作

本着互相谅解、互相配合、鼎立支持的原则，通过建立联席会制度，定期通报情况，定期交流经验，积极推进省区市环境保护部门进行双方或多方交流合作，加强双方或多方环保信息共享，推动区域多种联动机制的

形成与合作。

案例：

2008 年，由杭州市、湖州市、嘉兴市、绍兴市环保局领导成员组成的杭州都市经济圈合作发展协调会环保专业委员会（以下简称环保专业委员会）近日在浙江省杭州市宣告成立，作为这一委员会的主要工作内容之一，四市边界联合环境执法机制也由此产生。

杭州、湖州、嘉兴、绍兴四市相邻，其经济总量约占全浙江省的 60%，联手建立环保专业委员会具有重要意义。边界联合环境执法机制将根据四市的环境状况，集中执法资源，提高执法效率，共同解决边界地区、环境敏感区的污染问题，严厉打击各种环境违法行为。这一机制将为边界地区的污染防治以及共同打击环境违法行为搭建平台，推动边界地区环保工作向纵深发展，进一步探索和创新区域环保合作模式。四市还将定期召开环保联席会议加强信息交流与沟通，及时通报上下游之间的环境质量，重点是水环境质量情况，每年至少召开两次会议。同时，通过轮流编制工作月报等形式互相通报边界联合执法区域的有关环境信息。

为保障联合执法机制的落实，环保专业委员会要求各地根据本地区环境保护工作的重点，加强组织领导，建立专门的组织机构，明确主要职能、工作规则和工作要求。各地要按照"责任分担、利益补偿、互惠互利、互让互谅"的原则，确立杭州都市经济圈环境共同体的意识，着力突破行政体制壁垒，建立杭、湖、嘉、绍地区互利、互补、互惠的关系，通过环境执法的合作与交流，协商解决单个城市难以解决的环境问题。

　　有专家认为，杭、湖、嘉、绍四市边界联合环境执法机制的建立，有利于加快推进长三角南翼四个中心城市环境共保的进程，加强地区间环境合作，形成共同保护生态环境的局面，提升区域环境竞争力，促进杭、湖、嘉、绍地区社会经济的可持续发展。

第四节　借鉴与超越：
泛珠三角区域合作

泛珠江三角洲地区概念（即知名的"9＋2"经济地区概念）是 2003 年 7 月在国内正式提出来。泛珠江三角地区包含了中国华南、东南和西南的九个省份及两个特别行政区，它们是：福建、广东、广西、贵州、海南、湖南、江西、四川、云南、香港和澳门特别行政区。

一、泛珠三角区域合作的功能与效果

当代区域经济合作的模式是多样的，各种模式各具功能特色，又都有共同的特点即要素聚合的高密度化、区域市场一体化和区域利益的共同化。

（一）泛珠三角区域经济合作包含的功能整合趋向

1. 聚合要素，形成规模较大的竞合功能，形成区域规模经济功能。

2. 在区域分工和比较优势的基础上，形成优势互补功能。

3. 统筹规划，形成布局结构合理的产业结构优化功能，这是生产力空间结构理论的要求。

4. 通过贸易自由化形成共同市场，强化市场机制功能。

5. 机会均等与利益共享基础上形成利益共同体，强化利益驱动功能。

（二）泛珠三角区域经济合作包含的成果形成

1. 由区域自由化贸易市场推动形成。

2. 由龙头核心区向周边"技术低度区"辐射，通过"技术梯度转移"、"产业梯度扩散"逐步形成。

3. 由各地区培育本地区经济"增长极"或中心城市，通过多极点相互间的多向度扩散—连接—聚合而形成。

4. 通过政府政策干预以高密集的制度供给，包括统一关税、统一货币、统一法规体制甚至调整行政区划等手段强力整合而成。

5. 地缘因素、自然禀赋或历史文化因素长期积累而自然形成。

（三）泛珠三角区域合作模式的主要特点

泛珠三角区域合作是从本地实际出发而选择的一种新模式。这是一种"大跨度、多圈层区域协同推进"模式。其特点为：

1. 它是地域时空跨度较大、合作领域广阔的巨型经济圈。

2. 它的聚合和扩散呈多向度开放。

3. 它的结构是多级次、多层次复合结构。

4. 它的推进动力多元，进程是多极多向度分步推进。

二、泛珠三角区域合作的借鉴与超越

泛珠三角发展战略的构想，是中央精神与地方实际相结合的大胆尝试。它从统筹区域协调发展的层面上提出了一种新的发展思路、模式和战略。泛珠三角区域经济合作对在区域协调发展中正确处理好各种关系，具有积极的理论启示意义。

（一）一种破解发展难题的对策模式

建立泛珠三角区域经济合作从实践与理论结合上诠释了发展的本质、目的是什么，应以什么方法和途径促进协调发展问题；回答了怎样把科学发展观转化为实际的发展战略和政策措施问题，为破解当前我们在发展中所面临的"难题"提供了一种对策模式。当前我国区域经济发展中所出现的突出矛盾归纳起来主要是三个"不协调"：经济发展与社会全面发展不协调；经济发展中区域进程、产业结构、数量与质量等不协调；当前发展与长远可持续发展不协调。泛珠三角区域经济合作正是着眼于破解"难题"、解决矛盾而提出的，通过合作互动、统筹协调，将有利于逐步找到解决这些矛盾的办法，同时，提高我们破解"难题"的能力。

（二）一种观念创新：发展权力平等

建立泛珠三角区域经济合作体现了当代"发展权力平等"的基本思想。

发展权是当今各国、各区域普遍关注的基本权力，也是国际公认的一种广义的"人权"。WTO 以及其他各种国际经贸合作组织和协定，无一例外都要把照顾欠发达国家和地区的发展列为一个基本的原则，以避免合作中出现"强者恒强，弱者恒弱"的新殖民化状况。发展权平等问题在我国各区域间也同样存在。改革开放初期对部分地区实行的许多"特殊政策"措施，本质上是发展权的倾斜。尽管在当时是必要的，但它在地区发展权力上毕竟是一种"不平等"。当然，"权力平等"是相对的，"公平"与"效率"是一对永恒的矛盾。但是，通过积极的政府干预和制度安排，主要是通过市场经济体制和机制的完善，是有可能达到各地区在发展权力、发展机会上的相对平等的。

建立泛珠三角区域经济合作的意图之一就是把各地区"圈到"同一条起跑线上，携手共进，特别是让落后地区能在合作框架中提升发展的起点，增加发展的机会，由此来体现"发展权力平等"的思想，因此是具有重要的观念创新意义的。

（三）一个鲜明原则：利益兼顾、利益分享

泛珠三角区域经济合作贯穿着一个鲜明的原则：利益兼顾、利益分享。它以兼顾区域各成员利益为合作起点，把正确处理区内各省区自身利益与共同利益关系作为根本原则。区域合作根本上说是由利益所驱动，区域合作的过程是利益不断冲突和不断调整的过程。泛珠三角区域合作不仅突出了机会公平，而且还突出了利益分享，不是平均主义的分享，也不是"扶贫"式的恩惠，而是通过地区间的差异互补机制，让地区间的比较优势充分发挥出来，形成地区间按比较成本和比较利益原则分工合作的关系新格局。最终，一方面使区域整体利益最大化，另一方面也使各省区既能分享到区域合作的整体成果，又都能从中更多地得到各自的比较利益。

（四）一种立足当前，着眼长远的战略思路

建立泛珠三角区域合作是一个长期合作构想，是立足当前、着眼长远的战略思路，有利于正确处理区域发展中当前和长远、局部和全局的关系。在发展问题上，由于各自的条件不同，区域内各省区都有从本省区实际出发的地方性的短、中、长期发展规划。建立泛珠三角区域经济合作目的是要在各区域成员之间搭建一个沟通协商、统筹规划的平台，通过经常性的洽商对话，使区内各成员的当前和长远安排得到兼顾，使局部和全局关系得到协调，避免恶性竞争造成不必要的耗费和失误。在这点上，它的功能与国际国内的各种"经济区"、"贸易联盟"、"共同体"是相似的。

（五）一种多层次、全方位的合作模式

泛珠三角区域合作是一个区域紧密合作圈，它首先是"经济合作圈"，同时又是社会、文化合作圈。构建这种合作圈有利于各成员间区位空间上进一步紧密化，各种要素流动更加自由化。因此，它所带来的效应就不可能仅仅是经济合作成果，也必定有利于区域社会、人口、环境、科技、信息、文化诸方面发展趋于全面融合；有利于冲破区域各成员之间存在的相互的封闭性，代之以各省区之间共同构筑的内外大开放社会系统。由此，它启示我们应"以经济建设为中心"，同时注意社会各方面的全面发展，应从单纯追求"增长"的桎梏之中解脱出来，代之以"全面发展"的理念，从而保证现代化建设不脱离"以人为本"的健康轨道。

第十章
国际化的交流合作体系

在推进中国特色社会主义的伟大历史进程中，以胡锦涛为总书记的新一届党中央继承发展中国共产党人关于时代问题的基本战略思想，科学判断时代条件的发展变化，创造性地提出了一整套体现时代潮流、推动时代发展、引领时代前进的关于时代问题的基本看法。胡锦涛的时代观集中体现了新世纪新阶段中国共产党在时代问题上的重大理论创新，主要包括深刻变革论、和谐世界论、共同发展论、共担责任论和积极参与论五个方面内容。[1]

一、和谐世界论

求和平、促发展、谋合作，是不可阻挡的历史潮流，国际社会要"努力建设一个持久和平、共同繁荣的和谐世界"。

---

[1] 摘选自《瞭望》周刊发表的题为《胡锦涛时代观的中国主张》一文。

建设和谐世界体现在政治经济文化安全环保等各个方面。

政治上，要相互尊重、平等协商，共同推进国际关系民主化；经济上，要相互合作、优势互补，共同推动经济全球化朝着均衡、普惠、共赢方向发展；文化上，要相互借鉴、求同存异，尊重世界多样性，共同促进人类文明繁荣进步；安全上，要相互信任、加强合作，坚持用和平方式而不是战争手段解决国际争端，共同维护世界和平稳定；环保上，要相互帮助、协力推进，共同呵护人类赖以生存的地球家园。

建设和谐世界思想抓住和平、发展、合作时代这一历史契机，以"顺应时代潮流和人民愿望，妥善应对各种矛盾和挑战，为世界开太平，为各国创繁荣，推动人类社会更好地向前发展"为崇高使命，是对人类传统和谐思想的重大继承和弘扬，是当代中国马克思主义国际战略理论的划时代发展。建设和谐世界思想是胡锦涛时代观的核心内涵。

二、共同发展论

国与国之间"利益交融、休戚与共"，必须树立促进各国共同发展的时代思维，"更加注重交流合作、相互借鉴，更加注重互利共赢、共同发展"。

胡锦涛主张"用更全面的观点看待发展，促进共同繁荣"；"以宽广深邃的战略眼光、以互利共赢的时代思维"审视和处理国家关系。国与国之间"应该客观认识和正确对待对方的发展，相互视为合作双赢的伙伴，而不是零和竞争的对手；相互支持对方和平发展"。要加强发展中国家同发达国家的对话，增加发展中国家在对话形式、议题设定、对话成果等方面的发言权，建立平等、互利、共赢的新型全球发展伙伴关系。发达国家要切实帮助和支持广大发展中国家加快发展，从体制机制等基础问题入手，改革和完善国际经济、贸易、金融体制，建设可持续发展的世界经济体系、建设包容有序的国际金融体系、建设公正合理的国际贸易体系、建设公平有效的全球发展体系；要在减免债务、开放市场、转让技术等方面兑现承诺、付诸行动。发展中国家间要促进合作，不断拓展经贸合作领域，促进合作方式多样化，实现优势互补、互利共赢、共同发展。

共同发展论抓住促进各国共同发展繁荣这个关键问题，揭示了人类社会走向开放和整体发展的趋势，深刻阐明当今时代条件下各国实现发展繁荣的内在一致性。既维护国家利益至上原则，又大力提倡兼顾共同利益，为破解当今时代"发展之谜"指明了方向。

三、共担责任论

国际社会应树立共同责任意识，从人类生存和发展的高度多方入手，统筹兼顾，"携手应对"全球性重大挑战和威胁。

坚持"各方遵守责任共担原则"。

胡锦涛认为，妥善应对全球性重大挑战和威胁，"是世界各国的共同责任"。应对气候变化，主张要坚持《联合国气候变化框架公约》及其《京都议定书》的主渠道地位，相关国际合作应该遵循"共同但有区别的责任原则"。发达国家应该正视自己的历史责任和当前人均排放高的现实，严格履行《京都议定书》确定的减排目标，继续承担中期大幅量化减排义务；未批准议定书的发达国家也要作出可比性贡献；发展中国家应该根据国情，在发达国家资金和转让技术的支持下，尽可能减缓温室气体排放，努力适应气候变化。建立有效的资金机制，发达国家应承担向发展中国家提供资金支持的责任；通过有效机制安排，促进环境和气候友好型技术向发展中国家推广、普及、转让，提高发展中国家应对气候变化的能力。关于应对国际金融危机，胡锦涛提出，主要发达经济体应该承担应尽的责任和义务，实施有利于本国和世界经济金融稳定和发展的宏观经济政策，积极稳定自身和国际金融市场，维护投资者利益，反对各种形式的贸易投资保护主义。同时，各国应该加强宏观经济政策协调，落实国际金融体系改革，深化国际金融监管合作，共同推动世界经济复苏。要强化企业特别是跨国企业的全球责任。

共担责任论从人类整体利益和共同命运出发，积极探索促进世界协调可持续发展的新途径新举措，提出了一系列有效应对和化解全球性重大挑战和威胁的正确原则和方法。特别是其中关于发展中国家要"承担应尽责任"的思想，是正确把握当今时代发展中国家整体实力增强、在国际政治经济领域影响和作用越来越大的趋势上提出的科学论断。这一思想的提出及其实践显示了发展中国家全球责任意识的觉醒，有利于推动发展中国家在国际事务中发挥更大作用，使国际格局和国际秩序朝着更加积极和合理的方向演进。

第一节　推进生态文明
国际合作主体多元化

事实证明，任何一个国家都没有能力单独解决生态环境问题，即使是一个国家内部的生态环境问题，往往也需要其他国家的支持和帮助，因此国际生态环境问题的解决必须依靠国际合作。国际合作是集体行动的基础，只有合作，才能解决国家间存在的利益差别，解决由于生态环境问题所导致的矛盾，把共同利益放在首位，取得共识，展开协调行动。国际交流与合作，需要针对不同的工作性质，从立法层面、政府层面、企业层面以及科研层面等多渠道展开。

一、立法方面：宣传与借鉴并重

改革开放以来，纵观 30 年全国人大的议会外交历程，我们可以清晰的看到，改革开放越深入越发展，全国人大对外交往的范围就越广阔，内容就越丰富。改革开放改变了世人对中国"封闭、专制、落后、贫穷"等不良印象，也使全国人大的对外交往进入了一个又一个新的历史阶段。正是从这个意义上说，全国人大的议会外交是中国对外关系的一个缩影，是我国总体外交的重要组成部分，具有不可替代的重要作用。全国人大的议会外交以其交往的灵活性，极大地丰富了我国外交的形式。一方面，议会交流机制灵活，可以通过各种途径对议员施加潜移默化的影响，从而影响一个国家立法机关和外交政策的选择。欧洲议会议长博雷利在 2006 年实现首次访华后曾表示："此次对中国有了全新的认识。了解真实的中国，是消除误解、解决问题的最好途径。"另一方面，议会交流内容广泛，双方都是民意代表，可以就双方关心的、关切的一些重要问题、敏感问题，包括双边之间的一些矛盾和误解进行交流，以配合国家的总体外交目标。全国人大作为国家最高立法机关，其日常对外交流主要还是立法交流。通过这些交流，借鉴外国在议会立法方面的可供我们吸取的营养，从而对改革和进一步完善我国的立法制度，实现依法治国，建设法制国家起到不可或缺的作用。

在全球生态环境问题日趋严重的今天，全国人大坚持对外交流与合作，对于了解国外先进的立法经验，完善我国的环境资源立法工作具有重要的意义。针对我国当前环境资源立法方面尚有很多需要完善的地方，立法机关积极不断同国外议会的交往，广泛开展环境立法方面的交流与合作，积极参加联合国环境与发展大会、气候变化立法者论坛等国际会议，通过外出访问和调研，以及接待国外相关的议会代表团等形式开展对外交流与合作。同时，与世界银行、亚洲开发银行、联合国开发计划署等国际机构进行充分合作，开展循环经济、自然保护区和环境保护等方面的立法研究。在国际交往与合作中，着重宣传我国近年来在生态建设和环境保护方面取得的成就，介绍我国在环境与资源保护方面的立法和执法情况，阐明我国在重大环境问题上的原则和立场，了解国外议会在环境与资源保护方面的立法经验，掌握国际环境保护领域的最新动态。通过国际交往，增进双方的了解，不断加强和完善我国的生态环境立法与监督工作。

除了全国人大对外交流与合作之外，省一级人大和具有立法权的市一级人大也都应该根据实际情况，积极开展与国外相关机构的交流与合作，充分借鉴国外先进的立法经验，制定符合本地实际需要的规章制度。同时还要根据本地区的发展状况，充分展示区域在生态建设和环境保护工作中所做出的努力以及取得的成效，并广泛跟国外的相关机构加强合作，争取更多的支持和帮助，为区域的生态文明建设提供更多的资金、技术和人才来源，为区域的可持续发展增强后劲。

二、政府方面：交流与合作同步

在全球化的时代，各国在生态建设和环境保护问题上有着共同的利益，这就为国际合作提供了坚实的基础。和平、发展、合作成为时代发展的必然要求。在政府层面上，在国际生态安全合作中主要应该做好以下几个方面工作：

（一）积极推行和平与发展的环境外交政策

双边环境外交应成为中国环境外交的重点。截至2006年，中国先后与42个国家签署了双边环境保护合作协议或谅解备忘录，初步建立起覆盖五大洲的双边环境合作框架。我国的双边环境外交以周边邻国为重点，同时与发达国家保持密切的环境合作。大力开展区域性和多边环境外交。区域性环境外交已构成中国环境外交中重要的一环。中国重要的多边环境外交活动包括：围绕参加联合国环境与发展大会，中国政府积极参加了全部四次实质性筹备会议，提出设立"绿色基金"等一系列建议，并派出大型政府代表团出席了联合国环境与发展大会。

（二）积极参加有关生态安全的谈判与活动

环境外交中维护国家权益最有效的方法之一就是积极参与国际环境立法。我国应从发展中国家的利益出发，积极参与加强生态立法和督促执行生态立法的行动，通过参与国际环境法规则的制定，使其最大限度地符合发展中国家的利益和政策。

出于对全球生态安全高度负责的态度，中国一直以来积极参与和切实履行国际环境立法和相关决议的制定。截至目前，中国已参加了《联合国气候变化框架公约》等50多项涉及环境保护的国际条约，并积极履行这些条约规定的义务。同时应充分利用我们所参与制定的相关法律和决议，根据《联合国宪章》和联合国大会通过的有关环境问题的决议，以及《世界大自然宪章》、《里约宣言》等现行的环境保护公约，在坚持"可持续发展"、"尊重国家主权"、"不损害他国环境"、"共同但有区别"以及"损害预防"等国际环境法原则的前提下，积极参与国际社会现在和将来有关环境问题的讨论、谈判以及法律文件的起草和制定。

在维护自身环境利益的同时，我们还要充分发挥中国在国际组织中的影响力，推动环境工作发展。中国积极参加联合国环境与发展大会等国际会议，并为《联合国气候变化框架公约》等重要国际环境公约的起草和通过作出了重要贡献。例如，在控制温室气体排放的《联合国气候变化框架公约》谈判中，我国鲜明的提出"这是无视发达国家的排放是'奢侈性排放'，而发展中国家的排放是'生存性排放'的基本事实，是不公平、不现实的"，从而在《公约》中明确了南北双方的责任是"共同的但有区别的责任"。

（三）不断创新和发展国际合作形式

1. 充分利用双赢的合作方式。要按照尊重需求原则、双赢原则及整合资源的原则，在生态环境招商引资，转变投资融资的方式，提高投资融资的水平，促进资金要素的优化配置。我国需加快与国际接轨的步伐，引进国外流行的投融资方式用于环保设施的建设。

2. 构建合理流动的人才交流机制。目前国际上人才交流的形式也是多种多样的，世界上各国应根据本国具体情况因地制宜地综合利用各种人才交流模式。

3. 大力发展生态科技合作。国际科技交流与合作是国际科技发展本身一个不可或缺的组成部分，是促进一个国家科学技术发展的一项重要手段。为了弥补我国生态与环境保护技术上的不足，维持和增强我国环保事业的技术创新能力，需要加强科技合作，引进国外先进的环保技术。

三、企业方面："请进来"与"走出去"并举

（一）国际生态环境挑战

1. 应对新的约束性指标

随着经济社会发展和对环境质量要求的提高，污染物

排放控制也会更加严格。在即将到来的"十二五"期间，氮氧化物、水体氨氮等污染物很有可能像"十一五"的二氧化硫和化学需氧量一样，作为约束性指标。随着新的约束性指标出台，企业需要为达标排放选择一条性价比高的技术路线。企业治污不仅关心达标，更关心成本。自主创新能力不强、重点领域的关键技术长期以来没有取得大的突破，是我国环保产业目前发展中的一个重要问题，这也让相关企业在治污路线的选择上面临困难。

2. 公开环境信息压力增大

公开企业环境信息，就是要通过舆论力量去规范公司的环境行为，加强公众对企业的监督。随着社会环境意识的增强，企业一定会感受到来自证券交易所、公众、民间环保组织越来越大的压力。

正在进行试点的企业环境风险评估，将企业环境风险进行量化，摸清企业环境家底。这不仅可以为环境污染责任保险、绿色信贷服务，也将推动环保工作从被动变为主动。

3. 低碳发展成现实挑战

低碳发展已经从高端概念变成了现实的需求和挑战。2009年11月26日，中国政府公布温室气体减排目标：到2020年我国单位国内生产总值二氧化碳排放比2005年下降40%—45%，作为约束性指标纳入国民经济和社会发展中长期规划，并制定相应的国内统计、监测、考核办法。10天之后，全球进入哥本哈根时间，中国企业家首次参与其中，并庄严承诺：中国企业将积极响应和配合中国政府环境保护的国际承诺，努力探索与自然和谐的低碳经济增长方式，使企业成为认真承担经济增长、生态保护和社会发展责任的企业公民。

4. *产品环境标准日趋严格*

一直以来，国内对企业污染的关注更多地集中在生产环节，主要看企业污染物排放是否达标，对产品本身的环境标准问题尚没形成气候。但是，随着参与国际贸易的企业越来越多，必须适应绿色贸易壁垒的核心内容：即产品自身的环境标准将成为准入门槛。事实上，对产品环境标准的忽视，让很多以出口为主的中国企业在国际市场上损失惨重，因不符合进口国环保要求而被退货的情况每年都会出现。像 ROHS、WEEE、EUP、REACH 这样的环保法令，一直是中国出口企业面对的挑战。不进则退。要适应严苛的规则，实现可持续发展，企业需要把环境目标纳入运营目标框架之中，并使之有机地融为一体。在这方面，中国企业还有很长的路要走。

5. *海外投资环境监管严格*

在国内，环境监管日趋严格。而对于走出去的中国企业，无论是国家层面的援建项目，还是企业自身海外版图的扩张，都必须重视环境保护，把环保作为自身发展战略来对待，否则很可能碰到雷区。

2010 年，环境保护部、商务部联手，发布海外投资及援建项目的环保指南，规范"走出去"企业的行为，规避环境及社会风险。指南将要求中国海外所有在建和已建项目配套必要的环保设施，如污水和垃圾处理设备等。同时，中国在海外投资或参与援建的企业须对建设项目进行环境影响评价，并对项目带来的生态破坏进行补偿。

（二）实施"请进来"战略

国内企业在发展过程中，往往会遇到管理不力、资金不足、技术落后、人才匮乏等问题。

1. 引进国外先进管理经验

国内企业在发展过程中往往会由于管理经验不足、管理水平不高，导致企业生产效率低下、生产成本偏高，从而影响企业自身的盈利水平。发达国家的企业在人力资源管理、财务管理、生产运作管理以及市场营销管理，都有一套比较成熟的管理经验，尽管这些经验并不都是适用于国内企业，但是至少可以作为一种借鉴，从别人的管理中悟出一些道理，用来改善国内企业的管理，建立起国内企业符合实际的现代化管理制度，提高企业的管理水平，增强企业的核心竞争力。

2. 引进国外资本

企业在对外合作的过程中，常常感到资金不足，需要利用国外资金为企业的发展服务。打算利用外资的企业，首先应当选择符合国家产业政策的建设项目，属于国家鼓励的利用外资的方向。要吸引外资投向国家鼓励发展高新技术产业、农业、基础设施等产业，以使传统产业的改造和技术升级。其次，项目应当符合当地今后若干年经济、社会发展的需要，列入地区发展规划，并考虑当地的基础设施、资金配合等因素。项目应当得到当地政府及计划、建设等部门的支持和认可。

3. 引进国外先进技术和人才

有条件的企业要积极引进国外先进技术。金融危机在对经济发展带来不利影响的同时，也为我们低成本引进国外先进技术带来机遇。各企业要想方设法引进制约企业发展的关键技术，相关政府部门也要加大工作力度，积极帮助企业做好引进国外先进技术工作。同时，还要大力引进优秀人才。要抓住国家实施海外高层次人才引进计划的机遇，加大人才引进工作力度，争取从国际上引进更多的优秀人才。

通过引进资金、技术、人才以及先进的管理经验等，不断提升企业的竞争能力。

（三）实施"走出去"战略

有条件的企业还要实施"走出去"战略。在新形势下我国推进企业国际化战略的基本选择是：以企业为主体，以高效的公共与中介服务为辅助，全面提升生产要素跨境流动水平；加强海外能源资源合作开发；渐进推动从生产制造向研发和市场营销环节延伸，从制造业向服务业延伸。企业走出去开展国际化经营，无论是对外投资、对外承包工程、对外劳务合作，还是合作开发资源、拓展产品市场，走出去的主体理所应当是企业。

在我国各类企业中，民营企业更具走出去的优势条件。民营企业诞生于市场经济，对市场反映敏感，善于捕捉市场信息，把握机会，这是民营企业的先天优势；民营企业产权清晰，责任明确，风险自担，既不要国家投资，也不要政府承担风险，这是民营企业的产权优势；民营企业机制灵活，决策果断，工资分配、营销方式完全自主，具有较强的市场适应能力和规避风险能力，这是民营企业的机制优势；民营企业在人力资源管理、生产资料使用、企业历史包袱等方面具有比较优势，尤其在劳动密集型行业，成本优势更为明显，这是民营企业的成本优势。目前在浙江、福建等省区，民营企业已经成为走出去的主力军。今后，民营企业将会也应当成为我国实施走出去战略的重点。

企业走出去必须坚持互利共赢、共同发展。互利共赢是我国对外开放的立足战略，也是企业开展国际化经营的成功之道。要想真正融入当地经济和社会，实现从走出去向走进去、走上去的转变，走出去企业首先必须树立合作的理念、共赢的精神，在互利互惠的基础上实现共同发展。走出去企业既要注重经济效益，又要讲求政治利益；既要坚持以我为主、为我所用，维护企业效益和国家利益，又要遵守当地的法律法规、文化传统和风俗习惯；既要在当地开发资源，拓展市场，又要注意当地环境保护，重视企业社会责任，树立自身良好形象。对发展中国家，特别是那些经济还比较落后的国家，更要着眼长远，有取有舍。如中兴、华为等企业在印度、保加利亚之所以能站稳脚跟并打开局面，重要原因是这两家企业在本土化管理、互利互惠、互利共赢方面做得比较成功。

为加快推进实施走出去战略，更好地在全球范围内促进我国产业结构调整，更有效地利用两种资源、两个市场，必须全面加强对走出去的引导、协调、服务和管理，重点从加快立法进程、转变政府职能、完善政策体系、加强自主创新、协调整合力量、提升沿边开放等方面寻求突破。

四、科研方面：创新与学习结合

科学技术是第一生产力。高校、科研院所是技术创新的主阵地。要实现我国经济的又好又快发展，必须以科技为先导，以科技为动力，以科技为支撑。通过产学研密切合作，促进技术创新，推动产业结构升级和机制转换。鉴于目前全球经济一体化进程的不断加快，世界经济在融合，技术也在不断融合。特别是在世界共同应对生态环境问题上，技术的合作越来越密切。在科研方面，我们既要坚持独立自主的研发，开发出一大批具有自主知识产权的技术，又要不断的学习和借鉴国外的先进技术，缩短研发周期，减少研发成本，提高研发的效果。

政府及有关部门要充分认识对外交流与合作在生态文明建设、科技创新、经济和社会发展中的特殊重要作用，把加强对外科技交流与合作工作提到重要议事日程。要通过多种渠道和形式，加强对外科技交流与合作的宣传，提高科研院所、高等学校、企业和全社会对外科技交流与合作的意识，营造对外科技交流与合作的良好社会氛围。

加强与国内外科研院所、高等学校和大型企业集团的广泛联系，有针对性地举办和参加国内外学术交流、技术合作、产品交易和专题论坛等活动，多形式、多渠道地为有关科研院所、高等学校和企业搭建对外科技交流合作平台，建立对外科技交流与合作的长效机制。

案例：

中新天津生态城是中国、新加坡两国政府战略性合作项目，是继苏州工业园之后两国合作的新亮点。生态城市的建设显示了中新两国政府应对全球气候变化、加强环境保护、节约资源和能源的决心，为资源节约型、环境友好型社会的建设提供积极的探讨和典型示范。

中新天津生态城是第一个国家间合作开发建设的生态

城市；选择在资源约束条件下建设生态城市；以生态修复和保护为目标，建设自然环境与人工环境共熔共生的生态系统，实现人与自然的和谐共存；以绿色交通为支撑的紧凑型城市布局；以指标体系作为城市规划的依据，指导城市开发和建设的城市；以生态谷（生态廊道）、生态细胞（生态社区）构成城市基本构架；以城市直接饮用水为标志，在水质性缺水地区建立中水回用、雨水收集、水体修复为重点的生态循环水系统；以可再生能源利用为标志，加强节能减排，发展循环经济，构建资源节约型、环境友好型社会。

第二节 突出生态文明建设
国际合作重点战略

一、应对全球气候变化

（一）气候变化已经成为全球普遍关心的重大问题

近年来，气候变化问题日益成为国际社会的一个热门话题，并逐渐被各国政府所重视。究其原因，气候变化不仅是气候和环境领域的问题，而且是一个涉及到人类社会的生产、生活及生存等社会和经济发展的重大问题。气候变化领域的国际谈判，成为各主要国家利益集团政治、经济、科技、环境与外交的综合较量。解决气候变化问题，就是减少温室气体的人为排放。但是，由于各个国家利益集团存在利益冲突，由谁来减、如何减、减多少等问题上分歧严重。从长远看，各国都希望使自己免受气候变化带来的灾难；而从近期看，又不愿意因自行减少温室气体排放，否则会限制或影响本国的经济和社会发展，所以总是寄希望于其他国家减少排放而本国受益。

（二）世界应对气候变化采取的共同行动

气候变化对人类的影响是全方位的，没有哪一个国家能够幸免，应对气候变化也不是哪一个国家能够单独承担的。实践证明，全球合作是应对气候变化的关键，需要充分考虑各国的具体国情、发展阶段、历史责任、人均排放等因素，正视历史，立足当前，着眼长远，开展长期、广泛的对话和务实合作。

气候变化问题作为全球环境问题的典型代表，于 20 世纪 80 年代末期登上国际政治舞台。以政府间气候变化专门委员会（IPCC）的科学评价活动为背景，气候变化问题被列为影响自然生态环境、威胁人类生存基础的重大问题，国际社会开始通过政治谈判寻找具体对策。《联合国气候变化框架公约》和《京都议定书》就是应对气候变化全球性问题应运而生的产物，而其发展过程也是一波三折。

1. 联合国气候变化框架公约

1990 年 12 月，联合国大会决定为缔结防止气候变化公约开始政府间谈判。1992 年在巴西里约热内卢召开的联合国环境与发展大会上达成了防范全球气候变暖的《联合国气候变化框架公约》。公约的最终目标是："将大气中温室气体浓度稳定在防止气候系统受到危险的人为干扰的水平上，而且实现稳定在这一水平的时间范围应当足以使生态系统能够自然适应气候变化、确保粮食生产免受威胁并使经济发展能够可持续地进行。"虽然公约明确了"共同但有区别的责任"的原则，但是在政策上却无法落实。

2. 京都议定书

1997 年 12 月，第三次缔约方会议制定了第一个为发达国家规定了量化减排指标的国际法律文件——《京都议定书》。但没有为发展中国家规定任何减排或限排义务，符合"柏林授权"的精神和规定。规定发达国家在 2008 年 ~ 2012 年内要将其二氧化碳等温室气体排放在 1990 年的水平上平均减少 5.2%，而对发展中国家未规定减排义务，在 2005 年 2 月 16 日正式生效。

3. 巴厘路线图

2007 年 12 月在巴厘岛召开的联合国气候变化会议中，全球各地的政府——其中包括发达和发展中国家一致同意加强应对气候变化的努力，并通过了"巴厘路线图"，巩固了《公约》和《议定书》的国际法地位，为下一步的国际气候谈判确定了具体目标和方向，列出《联合国气候变化框架公约》之下新的谈判进程。

4. 哥本哈根会议

政府间气候变化专门委员会于 2009 年底召开了哥本哈根会议，讨论新的国际减排合作框架。为了避免气候变化造成最坏的影响，国际社会必须立即行动，采取行动越晚，付出的成本就会越高。为了与《京都议定书》第一承诺期衔接，避免国际气候制度出现"真空"，，新的国际气候协定必须要在 2013 年生效。2009 年作为达成协议的最后期限已经基本上成为国际共识。然而，2012 年后国际气候制度的谈判进程困难重重，其谈判的焦点在于设定温室气体减排的全球中长期目标以及发达国家与发展中国家的利益分摊，尤其是几大利益集团之间以及主要大国之间的博弈。

国际社会携手合作应对气候变化，但实际进展离我们期待的目标尚有较大差距。国际社会应当牢固树立帮助别人就是帮助自己、损害别人就是损害自己的理念，积极应对气候变化，共同建设美好家园。为应对气候变化而影响发展目标的实现，或者无视气候变化威胁而片面追求经济增长，都不符合国际社会的共同利益。当前气候变化主要是由于发达国家长期累积排放造成的，广大发展中国家特别是最不发达国家和小岛屿国家适应气候变化能力弱，由他们承担气候变化的严重后果是有失公允的。发达国家应当改变不可持续的消费模式，大幅度降低温室气体排放，并帮助发展中国家走适合国情的可持续发展道路，努力实现经济发展和应对气候变化的有机统一。

（三）我国在应对气候变化中采取的措施及立场

2008 年 7 月，胡锦涛总书记在"经济大国能源安全和气候变化领导人会议"上阐述了我国在应对气候变化上的原则和立场：气候变化国际合作，应该以处理好经济增长、社会发展、保护环境三者关系为出发点，以保障经济发展为核心，以增强可持续发展能力为目标，以节约能源、优化能源结构、加强生态保护为重点，以科技进步为支撑，不断提高国际社会减缓和适应气候变化的能力。气候变化问题，从根本上说是发展问题，应该在可持续发展框架内综合解决。各国发展阶段不同、科技水平不同、所处环境不同，应该本着共同但有区别的责任原则，为应对气候变化积极作出自己的努力，并力求有所作为。

我们国家一直高度重视应对气候变化，并且采取了一系列的重大措施。在"十一五"规划纲要中把节能和减排作为约束性目标，要求 2006 年至 2010 年单位国内生产总值能源消耗比"十五"期末降低 20% 左右，主要污染物排放总量减少 10%，森林覆盖率提高到 20%，在发展中国家中率先颁布了应对气候变化国家方案，中央财政投入了 423 亿元资金，支持十大重点节能工程建设和环保设施建设。逐步建立健全节能减排指标体系、监测体系、考核体系和目标责任制，推动节能减排取得成效。"十一五"规划的前三年，单位国内生产总值能耗累计已下降 10.08%。在十一届全国人大二次会议上，温家宝总理在政府工作报告中明确指出，要有力的实施应对气候变化国家方案，积极推进中央和省级应对气候变化能力建设，健全各级领导管理机构，倡导编制与实施省级应对气候变化方案，组织开展低碳经济试点，推动清洁发展机制项目的国际合作，加强减缓和适应气候变化技术研发，并且在调整经济结构、财政、税收、价格改革以及政府采购上给予支持，确保把节能减排工作贯彻到生产、流通、分配、消费和再生产的全过程之中，使其形成全民的自觉行动。

全国人大常委会近年来先后制定了可再生能源法，修订了节约能源法，推动能源的节约、高效利用，大力发展可再生能源，优化能源结构，减少温室气体排放，为建设"资源节约型，环境友好型"社会提供了法律依据。2008 年 8 月，全国人大常委会通过了《循环经济促进法》，积极推进资源利用减量化、再利用、资源化，从源头上减少污染物的排放。循环经济在全国范围内发展较快，初步探索并形成了企业、园区、社会三个层面的循环经济发展模式，全国在钢铁、有色金属、纸浆等产品已有近三分之一左右的原料来自再生资源，水泥原料的 20%、墙体材料的 40% 来自于工业固体废物。这不仅对改善我国的环境质量做出了重大成就，而且也为世界应对气候变化做出了力所能及的贡献。

中国长期以来不仅积极参加和支持《公约》和《议定书》框架下的有益活动，努力促进《公约》和《议定书》的有效实施，认真履行我们在《公约》和《议定书》下应尽的义务，还高度重视应对气候变化的双边合作，先后已同许多国家和地区建立了气候变化对话与合作机制，谋求形成合力解决问题。

二、加强能源开发利用

保障能源安全，必须加强合作，其中主要是加强国际合作，这是构建安全能源体系不可或缺的手段。为此，我们必须坚持"节约优先、立足国内、多元发展、保护环境和加强国际互利合作"的方针，努力构筑稳定、经济、清洁的能源供应体系，进一步扩大国际能源合作，通过多种方式适度利用国外资源，作为国内能源供应的必要补充，继续积极参与国际能源双边及多边合作，加强与国际组织和跨国公司的对话与合作，共同维护国际能源市场稳定。

中国是国际能源合作的积极参与者。在多边合作方面，中国是亚太经济合作组织能源工作组、东盟与中日韩（10＋3）能源合作、国际能源论坛、世界能源大会及亚太清洁发展和气候新伙伴计划的正式成员，是能源宪章的观察员，与国际能源机构、石油输出国组织等国际组织保持着密切联系。在双边合作方面，中国与美国、日本、欧盟、俄罗斯等许多能源消费国和生产国都建立了能源对话与合作机制，在能源开发、利用、技术、环保、可再生能源和新能源等领域加强对话与合作，在能源政策、信息数据等方面开展广泛的沟通与交流。在国际能源合作中，中国既承担着广泛的国际义务，也发挥着积极的建设性作用。

中国参与国际能源合作，应该选择多层次的国际能源合作对象、多元化的国际能源合作方式。多渠道的国际能源合作形式、多领域的国际能源合作内容。

（一）多层次的国际能源合作对象

中国在国际能源合作中的合作对象应是多层次的：既包括各国政府，也包括超国家组织、政府间组织、跨国非政府组织，还包括跨国公司。要加强与石油输出国之间的国际能源合作。目前世界主要能源出口国包括俄罗斯、波斯湾国家、北非国家、拉美国家等，主要能源进口国包括美国、西欧国家、日本等。中国和这些国家在能源领域既存在着一定程度的竞争，又有合作的巨大潜力。要与国际上的原油消费大国，如美国、日本、印度和韩国增加沟通和对话，在竞争的同时加强合作，减少或避免摩擦；要加强与世界性的石油输出和消费组织。通过并购、参股、投标等途径直接与能源生产国进行能源项目合作外，还要利用多种方式获得项目。

（二）多元化的国际能源合作方式

中国参与国际能源合作，应采取多边、区域、双边等多元化合作方式。多边能源合作是目前国际能源合作中最为重要的合作方式，中国应广泛参与各国际能源组织的活动，争取在现有国际能源秩序中拥有更多的话语权，在新的国际能源秩序形成中拥有更强大的影响力；有选择地参加部分国际能源组织，避免卷入不同取向组织间的纷争；充分利用各组织制定的于己有利的规则，保障自身能源安全，谋求最大能源利益；推动能源输出国、消费国、过境国的各类组织，开展广泛的全球对话，完善世界能源政治和多边能源外交机制，实现能源利益的平衡和全球能源市场的稳定。

开展双边能源合作，中国应制定并实施长期能源合作纲要，与涉及中国能源利益的重点国家发展合作，加强中国能源方面的共同外交和对外经济政策，建立和完善相应的能源合作机制等。要重视与不同地区主要石油生产国发展双边关系，中国的能源战略要求石油天然气外部供应的多样化，应加强与北非国家进行能源对话，重视发展同黑海—里海国家间的地区合作，发展与地中海国家的合作，发展同波斯湾石油生产国的双边关系，合作目标是扩大这些国家和中国之间的相互依存，同时通过采取签订自由贸易协定等方式加强双方的广泛联系。

（三）多渠道的国际能源合作形式

中国应采取国际能源贸易、国际协议合作、国际投资合作等多渠道的国际能源合作。在国际能源贸易方面，中国应制定和实施积极的能源进口战略，努力开辟质优、价廉、稳定的多种进口渠道。中国应努力实现石油进口来源地多元化，除了在中东、北非、中亚、俄罗斯和中国南海等石油资源富饶地区参与竞争外，还要参与西非、拉美、东南亚和大洋洲等地区的能源开发与合作，寻求广泛的海外油气资源来源，以拓宽中国能源安全的国际空间，努力实现能源进口来源的多元化。中国应积极参与国际石油期货市场交易，减少价格波动风险。中国是实际重要的石油消费国之一。但目前中国在国际石油市场格局中还没有得到相应的地位。所以应在风险可控的情况下，积极、稳妥地参与国际石油期货市场的交易，在规避价格风险的同时，争取更大的国际石油定价话语权。

国际能源协议合作是国际能源合作的重点，涉及能源技术贸易、能源服务贸易、能源勘探、开采、新能源开发、能源与环境合作等内容。本着"共同合作、共同开发、共同受益"的原则，中国能源企业应继续保持与有关国家和企业的良好合作的广度和深度。可以采取上下游结合、贸易与投资项目结合、合作项目与劳务输出结合、投资与引资结合等多种形式，探索各种办法进行能源合作。国际能源投资合作方面，中国应鼓励中国企业走出去，采取直接投资的方式，努力开拓海外能源市场，尽量多地争取海外能源，扩大国际能源份额。

（四）多领域的国际能源合作内容

从总体上看，能源合作可以涵盖油气资源的勘探、开发和运输、储备、加工和环境保护等各个能源环节和领域，在能源使用技术、节能技术、环保技术、管理体制、相应法律法规建设等方面中国都可以与世界各国展开合作。应该以"提高效率、保护环境、保障供给、持续发展"为基本法律依据，提高能源的开发和利用效率。中国对世界能源市场的依赖性和影响逐渐增强，同时也给世界能源及环保产业带来了巨大的市场和机遇。中国与西方石油消费大国在开发新能源与可再生能源、节能、提高石油利用率、保护环境等方面具有广阔的合作空间。中国政府应积极加强与世界各国的能源信息交流，促进国际能源信息数据透明度，加强国际能源市场稳定。除了官方层面的合作机制外，中国应加强民间与学术界的国际交流与对话机制，把中国与各国的能源互利合作关系不断推向新高度。

中国应成为国际能源合作的积极参与者。国际能源合作中存在不平等性和不均衡性，中国应致力于通过国际能源合作促进未来全球能源的平衡。中国政府应视能源优势为带动经济发展、谋求地缘战略利益的重要依托，开展积极主动的能源外交，广泛开展与不同的国际能源活动主体间的"能源关系"，并依据中国国家利益采取有所区别的能源外交政策。通过参与国际能源合作，保障中国的能源安全，维护国际能源市场的稳定，促进中国及世界经济的健康发展。

三、提高科学技术和管理水平

落实可持续发展战略的根本出路在于技术进步和技术创新，只有科技进步，才能从根本上解决我们面临的各种资源短缺与环境破坏问题。为实现我国跨世纪的战略目标，我们必须加强科技与管理的国际合作，大力引进世界上先进的环境保护与资源利用技术、思想理论和管理方法，通过科技的跳跃式发展，尽快缩小与发达国家的差距，解决主要的环境资源问题，保障国家环境资源安全，提高我国的综合国力。例如，为了提升可再生能源与新能源在中国和全球的发展和应用技术水平，共同应对全球气候变化，我国将积极推进可再生能源与新能源国际科技合作计划。这一计划由科技部与国家发改委联合发布，旨在解决我国能源利用中存在的关键和迫切问题，带动国际社会共同参与到可再生能源与新能源的发展中来，共享可再生能源创新成果。根据这一计划，太阳能发电与太阳能建筑一体化、生物质燃料与生物质发电、风力发电、氢能及燃料电池等基础科学与应用技术研究将是重点支持的领域。我国将发展新的国际交流与合作模式，促进各国技术优势互补，并在吸引国外先进技术向中国转移的同时推动中国的先进技术走出去，加强与发展中国家的科技合作。还将建立与发展一批大的示范项目、建立可再生能源与新能源国际科技合作基地，推进可再生能源与新能源规模化发展，并合作培养从事可再生能源与新能源研究与开发的高层次专业人才队伍。另外，我国将安排专项资金启动"计划"，吸引外国政府和国际组织的资金共同推动"计划"实施。同时重视吸引国际大型能源企业以及其他企业和私营资本投入可再生能源与新能源国际科技合作。

在一些关键的环境科技领域，我们尤其急需通过开展国际合作，尽快提高水平。

（一）发展循环经济的支撑技术

1. 资源利用方面

废弃矿产资源、余热再利用技术；各类工业固体废物、废液、废气的回收利用技术；废旧电子产品、家电、汽车、塑料、橡胶、废纸、废电池等废物的回收利用技术等。

2. 洁净技术与洁净产品方面

如洁净煤技术。洁净煤技术是指从煤炭开发到利用的全过程中旨在减少污染排放与提高利用效率的加工、燃烧、转化及污染控制等新技术。发展的主要方向是煤炭的气化、液化、煤炭高效燃烧与发电技术等等。根据我国国情，洁净技术包括：选煤、型煤、水煤浆、超临界火力发电、先进的燃烧器、流化床燃烧、煤气化联合循环发、烟道气净化、煤炭气化、煤炭液化和燃料电池等。

3. 可再生能源方面

发展风能、太阳能、地热、生物质能、沼气等新新能源；积极发展核电；有序开发水能。

（二）环境污染防治与生态保护领域

1. 水污染防治方面

城市生活污水处理与回用技术；成套设备及关键设备；污水除磷、脱氮技术；三峡库区及小城镇污水集中处理成套技术；高浓度、难降解、含盐废水及垃圾渗滤液处理技术；流域水环境污染和湖泊富营养化综合治理技术；城市景观水系统污染恢复技术；农村饮用水安全保障技术；污泥处理处置技术。

2. 大气污染治理方面

清洁能源、清洁煤技术；大型燃煤电站脱氮技术；脱硫系统关键设备材料；可吸入颗粒物和有机污染物控制技术；垃圾和危险废物焚烧烟气净化技术；满足欧三排放标准的机动车排气污染控制技术；区域大气环境污染的综合治理技术；温室气体减排与资源化技术。

3. 固体废物处理处置方面

危险废物焚烧处理技术；含铬等重金属废物安全处置与利用技术；垃圾卫生填埋场专用机械、衬底和覆盖材料、垃圾高温厌氧处理技术。

4. 物理污染控制方面

城市交通噪声、轨道交通噪声与振动控制技术；建筑噪声控制技术；电磁污染控制技术；光和热污染控制技术。

5. 生态保护与修复方面

污染土壤修复技术；矿山生态修复技术；水土流失治理、农业面源污染治理技术。

（三）环境监测仪器领域

污染源在线监测一次仪表和控制传输系统；大流量烟尘、烟气排放口、污水处理厂监测与过程控制系统；空气环境质量和水环境质量监测技术及监测网建设系统技术；环境应急监测量与预警技术。

以上几个环境科技领域，集中体现了我国环境保护中迫切需要解决的问题，通过在这些领域引进国外先进的研究成果，并结合我国的具体情况加以消化吸收，形成适合我国国情的环境保护技术和管理方法，将能够加速缩小我国环境科技与世界先进水平的差距，解决迫在眉睫的环境问题，有力推动整个生态建设和环境保护工作的进行。

案例：

宁夏是全国较早开展林业国际交流合作的省区。截至2009年7月，先后从外国政府、国际机构和民间组织，引进实施林业外援合作项目16个，引入外援资金达3.93亿元。其中，已有13个项目圆满结束，3个项目正在实施之中。外援项目无论在数量、质量、效果上，都走在了全国前列。

这主要得益于树立的良好国际林业合作形象。据了解，宁夏始终坚持"勿以资少而不为，孤木聚多自成林"的原则，以诚信争取项目。不论是几十万元的小项目还是1亿元的大项目都同样执行的非常好。宁夏德援一期项目，配套资金到位要求严、数量大。2002年德国复兴银行委托国际独立审计公司对项目资金到位及使用情况进行了审计，结果显示宁夏承诺的配套资金到位率居全国同期验收项目之首。

　　通过这些外援项目的实施，宁夏编制完成了《宁夏土地退化综合防治战略与行动规划》和《宁夏土地退化综合防治法律法规综合评估报告》，建立了综合生态系统管理信息中心，培养了一批土地退化综合治理人才。累计营造人工林和荒漠治理21万亩，封山育林45万亩。项目区林草覆被率提高了5至20个百分点，改善了当地生态环境，促进了农村经济的发展。此外，外援项目的引进实施，还使宁夏创新了林业管理型式，促进了传统林业向现代林业转变。

第三节　生态文明建设国际合作应坚持的基本原则

国际社会对环境与发展之间的关系有了逐渐深刻的认识，更加清醒地看到，为有效解决环境问题，必须溯其根源，在人类社会、经济发展进程之中寻找保护环境的最佳途径。将环境与发展对立起来，孤立地就环境而论环境，只能是缘木求鱼，不仅不能有效地保护环境，还会阻碍经济发展和社会进步。在这一基础之上，国际社会在环境与发展领域中的基本共识也在不断增长。"只有一个地球"、"为了全人类千秋万代的共同利益"，"持续发展"等基本思想已被普遍接受，为开展切实有效的国际合作打下了良好的基础。

但同时应该指出，有了合作的基础，还仅仅是开始。用中国人常讲的一句话，这仅仅是万里长征走完了第一步。从认识上的趋同到合作果实的收获之间，还有很长的艰难之路，还有许多问题需要解决，众多障碍有待克服。事实上，在国际合作领域，各个不同的国家存在着相当大的分歧。为切实有效地开展国际合作，中国必须坚持一些基本原则。

一、坚持共同但有区别的责任原则

保护地球生态环境是全人类的共同责任，但同时应该明确导致目前地球生态环境退化问题的主要责任和治理这些问题的主要义务。气候变化问题主要是由工业化国家造成的，发达国家对气候变化负有不可推卸的历史和现实责任。联合国政府间气候变化专门委员会的科学报告表明，主要温室气体二氧化碳排放到大气中具有长达50年至200年的生命期。200年来，发达国家在工业化和经济高速发展的同时无节制地排放温室气体是人为影响气候变化的主要原因。从18世纪西方工业革命开始到1950年，在人类由于化石燃料燃烧释放的二氧化碳总量中，发达国家占95%；从1950年到2000年的50年中，发达国家的排放量仍占到总排放量的77%。2007年11月，联合国开发计划署公布的《2007－2008年人类发展报告》显示，发达国家人口占世界总人口的13%，但其二氧化碳排放量占世界总量的50%。广大发展中国家在很大程度上是受害者，尤其是处于岛屿和低地的发展中国家。直到目前，发达国家仍是世界有限资源的主要消费者和污染源。因此，国际环境保护合作必须遵循"共同的但有区别的责任"的原则，发达国家有义务在率先采取有关环境保护措施的同时，为国际合作做出更多的切实的贡献，向发展中国家提供新的、额外的资金，帮助发展中国家更好地参加国际环境保护合作，或补偿其因履行在国际法律文书中承担的义务而带来的经济损失。中国认为，必须强调这笔资金的"充足性"。象征性地提供少量资金以求宣传效益，对解决实际问题不会有什么帮助。

同时必须强调资金的"额外性",不能是现有发展援助的重新分配。靠削减用于发展项目的援助来增加环境资金的作法,不仅会伤害发展中国家的经济发展,最终也会进一步削弱它们保护环境的能力,因此是非常不明智的。对于发展中国家来说,当前的首要任务是发展经济,消除贫困。为了实现发展目标,发展中国家的能源需求将有所增加,这是发展中国家发展的基本条件。因此,在应对气候变化过程中,发展中国家不应也不能承担与发达国家同样的减排责任。然而,本着对世界负责任的态度,发展中国家也需要承担相应的责任,应该转变发展模式,走可持续发展的道路。而且,发达国家由于在应对气候变化问题上拥有先进的技术和雄厚的资金优势,应履行对发展中国家的技术转让和资金支持的承诺,切实帮助发展中国家提高减缓和适应气候变化的能力,共同应对挑战。

作为发展中国家,中国无需履行《京都议定书》的强制减排义务,但是中国仍然根据自己的可持续发展战略主动采取了一系列节能减排措施。目前,中国政府已经把落实科学发展观、建设节约型社会作为未来中国发展的战略指导思想和根本原则。"共同但有区别的责任"原则反映了各国经济发展水平、历史责任、当前人均排放上的差异,体现了国际社会的共识。发达国家与发展中国家在应对气候变化问题上只有加强合作,才是双赢的选择,毕竟地球是人类共同的家园。

二、落实环境保护与经济发展协调发展的原则

经济发展和社会进步必须以良好的生态环境和可资持

续利用的自然资源作为基础，而且只能在社会、经济的不断发展进程中，寻找切实解决环境问题的道路。环境保护自身并不是目的。人类的最终目的是让包括子孙后代在内的全人类在美好的环境中享受美好的生活，不能因为经济发展带来了某些环境问题而因噎废食，消极地保护环境而放弃经济、社会发展。因此，必须兼顾保护环境和持续发展、眼前利益和长久利益、局部利益和整体利益，结合各自的具体国情来寻求环境与经济的同步、协调、持续发展。

三、立足发展中国家需要的原则

每个国家都应根据自己经济、社会和文化条件的适应能力，决定改善环境的进程。对于发展中国家来说，贫困和不发达是环境退化的最根本原因。这些国家常常是使用了发达国家提供的过时、有害环境的技术来实现发展，加剧了环境退化，进而又破坏了发展进程，使贫困、人口过度增长、环境持续恶化之间呈现出恶性循环。中国认为，打破这一恶性循环的根本出路在于保持适度经济增长，消除贫困，增强保护环境并积极参加国际环境保护合作能力。要求发展中国家在忍受贫穷与饥饿痛苦的情况下片面保护环境是不现实的。因此，有必要按照公平原则在加强南北合作的大框架内来探讨国际环境合作，建立起一个有利于各国尤其是发展中国家实现可持续发展目标的国际经济新秩序。

另外，就许多发展中国家来说，土地退化、沙漠化、水旱灾害、水质恶化与供应短缺、海洋资源恶化、水土流失、森林破坏和植被退化等问题已构成严重的环境危害，也是全球环境问题的一个重要部分。对发展中国家来说、这些环境问题已成为严重制约经济发展的障碍，在一定意义上说比气候变化、臭氧层耗损等全球性环境问题更为现实和迫切，应予优先考虑解决。

四、尊重各国主权、互不干涉内政的原则

环境保护领域的国际合作应以主权国家平等的原则为基础，当今世界各国国情不同，经济模式各异，各国只能根据自己的具体国情，结合其经济、社会发展现实来选择发展道路，确实保护自身环境并有效参加国际环境与发展领域的合作。因此，发展中国家有权根据其发展与环境的目标和优先顺序利用其自然资源。对于中国这样人口众多的农业国来说，从解决13亿人的吃饭问题和社会的稳定、人民的安居乐业角度考虑，中国必须重视农业的发展及粮食的自给。同时我们制定并实施了符合中国国情的工业发展方针，在比较短的时期内建成了一整套工业体系，发展了经济，大幅度地提高了人民的生活水平，在这一过程，中国政府已确定并贯彻了环境与经济协调发展的方针，使环境保护事业得到稳定的发展。

因此，发达国家不能把环境保护方面的要求作为提供援助的附加条件，更不能以保护环境为由干涉发展中国家内政或将某种社会、经济模式或价值观强加于人。任何此类干涉内政的做法，都是违背公认的国际法准则的，并将从根本上损害国际社会在环境保护领域中的合作。

案例：

2009年12月18日，国务院总理温家宝在丹麦哥本哈

根气候变化会议领导人会议上发表了题为《凝聚共识 加强合作 推进应对气候变化历史进程》的重要讲话。特别强调应对气候变化需要国际社会坚定信心，凝聚共识，积极努力，加强合作。必须始终牢牢把握坚持规则的公平性。"共同但有区别的责任"原则是国际合作应对气候变化的核心和基石，应当始终坚持。温家宝说近代工业革命200年来，发达国家排放的二氧化碳占全球排放总量的80%。如果说二氧化碳排放是气候变化的直接原因，谁该承担主要责任就不言自明。无视历史责任，无视人均排放和各国的发展水平，要求近几十年才开始工业化、还有大量人口处于绝对贫困状态的发展中国家承担超出其应尽义务和能力范围的减排目标，是毫无道理的。发达国家如今已经过上富裕生活，但仍维持着远高于发展中国家的人均排放，且大多属于消费型排放；相比之下，发展中国家的排放主要是生存排放和国际转移排放。今天全球仍有24亿人以煤炭、木炭、秸秆为主要燃料，有16亿人没有用上电。应对气候变化必须在可持续发展的框架下统筹安排，决不能以延续发展中国家的贫穷和落后为代价。发达国家必须率先大幅量化减排并向发展中国家提供资金和技术支持，这是不可推卸的道义责任，也是必须履行的法律义务。发展中国家应根据本国国情，在发达国家资金和技术转让支持下，尽可能减缓温室气体排放，适应气候变化。

附　　录

以生态文明建设的十个基本体系
推进美丽中国建设

大力推进生态文明建设，提高生态文明水平，建设美丽中国，不能就生态文明建设孤立地看待生态文明建设，必须以整体观、系统观的方法论，以四个文明的协同创新和十个基本体系建设，全方位推进美丽中国建设。

一、四个文明协同发展体现了构建生态文明的系统观和方法论

党的十二大指出，我们在建设高度物质文明的同时，一定要努力建设高度的社会主义精神文明；十六大把发展社会主义民主政治，建设社会主义政治文明，确定为全面建设小康社会的一个重要目标；十七大首次将生态文明写入党代会报告，要求建设生态文明；十八大进一步明确了生态文明建设的战略任务和历史地位。这表明，当代中国社会文明体系必然是包含物质文明、政治文明、精神文明和生态文明"四个文明"在内的协调建设和发展。其中，物质文明主要解决人类与科学技术的关系，精神文明主要解决人与文化、人与人之间的关系，政治文明主要解决人与国家权力的关系，生态文明主要解决人类与自然的关系。四个文明共同推动了社会进步，促进了和谐社会的构建；

生态文明是对现有文明的整合与重塑，是一种更为高尚的发展目标，它使社会主义物质文明建设、政治文明建设和精神文明建设发生了与生态文明建设内在要求相一致的生态化转向。

二、政治文明建设为全面建设生态文明社会提供政治保障

坚强的组织领导保障体系。要把生态文明建设全面推开，卓见成效，必须加强组织领导。在思想上，必须进一步解放思想，提升发展理念，牢固树立生态文明理念，着力提高领导生态文明建设的能力和本领；在领导体制上，党委、人大、政府、政协要各司其职，着力把生态文明建设列入重要议事日程，着力加强生态文明建设执法检查和工作评议，着力加强对生态文明建设的具体部署和组织落实，着力围绕生态文明建设深入调查研究，积极建言献策；在工作作风上，必须进一步转变作风，提升工作实效。要进一步完善生态产业发展、生态环境保护、生态文化建设和生态社会构建的全方位考核机制、评价指标体系，引导干部群众加快推进生态文明建设；在考核机制上，要建立健全生态文明建设责任制，制定出台生态文明建设评价指标体系及评价办法，强化对各级班子、干部的考核和问责。

完善的绿色政策引导体系。这里主要包含两方面的意思，一是在整体上，要将绿色经济纳入经济社会发展综合决策，特别是环境与发展综合决策、经济刺激方案以及产业调整和振兴规划中，要遵从绿色政策的指引和指导；二是在具体的方案实施中，要完善鼓励节能环保的财税体系，

研究制定有利于环境保护的产业政策，深化绿色信贷、绿色保险、绿色证券、绿色税收、绿色采购、绿色贸易等一揽子细化措施和环境经济政策，从而推动国民经济各行业的全面绿色化。

完备的法律制度保障体系。按照落实科学发展观与建设社会主义生态文明的要求，制定与修改一系列有助于社会主义生态文明建设、保护生态环境的法律、法规，并强化这些法律的监督与检查，使之能够得到贯彻落实。从法的渊源角度看，一要更加重视环境法制基础研究工作，加强空白领域的环保立法研究；二要多方面分层次有步骤地推进人大环保立法工作；三要积极推进政府规章的制订，加强行政复议等行政争议化解机制，提高应对行政复议、诉讼的能力；四要加强地方标准研究制定；五要严格管理环境执法工作。通过制度设计，为生态文明建设提供政治保障。

三、物质文明建设为生态文明建设提供坚实的物质基础

绿色的生态经济及其产业体系。第一，以应对气候变化为重点，特别是着眼于"十二五"发展规划的实施，发展低碳、生态产业。以新能源、新材料、可再生能源、环保产业等为切入点，促进绿色产业的发展与调整，培育新兴绿色产业和新的经济增长点；加强对节能、提高能效、洁净煤、可再生能源、先进核能、碳捕集利用与封存等低碳和零碳技术的研发和产业化投入，加快建设以低碳为特征的工业、建筑和交通体系。第二，要更加注重对传统工

业经济的生态化改造，大力发展循环经济。

现代化的绿色技术支撑体系。我们应当从环境战略、环境应用技术和环境标准研究等方面入手，选择具有一定基础优势、关系生态文明发展全局和生态安全的关键领域，作为生态技术创新的突破口。

规范的绿色企业运营体系。企业应把以经济效益为中心的企业发展机制转变为将经济效益、社会效益、生态效益协调统一发展机制；把"先污染后治理"的末端治理模式转变为绿色设计、绿色采购、绿色生产、绿色科技、清洁生产、零排放、循环经济新模式；把单一的技术层面的污染防治转变为战略层面的以绿色发展为核心竞争力的发展模式。

四、精神文明建设为生态文明提供思想保证、精神动力和智力支持

繁荣的生态文化体系。当前，思想道德教育必须补充生态道德教育的课程；教育科学文化建设必须更加重视生态教育科学文化体系的建立和全民生态教育的培育。

广泛的社会公众参与体系。建设生态文明需要建立广泛的社会参与体系，动员社会各界积极投入到生态文明建设中来，在全社会形成关心、支持、参与生态文明建设的良好氛围，使全社会广泛参与成为一项实践生态文明的自觉行动。山东生态文明研究中心提出了"生态文明，匹夫有责"的观点，是动员全社会公众参与生态文明建设一个很好的宣传语。

科学健康向上的消费体系。一是倡导适度消费，崇尚

节俭生活。二是积极参与"绿色消费",这应该成为人类实践消费道德的一种新境界。简朴生活、低碳生活和公正生活,这是更高级的生活结构,是可持续发展的生活方式。以这种生活方式生活,是建设生态文明的需要,是新生活的潮流。

广泛的交流合作体系。既要加强和探索建立与发达国家之间的交流合作平台与机制,也要加强与发展中国家的合作,不断探索适合我国国情的绿色经济发展道路,共同维护人类地球家园。

注:本文发表于 2012 年 11 月 30 日《人民日报》海外版

打造绿色屏障　建设生态文明

大小兴安岭林区包括大兴安岭地区、伊春市、黑河市、佳木斯市、鹤岗市、哈尔滨市、绥化市这 7 个地（市）的 16 个县（市）、34 个国有森工局、46 个农垦农场等，总面积 18.8 万平方千米，总人口 370.5 万人，相当于我国一个中等省区的面积，和一个较大城市的人口，是我国最大、纬度最高，同时也是面临困难最多的国有重点林区。大小兴安岭林区作为欧亚大陆北方森林带的重要组成部分，其森林植被可有效缓解西伯利亚和冬季西北方向的寒流侵袭，减缓呼伦贝尔草原的沙化进程，是我国重要的资源安全保障基地和重要的商品粮基地、畜牧业生产基地，正像胡锦涛总书记讲的那样，是我国不可替代的天然屏障。

60 年来，大小兴安岭林区为国家提供约 7 亿立方米的商品材，为国家经济建设作出了巨大贡献，同时也积累了诸多矛盾和问题，概括起来主要有以下五个方面：

一、生态功能严重退化，恢复任务极其艰巨

大小兴安岭经过长期的高强度开发，林区面积大幅缩小，黑龙江大兴安岭林区林缘与开发初期相比向北退缩了 140 多平方千米。区域内草地面积、湿地面积分别由 1983 年的 296 万公顷和 284 万公顷减少到 116 万公顷和 139 万公

顷，分别下降了61%和51%。多年冻土退缩，土壤侵蚀加剧，地表径流时间缩短，水土流失严重。仅黑龙江大小兴安岭林区2007年水土流失面积就达193万公顷。局部地区沙化加剧，旱涝、火灾等自然灾害频发，土地生产力明显降低。国家实施天保工程以来，大小兴安岭生态状况总体上有所好转，但由于大小兴安岭地处高寒区，生态恢复较慢，完全恢复林区生态功能尚需十几年甚至几十年的努力。

二、可采资源难以为继，森林质量大幅下降

目前，大小兴安岭部分重点林区已经到了无木可采的地步。黑龙江省大兴安岭地区，可采成过熟林资源由开发初期的4.6亿立方米下降到0.21亿立方米，伊春市则从开发初期的3.2亿立方米下降到不足0.1亿立方米。昔日的参天大树基本被采光，林区基本以中幼龄林为主。为维持林区职工最基本的生存需要，部分正处于生长旺盛期的中龄林也被列入采伐指标。由于大小兴安岭林区林分生长发育慢，成林周期长，生长快的树种需要80年才能成熟，慢的树种则需要120年。中幼林一旦被破坏，大小兴安岭林区将面临不复存在的危险。

三、经济发展严重滞后，民生问题比较突出

长期以来，大小兴安岭林区经济"一木独大"，接续替代产业发展缓慢，且多数起点较低，规模较小，目前黑龙江林区主营收入的60%仍然来自于木材销售，对木材的依存度依然很高。随着天保工程的实施，木材采伐量的大幅

度调减，以及可采资源的枯竭，原林区内比重很大的传统林业经济逐渐萎缩，林区经济发展陷入困境，就业形势严峻，职工生活困难。黑龙江省大兴安岭、黑河、伊春的地区生产总值和财政收入多年来一直位列全省最后。2008 年黑龙江省全省林业职工年平均收入不足 11000 元，仅相当于全省城镇职工平均收入的 60%。林区居民居住条件极其简陋，仅黑龙江省大兴安岭地区棚户区就达 209 万平方米。大小兴安岭林区冬季温度达 - 30℃ ~ - 40℃，有相当一部分老职工和贫困户仍然居住在开发初期建设的"板夹泥"危旧房中。

四、基础设施欠账较多，瓶颈制约现象严重

林区开发初期执行"边生产，边建设"、"先生产，后生活"的方针，基础设施投入较少。同时，由于多种原因，林区经济相对独立封闭，基础设施建设投入长期以来依靠森工企业，而自身积累又不足，从 20 世纪 90 年代开始，大小兴安岭林区基础设施和公共服务设施投入逐年萎缩、长年欠账，致使城市基础设施和公共服务设施建设严重滞后。林区道路网密度小、等级低，弃养路、断头路多。黑龙江大兴安岭地区公路中，林业公路占 94.1%，公路网密度仅为 1.8 米/公顷，远低于 5 米/公顷的通行要求。部分林场（所）至今未通电。很多林业局居民区、大多数林场（所）没有供水设施。

五、体制机制矛盾凸显，发展活力明显不足

目前，大小兴安岭管理体制上实行政企合一、双重管理的体制。政府管理体制不健全，大量地方机关事业单位人员未列入财政供养人口，其机关经费和社会性支出由林业企业负担，如大兴安岭地区每年政社性支出高达 9.55 亿元，通过天保工程国家给予财政专项资金补贴后，仍有 2.51 亿元的缺口由林业企业在利润中自行消化解决。企业办社会负担沉重，大部分国有林场仍承担林区教育、卫生和公、检、法等社会服务职能，企业发展受到严重制约。资源管理体制不顺畅，森工企业既是森林资源的管理者，又是森林资源的经营者。资源管理权和经营权不清，管理职能不到位，对森林资源的采伐利用没有形成有效的制约机制。

过去 60 年，大小兴安岭在国家发展建设中作出了不可磨灭的贡献，这一点任何人不能否定。如今，随着形势的发展和现实的需要，我们深刻地认识到保护森林就是保护人类自己，加快恢复大小兴安岭的生态功能刻不容缓，要实现宜林地全部造林，森林、湿地、草原、水资源及生物多样性得以全面保护和修复，基本形成生态主导型产业体系，人口、经济、资源、环境实现良性互动发展；把大小兴安岭建设成为集森林生态、湿地生态、水域生态、草原生态、动物生态等为一体的优良生态功能区，努力把大小兴安岭建设成为资源丰富、生态完备、功能完善、效益显著的现代林区，概括起来要靠以下这六个方面的调整：

（一）调整领导思想的理念

要进一步明确大小兴安岭的生态主体功能，充分认清生态环境面临的严峻形势，牢固树立建设生态功能区的新理念。具体来说，就是要坚持五个原则：一是保护优先，适度开发的原则。大小兴安岭生态功能区建设，要把修复生态、保护环境、提高供应生态产品的能力作为首要任务，严格限制不符合生态保护的各种经济活动。在资源环境可承载的范围内，适度开发林木和水资源，科学有序开发矿产资源，引导适宜产业发展，以保护促进开发，以开发实现更好的保护。二是分区施策，严格管理的原则。按照国家主体功能区划标准，将各级各类自然保护区、森林公园、风景名胜区、地质公园确定为禁止开发区域，并核定具体界限和范围，其他区域全部确定为限制开发区域。禁止开发区域严禁不符合功能定位的开发活动；限制开发区域在生态和资源可承受的范围内可以发展特色产业，适度开发矿产资源。三是因地制宜，统筹发展的原则。统筹规划，按照资源禀赋、环境容量、生态状况、产业特点，实行分类指导、分级管理、分期推进，因地制宜地发展优势特色产业，积极探索多样化的发展模式。兼顾发展经济和保护环境，实行点状开发，集聚发展，提高资源集约利用程度。四是区域合作，整体推进的原则。大小兴安岭生态功能区在空间和地域范围上是一个有机整体，各有关地市县之间要密切配合，做到互相促进、互为补充，加强区域之间、流域之间生态建设和保护工作的协调合作，形成齐抓共管、联动推进、整体提高的局面。五是政府主导，全民参与的原则。充分发挥各级政府在生态功能区建设中的组织协调、综合指导作用，提供良好的政策和公共服务环境。广泛开展可持续发展理念和生态文化教育，不断提高全民的生态环境保护意识，鼓励和支持企业、民间团体和个人参与生态环境建设和生态经济建设，形成全社会共谋生态环境保护和生态经济发展的氛围。

（二）调整体制机制的内涵

针对现有体制不顺，机制不活的问题，应从行政管理体制和资源管理体制两个方面进行调整改革。确定林区长效的林业管理体制模式，进一步明确政企分开、林业主辅分离、国有林权制度改革等具体步骤、措施。继续完善天保工程等生态保护与建设配套政策、林区退耕还林政策，建立林区造林和资源培育补贴机制。

（三）调整方针政策的导向

今年上半年，国家基本确定了全国林业发展"十二五"规划基本思路，同时完成了部分专项规划编制工作；天保工程延长期政策和实施方案基本确定，待报国务院批准实施；林木良种补贴、造林补贴和湿地保护补助开始试点；中央财政安排森林抚育补贴试点资金 20 亿元，提高了集体所有的国家级公益林补偿标准，安排林业小额贴息贷款计划近 50 亿元，比去年增加 15 亿元。随着强林惠林政策的落实，中央林业投资总额今年有望突破 1000 亿元。各级政府、各有关部门一方面要加大向上争取的力度，积极争取国家在财政政策、投资政策、产业政策、土地政策、人口政策、环境政策上给予支持，向大小兴安岭生态功能区倾斜，争取国家对生态功能区实施生态移民给予政策补贴；另一方面要加大向下扶持的力度，对棚户区改造、"户户通电工程"、防火公路、污水垃圾处理、安全饮水等基础设施给予政策补助，对发展适宜产业、矿产资源开发等项目建设加大支持力度。此外，还要借助优势，大力发展低碳经济。组织专门力量，深入研究和尽快掌握利发展低碳经济、碳汇交易的相关国际规则，抢占碳汇经济发展先机。

（四）调整产业经济的结构

加快推进产业结构战略性调整，要从实际出发，大力发展接续产业和替代产业，凡是有利于生态资源恢复、保护和培育的产业就大发展、快发展，凡是影响生态资源的产业就适度发展、限制发展，凡是破坏生态资源的产业就禁止发展。从恢复和提升生态功能出发，发展生态资源培育型产业；变生态优势为经济优势，发展生态资源支撑型产业；以矿产、能源开发为重点，发展生态资源反哺型产业。具体来说，就是重点发展"七大产业"：一是生态旅游业，实施旅游牵动战略，把生态旅游业发展成为支柱产业，在资源环境承载能力内，以保持自然生态和自然、文化原生性为前提，推动旅游景点科学开发、合理分布。二是特色种植养殖业，坚持"打绿色牌，走特色路"，树立规模意识、联合意识和品牌意识，充分利用当地生态优势和丰富动植物资源，将特色种植养殖业打造成富民产业。三是生态农业，充分发挥生态优势，推广现代农业科技，实行无弃物、轻污染生产，逐步建立多业并举、综合发展、多级转换、良性循环的农业生态经济系统。四是绿色食品加工业，坚持规模化、集约化发展，提高农副产品和山特产品转化加工程度和精深加工比重，加快建设国家重要的绿色食品、绿色山珍生产加工基地。五是清洁能源工业，发挥大小兴安岭风能、水能等资源丰富的优势，运用清洁发展机制，加快发展绿色清洁能源工业。六是东北特色药业，充分发挥生态功能区北药资源优势和产业优势，加强自主创新和产品研发，大力发展北药种植和精深加工，推动北药产业实现跨越式发展。七是林木精深加工业，要着眼于未来，在与停止主伐后的抚育采伐量相匹配、与对俄木材采伐量相匹配的基础上，控制总加工能力，按照走新型工业化道路的要求，实行现代化、集约化发展林木加工业，尽快走出一条符合区域特色的林木精深加工道路。对现有的加工企业进行技术升级和改造，提高产品精深加工程度、科技含量和产品档次；对加工粗放、资源浪费严重、市场竞争力不强的企业逐步淘汰；对新上企业要严格控制，重点发展规模大、产业带动能力强、技术领先的大型企业。

（五）调整科技研发的方式

必须做到以下三点：一是建立和完善科技创新体系，联合高等院校、科研院所，突出北药开发、绿色食品加工、林木精深加工、矿产资源综合开发利用、环境保护与治理等关键领域和重点环节，进行科技攻关、新产品研发和项目对接，加快科技成果转化。二是充分发挥基层林业技术推广机构在科技推广和社会化服务方面的职能和作用，采取多种形式，推广先进适用的森林经营、林下种植养殖、病虫害防治等方面的科学技术，提高林场职工和农民的生产经营致富技能。三是依托企业和各类职业技术学校，加强职业培训，培养高技能人才队伍，支持大专院校实行"定向招生、定向培养、定向就业"，为当地培养留得住、用得上的本土专业人才。同时，建立健全对各级各类人才的选拔任用、考核评价、流动配置、激励监督的制度，加强人才区域交流与合作，促进人才在产业、地区、城乡间的合理流动和分布。建立和完善高层次人才联系服务制度，完善高级专家参与区域内重大决策咨询或重大项目建设咨询制度。

（六）调整管理保障的体系

要合理调整林区生产力布局，扩大封育区范围，切实改变林区群众的生产生活状况。概括起来，主要是从四个体系入手：一是强化组织保障体系。加强统筹协调，建立省直有关部门有关地市参加的大小兴安岭生态功能区建设协调机制，加强区域合作，推进各类资源更大范围、更高层次的整合，协调解决生态功能区开发建设中的有关问题。二是建立健全规划体系。有关部门要根据国家主体功能区规划，修改完善大兴安岭生态功能区发展规划，提出发展目标、发展重点和保障措施；各地区要结合本地实际制定或修订本地区功能区发展规划；各有关部门应抓紧制定或修订相关行业规划、专项规划和重点项目建设规划。三是完善政策法规支撑体系。综合运用各项政策，建立健全保障推进形成大小兴安岭主体功能区的政策法规体系，加大财税金融支持力度、完善产业政策、调整政府投资重点、强化用地管理、严格环境保护、加大执法力度，形成合力，加快生态功能区建设。四是积极推进基础设施建设体系。结合撤局并场、生态移民和小城镇建设，全面加强林区水、电、路、供暖和城镇污水处理等基础设施建设，加强社会保障、教育、医疗卫生、文化事业等林区社会保障体系建设，加大基础设施和公共服务设施投入力度。

注：本文为 2010 年 8 月率中华环保世纪行中央新闻媒体采访团赴大兴安岭林区调研时的讲话整理稿。

发展循环经济　建设生态文明

——关于发展循环经济的若干思考

　　"循环经济"这个词早已为人们所熟悉，其基本要求就是"减量化—再利用—资源化—再思考"。大力发展循环经济，建立资源节约型和环境友好型社会，对于我国这样一个处于工业化和城市化不断加快、基本建设日新月异、人均资源占有又不足、环境恶化趋势未得到根本性扭转的发展中国家来说，是一项带有全局性、紧迫性、长期性的战略任务；也是实现全面小康社会目标，保证国民经济全面协调持续发展，统筹人与自然的和谐关系，实现我国社会经济可持续发展、建设生态文明的必然选择。如今"绿色经济"、"低碳经济"、转变经济增长方式、产业结构调整等一系列经济概念方兴未艾，依我之见这些概念实现的根本途径只有是大力推进"循环经济"。我的老朋友，安徽省人大原副主任季昆森同志将循环经济概括为"四个更"，即循环经济是追求更大经济效益，更少资源消耗，更低环境污染和更多劳动就业的先进经济模式。我感觉，这"四个更"的提法简洁明了，抓住了关键，好记忆、好操作、好对照、好改进。

　　我作为从戎50多年的老战士，虽然对循环经济没有切身的实践经验，但我是连续四届全国人大代表和两届全国人大环境与资源保护委员会副主任，对这项工作进行过多次实践调研，产生了浓厚的兴趣，有了一些基础知识。特别是党的十七大以后，又对生态文明建设不断地进行研究，根据《循环经济促进法》的要求，深入到几十家发展循环经济较好的大企业进行调研学习。通过拜师学习，调查研究，出国考察，大会交流等方式对循环经济的重大意义、法律依据、发展前景、技术要求、政策支持有了进一步的了解。2010 年 4 月，我率领中华环保世纪行记者团一行 30 多人到安徽就贯彻实施《清洁生产促进法》情况进行了一次深入的采访和调研。10 多天的时间里，我们到了合肥、马鞍山、芜湖和铜陵 4 个地市，走访了奇瑞汽车、海螺水泥、马钢股份等 14 家企业，走一路，看一路，问一路，思考一路，深深感到循环经济不仅已经显现出它无与伦比的社会效益和环境效益，更重要的是循环经济的经济效益同样前景广阔，大有可为，大有作为。我感到发展循环经济是不是应该从加强和完善以下九大系统入手，提出来与在座的各位领导和专家做个交流，起个抛砖引玉的作用，足矣。

一、靠坚强的组织领导系统来保证

发展循环经济，对进一步转变经济增长方式，建设"生产发展、生态良好、生活幸福"的三生共赢的文明社会，促进经济社会又好又快发展，具有十分重要的现实意义和长远的战略意义。从生态文明建设的角度来看，现在不应该再是唯 GDP 论英雄的时代，单纯追求 GDP 数字的增长本身就不符合科学发展观的要求，灾害可以拉动 GDP，因为要灾后重建；事故可以拉动 GDP，因为要维修、要赔偿还要救援；卖地可以拉动 GDP，但我们还有多少土地可以拿出来卖呢；污染同样可以拉动 GDP，因为你要治理啊！我觉得科学发展观应该从三个层面来理解：首先要有科学的世界观，解决为何发展的问题。这个问题现在没有根本解决，什么政绩工程，什么豆腐渣工程，都是"不管百姓满意不满意，只管上级注意不注意"，造成边发展边污染，边治理边排放；边建设边关闭，边淘汰，重复建设造成极大浪费。其次要有科学的历史观，解决靠谁发展的问题。发展本来是应该看老百姓拥护不拥护，高兴不高兴，满意不满意，使国家有效益，百姓得实惠，但是现在许多发展恰恰不是这样，老百姓反对污染影响健康，却上一些不该上的企业；老百姓反对盲目卖地，却为了一些利益，使农民成了种庄稼没有土地，干工作没有岗位，劳保没有上的三无人员。最后才是要有科学的发展观，解决怎样发展的问题。也就是常说的适度发展，要考虑环境、空间、资源、生态几个承载力，不能欲速则不达；过度消费，消费本来可以促进生产，但是盲目刺激，过度消费，奢侈消费，不但不能促进生产，反而可以造成资源枯竭，破坏生态，影响发展。抛开这三者何谈科学的发展观呢？

　　我体会，循环经济就是走科学发展的必由之路，为此：一要有新的系统观，它要求人在考虑生产和消费时不再置身于系统之外，而是将自己作为这个系统的一部分来研究符合客观规律的经济运行原则；二要有新的经济观，既要考虑资源的承载力，又要考虑空间的承载力，还要考虑生态的承载力；三要有新的价值观，在考虑自然时将其作为人类赖以生存的基础，在考虑科技时更为看重其对生态系统的修复能力，在考虑人自身的发展时更重视人与自然和谐相处；四要有新的生产观，它充分考虑自然生态系统的承载能力，使人类在良好的环境中生产生活，真正全面提高人民生活质量；五要有新的消费观，提倡物质的适度消费、层次消费，在消费的同时就考虑到废弃物的资源化，建立循环生产和节约消费的观念。以上这些都是与科学发展观相一致的，需要各级领导干部认真研究和思考的根本性问题。认清了循环经济的本质，就要积极建立发展循环经济的组织领导体系，在这方面怎么办？我看无外乎四个方面：一是靠规划约束，把循环经济的发展纳入社会发展的整体规划，目标清晰，措施可行；二是靠考评监督，把循环经济的发展纳入干部选拔任用体系，标准严格，责任到人；三是靠示范带动，把循环经济的发展纳入国民经济的整体格局，建立样板，效果辐射；四是靠环评规范，把循环经济的发展纳入企业采购、生产、销售的全部领域，明确指标，一票否决。安徽省的做法值得借鉴，安徽的经济发展在全国并不算突出（2009 年全国第 14 位），时任省委书记的王金山同志在跟我会谈时正值国务院批准建立"皖江城市带承接产业转移示范区"，这是安徽第一个上升为国家战略的大项目，经济发展潜力巨大，是个难得的机遇，但他们还是有个"三不上"原则，即不上资源浪费的项目，不上污染环境的项目，不上未经环评的项目。这才是真正的坚持科学发展观啊！

二、靠科学的政策法规系统激励

要用科学合理的政策引导循环经济发展，在发展循环经济的过程中不断完善新的法规政策。形成互相促进，甚至互为因果的良性循环！现在有些地方的领导头脑中还存在地区保护主义思想，为了自己那一亩三分地的区域利益给外来的企业设置了重重障碍，结果往往是优秀的企业进不来，落后的企业也发展不下。对于发展循环经济来说，完善的引导政策越来越多，越来越细，越来越管用，大致有以下几个共同点：第一，建立有利于发展循环经济的财政和税收政策，激发各个层面发展循环经济的动力，鼓励和扶持新能源的开发、利用和环保产业的发展，特别是支持清洁生产和节能减排项目实施。去年一年中央安排预算内资金支持重点节能工程、循环经济等项目 2983 个，起到了鼓舞、激励、导向作用；第二，不断完善生态补偿政策，加大对生态补偿的财政投入，探索转移支付、对口支援、专项补贴、生态移民、异地开发等多样化的生态补偿方式，逐步在饮用水源地保护区、自然风景保护区、重要生态功能区、矿产资源开发区实行生态补偿，切实使生态和资源得到持续的保护，逐步的恢复，有序的利用，国家林业重点生态工程建设已完成造林 8827 万亩，森林覆盖率达到 20.36%，综合治理水土流失面积 4.8 万平方千米，逐步形成绿色生态屏障；第三，加强完善城市污水、垃圾处理和放射性废物、危险废物集中处置收费制度，适当提高排污费征收标准，推动循环利用，调动企业的积极性和创造性，保证正常运转，变废为宝，仅去年，全国日新增污水处理能力 1330 万吨；第四，进一步完善绿色信贷、绿色保险、绿色证券等政策，目前已有 4 万多条环保信息进入人民银行征信管理系统，为生态保护提高发展的金融支持。从安徽的情况来看，他们高度重视循环经济的发展，其中的"五结合"让人眼前一亮：一是坚持将推进循环经济同节能减排相结合；二是与结构调整相结合；三是与企业技术进步相结合；四是与资源节约综合利用相结合；五是与企业技术进步相结合，先后出台了《关于加快我省循环经济发展的实施意见》、《工作方案》、《审核暂行办法》及《验收暂行办法》等一系列政策性文件。合肥市 2006 年就出台了《关于加快发展循环经济的若干意见》，对企业购置循环经济综合利用专用设备和专有技术的，经相关部门认定后，按当年实际完成投资额的 10% 给予补助，仅 2009 年，就兑现资金 2100 万元，取得了良好的效果。除了政策引导之外，更重要的一点是法律的约束，我国目前包含有循环经济内容的法律主要有：《循环经济促进法》、《环境保护法》、《矿产资源法》、《节约能源法》、《清洁生产促进法》等 20 余部法律和行政法规，初步形成了基本法、综合法和专门法构成的促进循环经济的法律体系。下一步将要积极研究制定并实施排污权交易制度，以经济的手段减轻污染物对生态环境的压力；实施能效标准标识和认证制度。制定科学的生产规程，规范生产过程中的每个环节，从源头把关，预防和减少废弃物的产生。根据地区的发展水平实行不同的污染物排放标准，提高废弃物排放的收费标准，加强监管，使发展循环经济的企业能够营利，提高处理的内在动力和自觉性。

三、靠严格的监督考评系统来约束

可以说，在生态文明建设和发展循环经济方面国家下了很大力气，出台了一大批法律法规，也组织了不少的执法检查，但现在仍然存在着许多法律落实难的问题，执法成本高，违法成本低的问题还很突出。只有改革体制，完善机制的同时，抓好落实法制，我们的生态文明建设和循环经济发展才能不断推向前进。要严格执行主要污染物总量控制、环境影响评价、建设项目环保设施"三同时"、限期治理、区域流域行业限批、挂牌督办等制度，形成环境保护部门统一监管，相关部门各负其责的环境执法机制。去年一年，全国各地出动环境执法人员242万多人次，检查企业98万多家次，查处环境违法案件1万多件，挂牌督办2587件，119名责任人被追究责任。要进一步完善行政执法监督机制，加强人大法律监督、政协民主监督，媒体舆论监督和社会公众监督的五为一体的作用，真正形成上下一心，社会联动的大好局面。合肥市政府自2008年起就与各县区、开发区、市直有关部门及重点企业签订年度节能减排目标责任书，同时将发展循环经济作为一项重要指标纳入了考核范围，节能减排目标实行严格的问责制和"一票否决制"，并根据考核结果兑现奖惩，推动生态文明建设的各项工作落到实处。

四、靠先进的科技研发系统来支撑

实践表明，循环经济模式的实现、效益的提升必须要有先进实用的科学技术。在实际工作中，有的有现成的先进实用技术可运用；有的需将已有技术进行改造配套；有的没有现成技术需要进行科研创新；有的虽有现成技术，但使用成本太高，不适合发展中的国家和地区，需要自己研究成本低、效益高的新技术。发展科技的根本出路我看不外乎三条：第一，让老百姓用得起，太昂贵了不行；第二，让老百姓用得住，老出毛病不行；第三，让老百姓用得会，太复杂了不行。具体的途径：一是引进消化，借鉴国外的优秀技术；二是自主创新，自己创造核心技术；三是科技转化，在使用中不断发展，不能成果千千万，生产不见面。为此，要大力提升原始创新能力，突破长期制约生态环境保护的技术"瓶颈"；把自主创新和引进消化吸收结合起来，集中力量组织攻关，力争在环保关键技术、应用技术方面取得突破，切实提高我国环境保护的科技含量。铜陵的泰山石膏公司采用自主知识产权的热风烘干、快速煅烧等清洁生产先进技术，利用自行设计制造的生产设备，将燃煤电厂脱硫石膏制成纸面石膏板，该项目达产运营后，可实现年销售收入 5 亿元，消化脱硫石膏 100 万吨，每年可节约天然石膏 80 万吨，节约用电 200 万千瓦时，节约石膏堆放用地约 100 亩，经济效益、社会效益和环境效益十分可观。马鞍山山鹰造纸公司，对工艺、技术和设备进行改进，将废浆渣回收用于生产再生纸板，目前主要用于生产纱管纸，年产量达 2.5 万吨，可增加销售收入 500 万元。有一句话叫作科技改变生活，通过循环经济科技的推广与应用，我也看到了企业自身在对待废弃物态度上的三大变化：过去是消极排放，现在是积极回收，变废为宝了；过去是当作包袱，现在是捧为财富，产生效益了；过去是疲于应付，现在是积极投入，看到前景了。这些可喜的变化值得我们进一步认真研究，加以总结啊。

五、靠积极的城乡互动系统来推进

目前，我国农业在国民经济中的比重为 12.4%，乡村人口达7.5亿人，其中乡村劳动力达4.9亿人，是美国、加拿大就业人口总和的2.5倍。近年来，我国农民人均纯收入不断增加，但城乡居民收入之比仍为3.22：1。因此，要加快推进农业现代化，必须全面统筹城乡经济社会发展，高度重视农民收入的提高和农民生活的改善，赋予农民与城镇居民相同的就业和社会保障机会及权利，在产业布局、就业制度、教育制度、医疗卫生制度、社会保障制度、税收制度等方面全面统筹城乡经济社会发展，实现城乡经济社会协调与和谐的优化管理。发展循环经济便是其中的重要一环。安徽省芜湖市大力发展特色农业、高效农业，调整农业产业机构，推动农业产业化。目前绿色无公害农产品种植面积20万亩，占全市蔬菜种植面积的60%；年产蔬菜35万吨，占全市蔬菜总产量的70%。他们以沼气建设为纽带，积极推进集养殖、沼气、种植为一体的生态农业循环链蓬勃发展，不仅改善了农村居住环境，更带来了可观的经济效益，每个农户每年节省的液化气费用就达千元以上。众所周知，安徽多山，在山区推行循环经济有其特殊性，要在保护和优化生态环境的前提下，实现又好又快的发展。多年来，在安徽省广大山区，涌现了一批运用循环经济原理指导山区经济发展的先进典型，亩均收入可达5000～10000元，实现了经济、社会和生态环境效益的共赢与提升。特别是他们上下形成了"秸秆变四料"，带来了巨大的效益，也就是把秸秆变成肥料，变成原料，变成饲料，变成燃料，既节约了资源，又改善了农村卫生条件，还改变了几千年农民的生活习惯！

六、靠过硬的典型示范系统来带动

榜样的力量是无穷的。应该说，我国已经在三个层面上开展了循环经济试点工作。在企业层面大力推行清洁生产；在工业园区创建生态工业园；开展循环经济省、市试点，并取得初步成效。安徽省芜湖市有 6 个单位被列为全省循环经济试点，其中的海螺集团开发工业废弃物系列综合利用技术，采矿回收率达 100%，实现了矿山开采"零排废"。同时设在铜陵的海螺水泥厂在每年消化利用粉煤灰、煤矸石、硫酸烧渣、选铁尾矿等一般工业废渣 100 多万吨的同时，充分利用余热资源，大力发展余热发电项目，投资 3.65 亿元，在孰料生产线上配套建设了一期 1.63 万千瓦余热发电机组和二期 3.05 万千瓦水泥纯低温余热发电机组，年发电量为 4 亿千瓦时，可解决自身全部用电量的一半左右，年节约标准煤 14 万吨，减排二氧化碳 30 多万吨。此外，他们还采用清洁生产工艺，建成了国内第一条利用水泥回转窑处理城市生活垃圾的工程，结束了铜陵 30 年来生活垃圾靠填埋处理的历史，实现了城市生活垃圾"减量化、无害化、资源化"。奇瑞汽车是全国 14 家汽车整车和零部件生产再制造试点企业之一，可形成年产 2 万台再制造发动机和 2000 台再制造变速箱的产能，可节能 60%，节材 70%。马鞍山的丰原化工在"三废"的处理上可谓走在了前列：他们将玉米粉液化和过滤后的残渣经烘干后作为蛋白饲料，销售给饲料生产商；将发酵过滤后的菌丝体作为牲畜饲料销售；将硫酸钙销售给毗邻的海螺公司作为生产水泥的添加剂，以上三项的产销率均达到 100%；将污泥免费提供给苗圃和化肥生产企业，供给率100%。铜陵有色是一个传统资源型大型国有企业，为解决资源枯竭和资源综合利用率不高的问题，他们大力发展循环经济，2005年10月，他们被国务院确立为国家首批循环经济试点企业。铜陵有色控股的铜冠冶化分公司化工循环经济工业园让人看后颇受启发，其中的硫酸厂以铜陵有色所属铜矿副产品硫精砂为原料，产生的烟气用于制酸，烧渣与铁精砂配比后生产铁球团，产生的含硫烟气经脱硫装置回收后返回制酸系统生产硫酸；硫精砂焙烧过程中的余热用于发电和生产蒸汽，满足园区内其他项目的电力和供热需求，形成了铜矿开采副产品硫精砂到硫酸到铁球团再到余热发电、余热蒸汽利用的循环经济链。像这样的企业既有经济效益，又有社会效益，还有历史效益，他们的做法和经验值得大力推广和借鉴。

七、靠合理的经济产业系统来运作

加快产业结构调整，转变经济增长方式是历史发展的必然选择。对于大力发展循环经济来说，我感觉应该是从以下九大产业入手，不断向前推进：

（一）环境产业

应该包含四个方面，一是面向末端污染控制的产业，二是面向洁净生产技术的产业，三是面向绿色洁净产品的产业，四是面向生态环境功能服务的产业。实践表明建立在循环经济理念基础之上的环境产业必将作为新的经济增长点与信息技术、材料技术、生物技术并列为当代最具发展潜力的四大领域，是 21 世纪世界性的主导产业之一。

（二）废弃物再生利用产业

在发达国家，废弃物再生利用已成为新兴的朝阳式产业。在国内也引起各地广泛重视，逐步发展成为重要产业。中央领导强调，要开发"城市矿山"。农业废弃物是宝贵的物质资源，用好了将产生巨大的经济效益、社会效益、生态效益，不利用将造成巨大浪费和严重污染。以再生铜为例，它每吨所消耗能源约为原生铜的 20%；每利用 1 吨废杂铜，在矿山部分可以少排放各类废渣 100～200 吨，冶炼部分可以少排放废渣 2.5～3 吨，少排放二氧化硫 2 吨，同时还可以少排放砷等有毒有害物质；一个年产 20 万吨原生铜的冶炼厂，约占用土地 40 公顷，而建设一个年产 20 万吨再生铜的熔炼企业，只需 5～6 公顷土地。

（三）节能降耗产业

2008 年中央财政支持推进节能减排工作的资金增加到 418 亿元。2009 年又增加到 495 亿元。2010 年国家共安排节能减排资金 800 多亿元。由此可见，节能减排既是艰巨的战略攻坚任务，也是重要的发展机遇。

（四）可再生能源与新能源产业

现在世界各国都投入巨资，大力研究和发展太阳能、风能、水能、生物质能、地热能、潮汐能等可再生能源、新能源产业。今年中央财政安排 109 亿元用于发展风能和太阳能光伏产业。

（五）健康产业

推行循环经济就是给老百姓送去最大的健康。食品、药品、住房、生态环境建设等方面，都与健康产业密切相关。因此与人人有关，市场需求无限，商机无限。

（六）服务经济

发达国家服务业占 GDP 的比重高达 75%，美国服务业占 GDP 的 82%，占国家税收的 84%；英国服务业占 GDP 的 86%；我国只有 40% 左右，不仅低于世界平均水平60%，而且低于发展中国家 45% 的水平。服务经济、现代服务业，主要包括生产性服务业、生活性服务业、新型服务业三部分。其中新型服务业包括金融、保险、信息、中介等。服务经济是实现循环经济模式的重要途径；而循环经济理念又是服务经济发展的重要指导原则。

（七）创意经济

创意经济在各个领域都有着广泛的运用，如创意工业、创意农业、创意商业、创意建筑业、创意旅游等等。有些地方还用突破陈规的新创意来解决经济发展方式粗放问题、资源环境问题、节能减排问题、交通拥挤问题、市场风险问题、金融危机问题，等等。国外学者在前几年就指出，全世界从事创意行业的人有 1 亿到 1.5 亿，创意经济每天创造 220 亿美元，已经占到全球 GDP 的 7%，并以每年 10%的速度增长，大大高于全球 GDP 的增长速度。

（八）低碳经济

有一种说法，叫作农业文明是黄色文明，工业文明是黑色文明，以低碳经济和循环经济为代表的生态文明是绿色文明。2008 年全球经济大幅衰退，但低碳行业的收入大幅增长了 75%。低碳行业正成为全球经济新的支柱之一。

（九）甲醇经济

"甲醇经济"不同于传统的利用煤、石油、天然气为原料生产合成气，再在催化剂作用下转化生产甲醇的工艺，而是利用工业废气中的二氧化碳或大气中俘获的二氧化碳，直接转化成甲醇。因此既可以解除人类社会对正在不断减少的石油、天然气、甚至煤炭资源的依赖，又可通过对过量排放的二氧化碳气体的回收循环利用，减轻或消除日益严峻的全球变暖问题，从而提供了一种跨越油气时代，解决能源问题新的可行性途径。

八、靠开放的交流合作系统来拓展

事实证明，任何一个国家和地区或省市都没有能力单独解决循环经济发展的问题，即使是一个国家内部的循环经济发展，往往也需要其他国家的支持和帮助。只有合作，才能解决国家间存在的利益差别，解决由于生态环境问题所导致的矛盾，解决气候变化问题，把共同利益放在首位，取得共识，展开协调行动。以开放的姿态积极参与，针对不同的需求，从立法层面、政府层面、企业层面以及科研层面等多渠道展开交流合作，才能在循环经济发展中占领制高点。各地区发展循环经济不能采取各自为政的做法，必须突破"造福一方"和"守土有责"的狭隘视界，坚持"造福八方"和"合作守土"的区域循环经济共同体理念，进一步提高区域合作的自觉性和坚定性。要做到在资金上互相支持，技术上互相转让，人才上互相流动，经验上互相借鉴，责任上互相承担，成果上互相分享，只有这样才能让循环经济的发展迈上新的更高的台阶！

九、靠循环经济的文化理念系统来引导

循环经济作为一个新的理念，有一个逐步认识和深化的过程。要树立循环经济的文化理念，我看就是要有"负责"的精神，具体来说就是"三个负责"：一是对现实负责。我们的地球经过近 100 年的大力开发已经千疮百孔，据统计我国每年流失的土壤总量达 50 多亿吨，相当于在全国的耕地上刮去 1 厘米厚的地表土，最近 40 年来全国已有近 50% 的湿地不复存在，有 13% 的湖泊已经消失；全国沙化土地总面积已超过 174 万平方千米，占全国土地面积的近两成，大约有 1.7 亿人口的生产、生活正在受到沙漠化的严重威胁。触目惊心的数字告诉我们，人类不能再毫无节制的破坏自己的家园，保护生态，刻不容缓。这不光是工业生产领域的事情，其实跟我们每一个人的生活也是息息相关。环境保护要从小做起，从我做起，从家庭做起，从单位做起，推进家庭日常生活用品的节约，把节约资源、回收利用废物等活动变成全体公民的自觉行为，逐步形成节约资源和保护环境的生活方式，建立节约型的社会消费模式，形成资源节约型，环境友好型，生态文明型社会的

基础。二是对历史负责。据统计，全球已探明的石油只能用40年、天然气是60年、煤炭则是100年。新能源和可再生能源的发展被提上了日程，同时发展循环经济也是解决能源危机，实现可持续发展的重要途径。我们不能吃了祖宗的饭，断了子孙的粮啊！政府机构要率先垂范、厉行节约，反对浪费；开展节约型城市和无浪费企业创建活动，创建"绿色饭店"，减少一次性产品消费；开展公共场所的资源节约活动，如学生食堂、饭店的节粮，各类教材的重复使用等；开展再生资源分类回收、再生能源利用等试点示范。三是对人类自身负责。要广造舆论，将循环经济内容纳入国民教育体系和各高等院校教学计划，引导党员干部、青少年学生和社会公众树立循环经济意识，积极倡导合理消费。要搭建起有生动感人的载体。电视上有栏目，比如河南电视台就有一档专门宣传生态文明和环境保护的节目《绿色时空》；文艺上有节目，歌曲、曲艺、话剧等多种文艺形式宣传环保；此外，多组织一些宣传生态文明的社会活动，加快建设生态文明宣传教育示范基地，运用多种形式和手段，深入开展生态文明宣传教育和知识普及活动。

注：本文为2010发展中国论坛（北京）上的主报告整理稿。

浅谈低碳经济发展的
几个主要问题

　　低碳经济是以低能耗、低排放、低污染为基础的经济模式，是人类社会继农业文明、工业文明之后的又一次重大进步。有一种说法，叫作农业文明是黄色文明，工业文明是黑色文明，以低碳经济为代表的生态文明是绿色文明。低碳经济说到底，就是能源高效利用、开发清洁能源、追求绿色GDP的问题，核心是能源技术和减排技术创新，转变经济增长方式；产业结构调整，寻找新的经济增长点以及人类生存发展观念的根本性转变。中国政府在2009年9月的联合国气候变化峰会上提出争取到2020年，单位GDP二氧化碳排放量比2005年降低40%～45%，这是中国节能减排政策的一个重大举措。"低碳经济"的提出是针对全球气候变暖对人类生存和发展的严峻挑战。在此背景下，"低碳经济"、"低碳技术"、"低碳生活"等一系列新文化、新概念、新政策、新法律等应运而生。能源结构与经济模式大变革的结果，将为逐步迈向生态文明走出一条新路，那就是：抛弃20世纪的传统增长模式，直接应用新世纪的创新技术与创新企业，通过低碳经济模式与低碳生活方式，实现社会可持续发展。可以说，低碳经济是科学发展的必然选择，是时代发展的呼唤。真正做到低碳发展，就能使资源利用率更高，节约能源更多，污染排放更低，经济效益更好。不然就必然会经济上失票子，外贸上挨棍子，政治上丢面子，发展上断路子。我看低碳经济是不是可以从以下几个方面来理解，提出来与在座的各位领导和专家做个交流：

一、低碳的生活习惯

所谓"低碳生活"，就是把生活作息时所耗用的能量尽可能地减少，从而减低二氧化碳的排放量。低碳生活，对于我们这些普通人来说是一种生活态度，也是一种文明风度。我们应该积极提倡并去实践低碳生活，要从日常生活中的节电、节气、节水、节煤点滴做起，积少成多，个人有利，国家受益。以一个三口之家的衣食住行为例，"衣"，每月添置一件新衣服、每年用 10 千克洗衣粉，一年在"衣"方面排碳 212 千克；食，按每天消耗肉制品 1 千克，粮食 2 千克计算，每年在吃上排碳 1060.42 千克；住，三口之家平均住房面积 81 平米左右，供暖排碳 3859.65 千克，用电排碳 1570 千克，煤气排碳 1065 千克；最后来看"行"，假设家庭有一部中耗油小轿车，每年行驶 1 万千米，加上乘坐一次 1000 千米的飞机，一年下来排碳 3804 千克。衣食住行就要排碳高达 11585.69 千克，也就是说相当于11.59 吨标煤。如果用植树来抵消的话，至少需要种植 110棵树，才能在未来 30 年逐渐将一年中的碳排放归零。培育低碳经济意识、低碳生活方式。主要应戒除四个嗜好：一是戒除以高耗能为代价的"便利消费"嗜好。"便利"是现代商业营销和消费生活中流行的价值观。不少便利消费方式在人们不经意中浪费着巨大的能源。比如：据制冷技术专家估算，超市电耗 70% 用于冷柜，而敞开式冷柜电耗比玻璃门冰柜高出 20%。由此推算，一家中型超市敞开式冷柜一年多耗约 4.8 万度电，相当于多耗约 19 吨标煤，多排放约 48 吨二氧化碳，多消耗约 19 万升净水。二是戒除使用"一次性"用品的消费嗜好。无节制地使用塑料袋，是多年来人们盛行便利消费最典型的嗜好之一。要使戒除这一嗜好成为人们的自觉行为，单让公众理解"限塑"意义在于遏制白色污染。其实"限塑"的意义还在于节约塑料的来源——石油资源、减排二氧化碳。据中国科技部《全民节能减排手册》计算，全国减少 10% 的塑料袋，可节省生产塑料袋的能耗约 1.2 万吨标煤，减排 31 万吨二氧化碳。三是戒除以大量消耗能源、大量排放温室气体为代价的"面子消费"、"奢侈消费"的嗜好。有统计表明全国车市销量增长最快的是豪华车，其中高档大排量的进口车、大排量的多功能运动车等。与此相对照，不少发达国家都愿意使用小型汽车、小排量汽车。提倡低碳生活方式，并不一概反对小汽车进入家庭，而是提倡有节制地使用私家车。日本私家车普及率达 80%，但出行并不完全依赖私家车。在东京地区私家车一般年行使 3000～5000 千米，而上海私家车一般年行使 1.8 万千米。国内人们无节制地使用私家车成了炫耀型消费生活的嗜好。有些城市的重点学校门口，接送孩子的车辆往往超过百台，将周围道路堵得水泄不通。这样继续下去，可以讲能源无法支撑，道路无法承受，事故也不断上升。据统计，全国每四秒钟就出一起车祸，应当警钟长鸣啊！四是戒除高碳饮食为主导的膳食嗜好。低碳饮食，就是低碳水化合物，主要注重限制碳水化合物的消耗量，增加蛋白质和脂肪的摄入量。目前我国国民的日常饮食，是以大米小麦等粮食作物为主的生产形式和"南米北面"的饮食结构。而低碳饮食可以控制人体血糖的剧烈变化，从而提高人体的抗氧化能力，抑制自由基的产生，长期还会有保持体型、强健体魄、预防疾病、减缓衰老等益处。由于目前国民的认识能力和接受程度有限，不能立即转型。因此，低碳饮食将会是一个长期的、艰巨的工作。不过相信随着人民大众普遍认识水平的提高，低碳饮食将会改变中国人的饮食习惯和生活方式。当前，特别是浪费现象十分严重，饭桌上大约各三分之一，即：三分之一吃了，三分之一放着，三分之一倒掉，不但浪费了粮食，还污染了环境！

二、低碳的文化理念

不断恶化的生态环境给人类敲响了警钟。加强宣传和引导，提升全社会的低碳意识，形成对低碳经济的文化支撑已成为必然选择。首先要了解低碳经济发展的历史，筑牢低碳化的理念。从社会公德、职业道德、家庭美德和个人品德等方面入手，推进低碳意识教育，鼓励广大人民群众自觉投身低碳生活的实践。提倡绿色出行，减少一次性用品使用，养成节约资源与保护环境的生活习惯。据说，我们每年仅饭桌上用的一次性手巾和筷子所消耗的木材，就相当于一个大小兴安岭的森林，这多么惊人啊！其次要让低碳知识进入教材，进入课堂，进入考核，进入千家万户。将低碳内容纳入国民教育体系和各高等院校教学计划，引导党员干部、青少年学生和社会公众树立低碳价值意识、高碳忧患意识、减碳责任意识。积极倡导合理消费，引导绿色消费，自觉减少过度消费对自然环境产生的污染和对资源的无序开发。建立并完善激励购买无公害、绿色和有机产品的政策措施和服务体系，推行低碳采购制度，推进低碳销售，以低碳消费带动低碳生产，以低碳生产促进低碳消费。第三要有广泛的公众参与体系。要采取多形式、多方位、多层面宣传低碳文明和低碳知识、政策和法规制度，弘扬低碳文化，倡导低碳生活，营造全社会关心、支持、参与低碳生活的文化氛围。切实做到电视上有栏目，电台上有声音，文艺上有节目，画报上有图片。此外，多组织一些宣传低碳生活的社会活动，加快建设低碳经济宣传教育示范基地，运用多种形式和手段，深入开展低碳理念宣传教育和知识普及活动。特别是加强对领导干部、重点企业负责人的低碳意识和观念培养，同时抓好节能减排从小做起，从我做起，从家庭做起，从单位做起，形成资源节约型，环境友好型，生态文明型社会的基础。充分发挥低碳经济社团的作用，为各种社会力量参与低碳活动搭建平台。

三、低碳的科技研发

低碳经济发展的根本出路在科学技术。发展科技的根本出路我看不外乎三条：第一是让老百姓用得起，太昂贵了不行；第二是让老百姓用得住，老出毛病不行；第三是让老百姓用得会，太复杂了不行。具体的途径有三：一是引进消化，借鉴国外的优秀技术；二是自主创新，自己创造核心的技术；三是技术改造，在使用中不断发展，不能成果千千万，生产不见面。为此，要大力提升原始创新能力，突破长期制约生态环境保护的技术"瓶颈"；把自主创新和引进消化吸收结合起来，集中力量组织攻关，力争在环保关键技术、应用技术方面取得突破，切实提高我国环境保护的科技含量。发展低碳能源技术、二氧化碳收集储存技术研发等已纳入我国"863"和"973"等科技支撑计划。发达国家在这些技术上起步不久，我国的差距并不大。近三年来，中央财政的科技投入每年增长都在 20% 以上。尤其是去年，在财政十分困难的情况下，预算内财政投入增加 30% 以上。2010 年中央财政科技支出安排 1632.85 亿元，仍然高于中央财政支出平均增幅。其中，将安排 300多亿元专项资金，重点支持包括能源与环保在内的关键领域的自主创新。科技研发方面是不是应该重点是抓好以下三方面：（1）发展壮大循环经济。重点抓好工业节能减排。发展循环经济，将减量化放在优先位置，减量化从减少生产环节入手，推进资源能源的循环利用和高效利用，变废为宝，化害为利。我在安徽调研时看到的铜陵有色便是一个发展循环经济的典范，他们为解决资源枯竭和资源综合利用率不高的问题，大力发展循环经济，2005 年 10 月，被国务院确立为国家首批循环经济试点企业。铜陵有色控股的铜冠冶化分公司化工循环经济工业园让人看后颇受启发，其中的硫酸厂以铜陵有色所属铜矿副产品硫精砂为原料，产生的烟气用于制酸，烧渣与铁精砂配比后生产铁球团，产生的含硫烟气经脱硫装置回收后返回制酸系统生产硫酸；硫精砂焙烧过程中的余热用于发电和生产蒸汽，满足园区内其他项目的电力和供热需求，形成了铜矿开采副产品硫精砂到硫酸到铁球团再到余热发电、余热蒸汽利用的循环经济链。像这样的企业既有经济效益，又有社会效益，还有政治效益，他们的做法和经验值得大力推广和借鉴。（2）加大新能源和可再生能源开发利用的扶持力度。尽管世界上还没有一个国家依靠新能源可再生能源完成工业化，但面对气候变暖的现实，各国已将可再生能源作为投资和扩大就业的重要领域，并成为国际竞争的焦点。我们欣喜地看到中国各类可再生能源产业迅速发展，到 2008 年底，水电累计装机总容量达到 1.72 亿千瓦，年发电量达到 5600 多亿千瓦时，风电装机容量连续 4 年翻番，累计总装机容量达到 1250 万千瓦。太阳能光伏电池的生产能力显著提高，到去年年底实际产量 200 万千瓦，这个数量已经居于世界首位。太阳能热水器年生产能力达到 4000 万平方米，太阳能热水器使用量超过 1.25 亿平方米，占总使用量的 60% 以上。生物质能的开发利用也有较大的发展，其中到去年年底，用沼气做饭的已超过了 3000 万户，大型的沼气设施建设已达到 2500 多处。（3）重视低碳技术的研究开发和技术储备。2008 年，全球气候变化行业中的上市企业（包括可再生能源发电、核能、能源管理、水处理和垃圾处理企业）的营业总额达到了 5340 亿美元，超过了 5300 亿美元的航天与国防业的营业总额。当年全球经济大幅衰退，但低碳行业 2008 年的收入增长了 75%。低碳行业正成为全球经济新的支柱之一。根据联合国和世界银行预测，从现在到 2012 年间，全球碳交易市场规模每年可达 600 亿美元，2012 年全球碳交易市场将达到 1500 亿美元，有望超过石油市场成为世界第一大市场。我们应该清醒地认识到，掌握了低碳技术，就掌握了未来低碳经济的主动权。可以讲，发展低碳技术是缓解气候危机的根本出路，也是建设环境友好型、资源节约型社会的重要途径。这应该是金融危机之后全球范围最大的共识。从现实情况来看，发展低碳科技主要应拓宽几个路子：一是使用推广的路子，使科技转化为生产力。二是综合发展的路子，调整产业结构加强节能减排。三是提高效益的路子，真正做到经济效益、社会效益和环境效益的有机统一。

四、低碳的产业体系

企业作为经济建设和社会建设的基础力量，是维护生态文明和环境保护的生力军。实践证明，绿色企业、绿色产品深受社会所欢迎，绿色责任，绿色科技能提升企业的核心竞争力。2009年3月，英国《星期日泰晤士报》发布绿色富豪榜，在上榜的全球100位绿色巨人中，中国内地占17席，其中11人是从事太阳能产业的。加快产业结构调整，转变经济增长方式是历史发展的必然选择。对于低碳产业体系来说，我感觉应该是从以下九大产业入手，不断向前推进：（1）环境保护产业。主要是面向末端污染控制的产业，面向洁净生产技术的产业，面向绿色洁净产品的产业，面向生态环境功能服务的产业。实践表明建立在循环经济理念基础之上的环境产业必将作为新的经济增长点与信息技术、生物技术并列为当代最具发展潜力的三大领域，是21世纪世界性的主导产业之一。（2）废弃物再生利用产业。中央领导强调，要开发"城市矿山"。工农业的许多废弃物是宝贵的物质资源，用好了将产生巨大的经济效益、社会效益、生态效益，不利用将造成巨大浪费和严重污染。（3）节能降耗产业。2008年中央财政支持推进节能减排工作的资金增加到418亿元。2009年又增加到495亿元。2010 年国家共安排节能减排资金 800 多亿元。节能减排是艰巨的战略攻坚任务，也可带来重要的发展机遇。（4）可再生能源与新能源产业。现在世界各国都投入巨资，大力研究和发展太阳能、风能、水能、核能、生物质能、地热能、潮汐能等可再生能源、新能源产业。今年中央财政安排 109 亿元用于发展风能和太阳能光伏产业。我国太阳能的开发利用已走在世界前列。（5）健康产业。推行循环经济就是给老百姓送去最大的健康。食品、药品、住房、生态环境建设等方面，都与健康产业密切相关。因此与人人有关，市场需求无限，商机无限。（6）服务经济。发达国家服务业占 GDP 的比重高达 75%，美国服务业占 GDP 的 82%，占国家税收的 84%；英国服务业占 GDP 的 86%；我国只有 40% 左右，不仅低于世界平均水平 60%，而且低于发展中国家 45% 的水平。服务经济、现代服务业，主要包括生产性服务业、生活性服务业、新型服务业三部分。其中新型服务业包括金融、保险、信息、中介等行业。（7）创意经济。创意经济在各个领域都有着广泛的运用，如创意工业、创意农业、创意商业、创意建筑业、创意旅游等等。有些地方还用突破陈规的新创意来解决经济发展方式粗放问题、资源环境问题、节能减排问题、交通拥挤问题、市场风险问题、金融危机问题，等等。国外学者在前几年就指出，全世界从事创意行业的人有 1 亿~1.5 亿，创意经济每天创造 220 亿美元，已经占到全球 GDP 的 7%，并以每年 10% 的速度增长，大大高于全球 GDP 的增长速度。（8）低碳经济。2008 年全球经济大幅衰退，但低碳行业的收入大幅增长了 75%。低碳行业正成为全球经济新的支柱之一。（9）甲醇经济。它既可以解除人类社会对正在不断减少的石油、天然气、甚至煤炭资源的依赖，又可通过对过量排放的二氧化碳气体的回收循环利用，减轻或消除日益严峻的全球变暖问题，从而提供了一种跨越油气时代，解决能源问题新的可行性途径。

五、低碳的政策保证

从我们国家的政策导向看，国家的各项政策都在逐步向低碳经济倾斜。重点强调以下"六大政策"：一是优惠的税收政策。通过一系列的优惠税收政策，支持和推动企业、公众大力发展低碳经济。对低碳经济企业给予税收方面的优惠，同时实施开征环境税，以帮助控制二氧化碳的排放量。二是积极地投资政策。加大对低碳经济产业的投资：我国最近几年用于"绿色行业"风险投资增加了一倍多，占总投资的19%。2007年，中国的项目融资达到108亿美元，中国五大银行工业效率项目贷款达1063亿元人民币：清洁能源项目（不包括大水电）投资较2006年增长91%，达到108亿美元，据估计到2020年将达到2680亿美元。在2008年中国政府4万亿的经济激励计划中，以环境基础设施建设、新能源开发和能效提高为重点投资领域。三是倾斜的财政政策。法国自2008年对每千米二氧化碳排放量低于100克的汽车给予5000欧元奖金，对超过160克的汽车最高可征收2600欧元的尾气排放超标税。这一政策使去年法国低二氧化碳排放车辆的销量比2007年增加了77%。2009年2月5日，我国国家财政部、科技部发出了《节能与新能源汽车示范推广财政补助资金管理暂行办法》，针对公共服务领域购车进行一定的补贴，在北京、上海等13个城市进行试点示范。四是灵活的金融政策。著名的麦肯锡研究报告称中国构建"绿色经济"从现在到 2030 年需 40 万亿，也就是说年均需 1.8 万亿元人民币的资金投入，才能有效实现"绿色经济"。虽然中国政府不断加大财政预算，通过银行推动绿色信贷，还积极推行合同能源管理等新型融资方式，并与国际金融机构广开合作之门，甚至开始建立国内首个环境交易所，拓展融资渠道。但是，这些努力带来的资金非常有限。融资机制匮乏限制了新能源产业发展的速度，甚至可能损害新能源产业的健康发展。在这方面，还应呼吁政策放得更宽一些，融资渠道更多一些，建设步子更大一些。五是严格的采购政策。将低碳产品列入政府采购目录，规定低碳产品的采购比例，采购范围和采购标准，以此推进低碳产品的推广和应用。决不能使低碳技术的靓女嫁不出去，而使落后的生产方式长期存在。六是合理的补偿政策。我国应该尽快建立完善的生态补偿制度，依照国际通用的"碳源—碳汇"平衡规则，生态受益区在享受生态效益的同时，应拿出享用"外部效益"的部分份额，对生态保护区进行补偿。中国区域的"碳源—碳汇"平衡原则是将碳源排放空间作为一种稀缺资源，碳汇吸收能力作为一种收益手段，利用我国区域间碳源和碳汇拥有量的不平衡，通过有效的交换形式，形成合理的交易价格，使生态服务从无偿走向有偿。

总之，概括起来就是五句话：低碳生活习惯是基础，低碳文化理念是主导，低碳科技研发是支撑，低碳产业体系是保障，低碳政策激励是动力。

注：本文为 2010 山东生态文明发展论坛上的讲话整理稿。

太湖治理初步形成了
七个长效机制

　　首先，很高兴来到国家行政学院，同在座的各位领导和同志们见个面，做个简单的交流。说起咱们行政学院，我还是比较熟悉的，咱们的院长、国务院秘书长马凯同志与我是中央党校的老同学；我老家山东的父母官姜异康同志也是从这里走出去的；原中组部副部长李建华同志也是从穿军装开始参加工作的，经过几十年的磨砺也来行政学院担任党委书记、副院长了。学院培养的对象也是全国奋发有为，发展潜力很大的后备干部。从院长的配备，到学员的培训，从一个侧面说明了咱们学院确实地位重要，作用重大，任务光荣。特别是近年来，学院实施特色立院、质量兴院、人才强院战略，坚持科学建院、民主建院、依法建院，以改革创新为动力，大力深化教学改革，在创建国际一流行政学院的道路上阔步前行，取得的成绩可喜可贺！

　　这次，应文彰副院长和占斌主任之邀，主要谈一谈环境综合治理体系建设问题的粗浅看法，同大家共勉，讲错了的请大家批评指教。可以说我所有的思考、讲话、文章都是来源于实践，都是从群众经验中提炼、总结出来的东西，是一些切实管用的亲身感受。这次文彰副院长和占斌主任对我说，学院办个中央和国家机关司局级低碳经济专题培训班。大家都是在一线工作的专家型领导干部，我讲的东西可能更贴近于实践，能够引起一些共鸣，起到一点有益的参考作用，本人也就足矣了。所以我欣然应允，来跟大家聊聊天。虽然不是讲大课，而是交流看法，但我还是很重视的，总担心外行给内行讲话，不但可能出丑，还怕谬种流传。为此，我的讲稿专门征求过水利部水土保持司刘震司长、水资源司孙雪涛司长、太湖流域管理局叶建春局长以及江苏省人大环资城建委陶培荣主任等有关部门领导的意见，进行了一点必要的准备。

　　5月份，我和全国人大环资委调研室的何嘉平等同志率领中华环保世纪行的近20名中央新闻媒体的记者会同水利部、环保部的有关同志在水利部太湖流域管理局的大力协助下，在江苏省人大及有关部门的周密安排下，就太湖流域水污染防治开展了调查研究，跟踪报道，到上海、南京、常州、无锡、苏州、宜兴，看过之后深受启发，也由衷的为他们感到高兴，总体的感觉是：越听越有听头，他们的规章明晰、措施得力；越看越有看头，他们的科技领先、设备齐全；越想越有想头，他们的做法令人鼓舞、发人深省；越写越有写头，他们的成绩值得充分肯定、大力宣传报道。

　　大家知道，太湖流域面积3.69万平方千米，地处长江三角洲核心区域，北依长江，南濒杭州湾，东临东海，西以茅山、天目山为界，行政区划分属江苏、浙江、上海、安徽三省一市。太湖流域位于长江三角洲的核心地区，是我国经济最发达、大中城市最密集的地区之一。流域总人口5159万人，占全国总人口的3.9%；GDP总量高达3.68万亿元，占全国的11.0%；人均GDP7.1万元，是全国人均 GDP 的 2.8 倍，地理、战略和经济优势突出。但是，随着流域内经济社会快速发展，污染物排放量不断增加，太湖水环境呈现出恶化趋势。因此，党中央、国务院对太湖治理历来高度重视，20 世纪 90 年代初，国务院就决定对太湖流域进行综合治理，"九五"时期又把太湖列为国家重点整治的"三河三湖"之一。特别是 2007 年，无锡供水危机发生后，胡锦涛总书记、温家宝总理、李克强副总理等党和国家领导人分别作出了重要指示，要求把太湖治理作为生态文明建设的重中之重，下决心根治太湖水污染问题，努力让太湖这颗"江南明珠"重现碧波美景。今年整个太湖水文气象形势比 07 年还严峻，但没有发生蓝藻事件；三类水质达标断面的比例还由 19% 提高到了 31.4%；工农业和生活用水正常供应。这不仅说明太湖流域水环境综合治理取得了实实在在的成效，而且还初步形成了长期管用的有效机制。我们调研组看了一路，听了一路，记了一路，学了一路，也报道了一路，为了方便大家理解记忆，我把调研后和有关专家共同的感受概括为"七个基本体系"，说一说，供大家参考：

一、制度化的领导体系

加强江河湖泊治理，促进生态文明建设，贯彻落实科学发展观。这就要求我们要协调、平衡、可持续发展。我体会，科学发展观应该从三个方面来理解：首先要有科学的世界观，解决为谁发展的问题；其次要有科学的历史观，解决靠谁发展的问题；最后要有科学的发展观，解决怎样发展的问题。在治理太湖领导体系建设方面主要是体现在

"三度"上，我看效果不错：

（一）认识上有高度，把太湖治理纳入流域治理综合规划和经济社会发展整体规划，常抓不懈

在国务院批复的《太湖流域水环境综合总体方案》的基础上，太湖流域水功能区划、水资源综合规划、防洪规划等一批规划已经国务院批复实施，太湖流域综合规划已通过水利部审查，流域水环境综合治理规划体系基本形成。流域涉水开发利用行为得到进一步规范，以规划促管理、以规划促治理。江苏省等流域相关省（市）委、省政府把太湖治理纳入经济社会发展整体规划，纳入领导责任制，纳入干部考评标准，纳入人大和群众监督。如江苏省原来的老书记、现任中组部部长的李源潮，原常务副省长、现任贵州省长的赵克志，江苏省委书记罗志军和省长李学勇都多次赴太湖检查指导，他们每年定期组织召开专题会议，研究综合治理措施，不断加大了工作的推进力度；省人大常委会定期听取省政府关于太湖水污染防治工作的情况报告；他们还经常组织省人大代表、省政协委员、省政府参事等视察治太工作，积极出谋划策。层层做到"四个不放手"，即情况了解不清楚不放手；提不出有效的建议来不放手；问题不解决不放手；经验教训总结不出来不放手。

（二）工作上有力度，健全各种组织，完善领导责任制

国家发改委牵头，成立了由江苏、浙江、上海市人民政府和十三个部委组成的太湖流域水环境综合治理省部际联席会议制度（以下简称"联席会议"），为统筹解决综合治理中的重大问题提供了很好的平台，加强了监督检查，

推动部门、地方之间的沟通与协作。两省一市会同水利部太湖流域管理局、环保部华东督查中心建立了太湖流域两省一市水环境综合治理及蓝藻应对一线协调机制；水利部会同两省一市成立了太湖流域水环境综合治理水利工作协调小组；两省一市分别成立了"江苏省太湖水污染防治委员会"、"浙江省太湖流域水环境综合治理领导小组"、"上海市太湖流域水环境综合治理联席会议"，建立和完善各项规章制度和工作机制，各级政府、部门的工作任务和目标责任分解、落实到位。江苏还探索建立了"河长制"这一新的地方行政首长责任制的落实机制，通过全面推行"河长"制，把治污责任落到实处。这次调研的江苏省各级政府硬性规定了对治理太湖的职责，坚持太湖治理一票否决制。对15条主要入湖河流实行"双河长制"，分别由省政府领导、省有关部门负责同志担任省级层面的"河长"，地方层面的"河长"由各市县政府主要负责同志担任，共同推进小流域综合整治，创新了环境保护的领导机制；调整充实了省太湖水污染防治委员会，由省长任委员会主任，常务副省长、分管水利和环保的副省长分别任副主任，苏南五市和省各有关部门一把手担任委员会成员；成立了省防控太湖蓝藻应急处置工作领导小组，下设6个专门工作机构，协调指挥应急处置工作，形成了良好的突发事件应对机制。做到平时工作有人抓，把基础打牢；突发事件能对付，措施可行；有了成绩受鼓励，奖励到人；发生问题立刻问责，惩罚也到人。

（三）专家参与决策有强度，不断提高决策的有效性

国家层面有太湖流域水环境综合治理专家咨询委员会，

借助每年召开的联席会议平台，为综合治理中出现的重大问题提供专家咨询。江苏省先后成立了由资深专家组成的省太湖水污染防治和蓝藻治理专家委员会，形成了良好的决策咨询机制。组织专家结合各自专业特长，推广应用成熟的研究成果，重点加强总氮控制技术研究，及时总结生态清淤、湿地修复、蓝藻打捞、农业面源、生态拦截等方面的经验，为太湖水污染防治提供科学技术支撑，"蓝藻机械化打捞及无害化、资源化处置关键技术研究与示范"、"水体氮磷生物富集和资源化技术集成研究与示范"等国家973科技支撑计划项目取得新进展，全面提高科学治太水平。

二、科学化的规划体系

要想把太湖治理好，流域是一盘棋。在建立流域综合规划体系建立后落实是关键。这次调研的江苏省坚持在全局规划建设中做到"三个纳入"：一是纳入发展整体规划，目标明确，措施可行，做到单位有目标，领导有责任，群众有要求，形成全民联动。他们按照省政府"调高、调优、调新"产业结构的要求，编制了太湖地区产业发展指导目录，并纳入了"十一五"和"十二五"发展规划，大力发展节能降耗的新兴产业，发展先进制造业，改造提升传统产业，培育高新技术产业，发展高端服务产业，淘汰落后产能。其中一级保护区内全面禁止原料工业发展，严格限制一般加工工业，全面推进研发中心集聚、商务服务集聚、教育文化集聚，建成现代服务业高地，形成以高新技术产业为主导、现代服务业为支撑的产业发展新格局，从源头上解决太湖流域水环境污染问题。二是纳入政府财政金融支持，按产值比例逐步加大治理投入，并逐步拓展各种投资渠道，确保治理太湖的基本需求。根据太湖流域水环境综合治理总体目标和主要任务，他们以突出重点、优化结构、分步推进为原则，建立了"政府引导，地方为主，市场运作，社会参与"的多元化筹资机制，全省共安排十大类主要工程和项目，总投资为1083亿元；三是纳入监督考评体系，把环境治理作为重要标准，来评价干部政绩，并实行一票否决制。江苏省太湖办对《江苏省太湖流域水环境综合治理实施方案》执行情况实行全面监督，负责检查、考核下级政府和省有关部门履行职责、开展工作及任务完成情况，对没有完成工作任务的，下发《督察意见书》，责令及时整改；省审计厅负责组织对项目资金安排、相关经济政策执行情况等开展年度专项审计；省发改委会同省太湖办、环保厅做好《实施方案》执行情况年度绩效评估，组织开展中期评估并及时报告省政府，适时提出工作建议和改进措施，保证太湖治理目标的实现。他们还将《实施方案》完成情况列入各地各部门行政效能考核和领导干部工作实绩考核内容。工作扎实认真、完成任务较好、成效显著的责任单位及其主要负责人，省政府给予表彰奖励；不能按期完成目标任务又无恰当理由的，对主要责任人给予批评；失职渎职的，由纪检监察机关追究责任。省太湖水污染防治委员会每年公布上年度太湖流域各地水环境质量状况、重点工程建设情况和各成员单位工作进展情况，并通过新闻媒体向社会公布。

这方面，他们在"推进三个创新"上下了不少功夫：

一是加快推进思想观念创新。突出表现为"四个转变"，即：在治理思路上，从末端治理为主向源头治理为主转变；在治理建设上，从单一工程项目向流域综合治理转变；在治理目标上，从遏制水质恶化向重建生态系统转变；在治理方法上，从重视工程建设向建设管理并重转变。

二是扎实推进体制机制创新。主要体现在"四个健全"上：首先健全机构设置，他们成立了省太湖水污染防治办公室，在不替代相关职能部门和地方工作前提下，对太湖治理统一履行"组织实施、综合监管"职能；成立农村生活污水处理专门管理机构，对农村污水处理设施实行统一管理。形成了纵向到点，横向到边的管理组织。其次健全工作机制，开展排水达标区网格化建设，推行环保代表进驻企业、治理技术无偿服务等制度，有效提升了污染控制水平。我们参观过无锡的湖滨路商业街，就有洗衣机排水入网，理发店排水有防发网，餐厅排水有防油网等。再次健全投资渠道，省财政每年安排 20 亿元作为专项引导资金，目前已累计下达四期 75.08 亿元。几年来全社会共投资 500 亿元支持了 3152 个重点项目建设。这样政府有示范，企业有效益，全民都参与。整个社会治理太湖有钱出钱，有物出物，有技术出技术，有劳力出劳力等。最后健全相关政策，他们启动实施了氮、磷排污费征收工作，推进排污权有偿使用和交易试点，已有 900 多家企业申购了排污指标，金额超过 1.2 亿元。还出台了《关于推进环境污染责任保险试点工作实施方案》，积极试行环境资源区域补偿制度，进一步明确了上下游之间治污责任。

三是逐步推进规章制度创新。他们于 1996 年就制定实施了《江苏省太湖水污染防治条例》，2007 年根据新的形势进行了修订，并于 2008 年 6 月正式颁布施行。新修订的

《条例》主要突出了"三严",即:严格的环境管理制度、严密的环境监控体系、严厉的环境处罚措施,为加强监管、为依法治太提供了可靠保障。为此他们先后出台了严于国家标准的《太湖地区城镇污水处理厂及重点工业行业主要水污染物排放限值》、《纺织染整工业水污染物排放标准》、《化学工业水污染物排放标准》等地方标准,并按新标准对城镇污水处理厂及六大重点行业实施提标改造,通过倒逼机制推进产业结构调整和企业减排。国务院批准国家太湖治理总体方案后,江苏省又结合实际制定了实施方案,全力推进各项工作开展。省政府还制定下发了《防控太湖蓝藻暴发确保安全度夏实施方案》、《省太湖蓝藻暴发应急预案》,每年与各有关部门和地方签订年度治太目标责任书,层层分解落实目标任务,明确重大意义,明确各自责任,明确奖惩标准,明确激励政策,明确考评办法,明确监督措施,为太湖治理提供了重要的制度保障。

三、市场化的运作体系

这次调研的江苏省通过推进制度创新,多方筹措治太资金,不断拓宽资金来源的"四大渠道":

一是提高污水处理费用。太湖地区五个省辖市和大部分县(市、区)污水处理费已调整到 1.3～1.6 元/吨,占总水价的比例达到45%,基本保证了污水处理厂正常运行,略有盈利,做到谁排污谁出钱,谁处理谁得利,变要我处理为我要处理,调动了污水处理的积极性、创造性和有效性,促进了污水管网建设和污泥处置,不断提高了太湖水的达标质量。

二是实行环境资源区域补偿制度。他们正在加紧制订补偿资金使用管理试行办法；陆续出台了《江苏省太湖流域主要水污染物排污权交易管理暂行办法》、《关于推进环境污染责任保险试点工作实施方案》，扩大排污权交易范围。据太湖流域管理局统计：2010 年，江苏、浙江两省超过 2600 家企业列入排污权有偿使用范围，化学需氧量交易量达 5.65 万吨，交易金额达 2 亿元。

三是加大财政资金投入。2010 年，省级财政安排 17.5 亿元用于太湖治理，流域各市县分别设立财政专户，将新增财力 10－20％用于太湖治理。加上所带动的社会治太资金，去年治太总投入近 120 亿元。这样做不仅使治太资金逐步扩大，而且还能鼓励先进，鞭策后进，推动产业结构的调整。

四是突出经济结构调整。围绕省委、省政府确定的"新兴产业倍增计划、传统产业升级计划、服务产业提速计划"和 13 个产业振兴规划纲要，太湖流域加快调整产业结构、转变经济发展方式的步伐，从根本上解决太湖水环境污染问题。大力推进循环经济发展，加快新能源研究利用，推动节能减排整体推进，建成了苏州工业园区、昆山经济技术开发区等 5 家国家生态工业示范园区，建成数和创建数列全国第一。在加快淘汰落后产能方面，他们累计关闭化工企业 3361 家，限期治理或停产整治 1000 多家，实施工业企业提标改造 2000 多家，开展强制性和自愿性清洁生产审核近 600 家。

四、综合化的整治体系

太湖流域经过实践形成产业结构调整、控源截污、节水减排、河湖清淤、调水引流、生态修复等措施并举的综合整治体系。流域各省市提前超额完成了国家下达的"十一五"减排任务；他们坚持把太湖水污染防治作为工作的重中之重，认真贯彻实施国务院《太湖流域水环境综合治理总体方案》。近年来太湖主要入湖河道水质明显改善，湖体水质总体稳中趋好，实现了确保饮用水安全、确保不发生大面积"湖泛"的目标。在治理中他们主要采取了六大手段，是很有力的：

一是严格执行控源截污。"十一五"期间，江苏省在全省 GDP 超过翻一番的情况下，保持了环境质量的基本稳定；全省用于环境保护和生态建设的投入累计约 4500 亿元，相当于"十五"时期的三倍；所有县市均建成污水处理厂，城镇污水日处理能力超过了 1100 万立方米，比"十五"末期提高了一倍以上。在工业点源治理方面，整个太湖流域全面禁止化学制浆造纸等 6 类重污染项目，江苏省连续三年开展全省化工生产企业整治，仅苏南地区就关闭近 3000 家小化工生产企业；提高化工项目环保准入门槛，并实施"三不批"，即新建的化工集中区一律不批，集中区外的新扩建项目一律不批，环境基础设施不完善或长期不运行的集中区新改扩建项目一律不批。在农业面源治理方面，对环太湖 1 千米及主要入湖河道上溯 10 千米两侧规定范围内取缔、关停和迁移畜禽养殖场 1700 多处，整治大中型规模畜禽养殖场 517 处。开展畜禽粪便集中处理，资源化利用，并形成 15 万吨商品有机肥生产能力。全面推广测土配方施肥技术，化学农药、氮肥施用量比 2007 年分别降低 20.2% 和 15.2%。完成国家总体方案规定的网围拆除任务，共拆除网围养殖面积 36 万亩。在治污设施建设方面，新建污水收集主管网 11900 多千米，完成污水处理厂提标改造 164 座，累计建成污水处理厂 251 座，形成日处理污水能力 630 万方。新增垃圾日处理能力 9000 吨。太湖地区所有乡镇都建设了污水处理设施，所有的乡村垃圾都纳入了运转处理系统，结合农村连片整治，现已建成 2902 个各种形式的农村生活污水处理装置，占省实施方案近期目标的 88.9%。

二是全面实施湖体清淤。清淤是减轻太湖内源污染，防范蓝藻和湖泛的有效措施。去年一年，他们根据国家总体方案和省实施方案要求，对梅梁湖、竺山湖、贡湖水源地、东太湖及入湖河口实施生态清淤，共完成 60 平方千米 2000 万方清淤任务。此外，还累计疏浚了 280 条入湖河流，共 721 千米，完成土方 2064 万立方米。

三是着力开展生态修复。在太湖流域开展植树造林，建设滨湖林带、人工湿地等生态隔离带。累计建成生态拦截系统 250 万平方米，控制性种养水生植物面积 7 万亩，植树造林 23.8 万亩，湿地面积恢复至 3 万亩以上。为配合湿地保护工程，建成了 3 个国家级湿地公园和 8 个省级湿地公园。既改善了环境，又促进了旅游。

四是积极推进小流域治理。他们按照"治湖先治河"的思路，以 15 条主要入湖河流为重点，组织编制小流域综合整治规划、省界断面达标方案和《太湖一级保护区整治方案》，紧锣密鼓地开展各项治理工作。以漕桥河为示范，全面开展 15 条主要入湖河流水环境综合整治工作，切实做到规划、项目、资金、责任"四落实"。

五是加快推进重点建设。太湖流域水环境综合治理的19项重点水利工程中，截至2010年底，有6项工程已开工建设。江苏省的太湖治理实施方案共确定了12大类1601个项目，总投资1083亿元，投资额比总体方案增加近一倍，其中到2012年要完成805亿元。到2010年底，列入国家总体方案的项目已实施574项，占总项目数89.3%，其中完成391项，完成率为60.8%，完成投资416亿元，占总投资71.3%。列入省实施方案的项目已完成1050项，占总项目数66%，完成投资566亿元，占总投资52.3%。

六是突出抓好蓝藻治理。每年4月10日前后，江苏省政府都要召开太湖安全度夏会议，全面启动应急防控工作。一是加强日常监测预警。健全监测网络，全面启动巡查监测，建立太湖水污染与蓝藻监测预警日报、应急快报制度，实行卫星遥测、自动监测、人工巡测相结合，24小时严密监控太湖水质和蓝藻变化情况。二是全面开展打捞作业。配备机械打捞船，组织专业打捞队伍，基本实现了"专业化队伍、机械化打捞、工厂化处理、资源化利用"。2007年以来，累计打捞203万吨蓝藻，建成8座固定式藻水分离站，形成日处理藻浆1万吨能力。对打捞上来的蓝藻实行科学无害化处置，做到资源化，防止产生二次污染。三是科学统筹调水引流。他们按照温家宝总理提出的"以动制静、以清释浊、以丰补枯、改善水质"的思路，大力实施"引江济太"，最大限度保持太湖生态水位，累计通过望虞河调水77.5亿立方，其中入湖36.7亿立方。通过加强科学调度，严格管理调水沿线入河支流，始终保证调水水质。四是加强供水能力保障。他们按照"河道可控、湖库调节、地下水备用、厂际互通"的要求，建成了 12 条区域供水工程，苏南大部分城市建成了第二水源或备用水源，实现了"双源供水、双重保障"。目前，太湖地区所有水厂均已安装了溶解氧在线检测仪，实时监测原水水质，所有水厂均已安装了粉末活性炭等应急处理设备，推广深度处理新技术，切实提升制水工艺，供水安全保障能力显著提高。

五、特色化的科技体系

实践的经验告诉我们，治理太湖必须依靠先进的科学技术。发展科技的根本出路我看不外乎三条要求，即：第一是让老百姓用得起，太昂贵了不行；第二是让老百姓用得住，老出毛病不行；第三是让老百姓用得会，太复杂了不行。具体的途径也不外乎三条，即：一是引进消化，借鉴国外的先进技术；二是自主创新，自己拥有核心技术；三是技术改造，在使用中不断发展，在发展中应用，不能成果千千万，生产不见面，也不能少数专家空忙，有实践经验的人旁观。

在科技治太方面，这次调研的江苏省主要采取了"三大技术"：一是生态清淤。2007 年以来，江苏省在西太湖主要湖湾区完成了 80 平方千米、2500 余万立方米的清淤量。据中科院南京地理与湖泊所专家检测分析，每清除 1 吨流泥相当于打捞出 0.6 吨蓝藻，对抑制蓝藻发生强度具有重要作用。在工程实施过程中，全部采用先进的环保绞吸式挖泥船，通过 GPS 精确定位，确保不对水体产生较大的扰动；对疏浚余水采用絮凝剂进行净化防污处理，做到达标排放；对淤泥采用固化和资源化利用措施，确保不产生二次污染。同时他们在提高清淤含固率、余水处理、资源利用等方面也取得了一批重要科研成果。二是蓝藻打捞。从2007年开展以来，通过不断的技术创新和实践总结，他们逐步从开始的"人工打捞，勺舀泵吸"发展到现在的"专业化队伍、机械化打捞、工厂化处理、资源化利用"的产业形态，不仅大大提高了打捞效率，而且避免了二次污染。根据太湖蓝藻发生变化特点，沿湖建立了172个打捞点，60个打捞平台，购置170艘机械打捞船，专职打捞人员2000余人。通过固定式打捞平台和和移动式打捞船的有机配合，大大提高了打捞能力和打捞效率。2007年以来已打捞蓝藻210万吨，相当于直接从湖内去除了1050吨氮、210吨磷。三是资源利用。在太湖岸线已经完成了8座固定式藻水分离站建设，日处理藻浆能力达到10000吨，同时继续强化移动式藻水分离车，形成动静结合，相互补充的蓝藻处理工作格局。藻水分离后所得藻泥全部通过堆肥发酵进行沼气发电，或直接制作有机肥，有效解决了蓝藻出路问题，蓝藻制作生物柴油等技术也取得了突破。

六、立体化的监管体系

（一）数据监测信息化

流域管理机构太湖局加强对太湖等重要集中供水水源地、省界断面的水质水量同步监测和重点水功能区监测，开展太湖生态监测，利用卫星影像、现场巡查等方法对太湖梅梁湖、贡湖等蓝藻高发湖区及水源地取水口蓝藻情况进行跟踪监测，在蓝藻高发期（5—10月）调查监测频次增加到一天一次，逐日报送《太湖水质信息》，并建成太湖流域水环境综合治理信息共享平台，初步实现了信息共享。江苏省利用卫星系统、传感技术和信息网络系统，可以说是"陆海空天"全方位覆盖，初步建立了全太湖蓝藻生成、变化监测的预警机制、蓝藻打捞处置智能管理系统。实现了水质自动监测，配置了内陆河流最先进的预警监测船，各监测点的数据一网打尽、一览无余、一切尽在掌握之中，初步建成本省的太湖流域水环境信息共享平台。

（二）环境执法经常化

广泛开展"环境执法行动月"等环境执法行动，采取明察暗访、飞行检查等多种形式，现场督办突出问题，有效遏制了违法排污现象。其中，2010年共出动环保执法人员27万人次，检查企业12万厂次，立案处罚1500件，罚款5000万元，责令限期治理388家、停产整治186家。通过一系列的执法行动，整体环境不断得到改善。目前，江苏省累计建成国家级生态县（市、区）12个、环保模范城市19个、生态工业园区6个，分别占全国的1/2、1/4、1/2，其中，无锡市成为全国首个通过国家级生态市考核的地级市。

（三）日常监督大众化

他们紧紧依靠人民群众，充分调动一切积极因素，齐心协力太湖水污染防治工作。采取多形式、多方位、多层面宣传关于太湖水污染防治的知识、政策和法律法规，弘扬环保文化，倡导环保生活，营造全社会关心、支持、参与太湖治理的文化氛围。特别是强化领导干部、重点企业负责人的保护太湖的意识和观念，让他们自觉依法行政和守法经营。常州市积极推行环保代表制、园区及重点企业水污染处理设施等级评定制、企业环境行为等级评定制、违法企业向社会公开道歉等措施，开展了"环保关系你我他，恳请市民来找差"专项活动，共查找出问题 8357 个，已整改完成 6380 个，充分发挥了社会团体和人民群众的作用。

七、一体化的协作体系

江河湖泊治理不能采取各自为政的做法，必须突破"造福一方"和"守土有责"的狭隘视界，坚持"造福八方"和"合作守土"的区域治理新理念，进一步提高区域合作的自觉性和坚定性，保持合作的经常性和有效性。要做到在资金上互相支持，技术上互相转让，信息上互相提供，人才上互相流动，经验上互相借鉴，责任上互相承担，成果上互相分享，只有这样才能让江河湖泊治理迈上新的更高的台阶！

为加强团结协作，形成太湖治理合力，已经建立了从中央到地方的工作协调机制。太湖流域各省市和水利部太湖流域管理局还建立了太湖流域防汛抗旱总指挥部，江苏省委书记罗志军、省长李学勇先后担任太湖防总指挥长。借助太湖防总这个平台，在保障流域防洪安全的前提下，通过实施引江济太水资源调度，加快了太湖水体置换及河网水体流动，改善了太湖及河网水质，提高了太湖流域水资源和水环境承载能力。

为在法律上形成统一的管理依据，国务院法制办会同相关政府和部门已编制完成《太湖流域管理条例》并已报送国务院办公厅，该条例将流域各省市分割管理水的局面统一起来，改"多龙管水"为"一龙管水"，将有助于解决不同省市之间以及政府各部门之间的职能交叉、政出多门、执法难、管理难等方面的问题，把水资源的开发、利用、治理、配置、节约、保护有机结合起来，实现水资源管理上质与量、除害与兴利、开发与治理、节约与保护的统一，将进一步促进水资源的优化配置，保障经济社会的可持续发展。

太湖流域是我国人口最密集、经济规模最庞大、生态环境较脆弱的地区，也是世界关注，中央重视，举国瞩目的地区。尤其是环太湖五市（苏州、无锡、常州、嘉兴、湖州），正处于工业化、城镇化加速发展阶段，资源供给与利用、环境保护与建设、传统产业与发展方式转变的矛盾十分突出，污染物排放总量居高不下，水污染的流动性与行政区域的分割性使得任何一个地区都难以做到"独善其身"，需要太湖流域各地市长期不懈的努力，只有"和衷共计、同心协力、联防联治、共建共享"才能实现治太目标。环太湖五市地域相近、文化相通、经济相融，存在广泛的共同利益，应当长期保持良好的合作与交流。特别是进入新世纪以来，流域经济一体化进程明显加快，合作与交流日益密切和广泛，建设资源节约型、环境友好型社会逐渐成为全社会的共识，为联合治太、合力治污奠定了坚实的基础。去年，由无锡市人大发起，环太湖五市人大、政府汇聚无锡，发表了"无锡宣言"，迈出了联合治太的第一步；今年4月，环太湖五市人大、政府再次汇聚湖州，围绕进一步提升治太理念，增强治太合力，明确工作重点，建立工作机制等进行研究，达成新的共识，发表了"湖州宣言"，建立起五市人大联合治太工作机制，为地方人大职能作用的发挥进行了积极的探索。

可以说，以上这"七大体系"在太湖综合治理中发挥了"四大作用"，即：在宏观调控中发挥了参谋助手的作用，在联合治理中发挥了协调推动的作用，在信息管理中发挥了示范带动的作用，在科学研究中发挥了攻关推广的作用。我体会，我们的当务之急是以科学发展观为指导，切实走出一条以推进绿色经济发展为重要支点、以建设低碳城市为重要载体、以可持续发展为最终目的的生态文明建设之路。只有这样，才能在生产发展、生活富裕、生态良好的文明发展道路上取得新的更大的成绩，不断为全面建成小康社会、实现中华民族伟大复兴打下更为坚实的基础。

　　注：本文为 2011 年在国家行政学院"中直和国家机关司局级干部专题培训班"上的授课提纲整理稿。

发展绿色经济　建设生态文明

改革开放 30 年来，中国经济取得的成就举世瞩目。如今，我们正处于战略机遇期和矛盾凸显期，中央适时的提出以科学发展观为指导，建设资源节约型、环境友好型社会，保持经济、社会的协调、平衡、可持续发展，实现"生产发展，生活富裕，生态良好"的三生共赢的发展目标。为此，一些领导干部、有识之士、专家学者提出了发展绿色经济增长点、建设绿色城市群、提倡绿色消费观等一系列关于绿色经济的观点和概念，胡锦涛总书记在不久前举行的首届亚太经合组织林业部长级会议上也强调了绿色增长的重要意义。可以说，绿色经济是科学发展的必然选择，是时代发展的呼唤。真正做到绿色发展，就能使资源利用率更高，节约能源更多，污染排放更低，经济效益更好。不然就必然会经济上失票子，外贸上挨棍子，政治上丢面子，发展上断路子。我看绿色经济是不是可以从以下三个方面来理解，提出来与在座的各位领导和专家做个交流：

第一是绿色经济的特征

按照胡锦涛总书记在"十七大报告"中对生态文明的论述来理解，我认为绿色经济的特征是不是可以概括为：

生态观念牢固树立，产业结构调整升级，消费模式适当合理，污染排放有效控制，环境质量明显改善，这五句话。人类文明的发展历史明确的告诉我们，人类已经经历了两次重大的文明交替，首先是农业文明替代了渔猎文明，其次是工业文明替代了农业文明。如今，我们正在经历的就是生态文明替代工业文明这一伟大历史进程。在这一过程中，人类要做到"五个决不能"：

一是决不能污染大气环境。世界卫生组织和联合国环境组织发表的一份报告说："空气污染已成为全世界城市居民生活中一个无法逃避的现实。"工业文明和城市发展，在为人类创造巨大财富的同时，也把数十亿吨计的废气和废物排入大气之中，人类赖以生存的大气圈却成了空中垃圾库和毒气库。大气污染的危害主要体现在三个方面：一是危害人类健康；二是威胁工农业生产；三是造成天气异常和气候变化。

二是决不能破坏生态平衡。生态系统一旦失去平衡，会发生非常严重的连锁性后果。例如，50年代，我国曾发起把麻雀作为"四害"来消灭的运动。可是在大量捕杀了麻雀之后的几年里，害虫没有了天敌，就大肆繁殖起来、导致了虫灾发生、农田绝收一系列惨痛的后果。生态系统的平衡往往是大自然经过了很长时间才建立起来的动态平衡。一旦受到破坏，有些平衡就无法重建了，带来的恶果可能是人的努力无法弥补的。因此人类要尊重自然，敬畏自然，顺其自然绝不要轻易去改造自然，打破平衡。

三是决不能影响生命健康。生态环境决定人类的健康，人类健康离不开生态环境。随着工业排放的污染，造成二氧化碳的不断增加，使人类各种呼吸系统疾病发病率不断升高；随着城市垃圾堆积不断地叠加，使细菌泛滥，各种传染病就开始流行；随着污水排放的增多，地下水质不断变质，土地功能不断遭到破坏，汞、铅等有害元素造成粮食蔬菜损害健康；随着农药化肥的不断使用，造成农田的面染，使粮菜基因发生改变，长期食用，有损于人们的健康等等。有的群众反映：呼吸有颗粒状，喝水有浮游物，吃饭有残留毒，住房有甲醛害……这样的环境人们怎么能不担忧，又怎么能身心健康？

　　四是决不能阻碍可持续发展。目前世界上存在：政治、金融、气候、资源四大危机，影响我们持续发展的因素是否可以概括为"六大制约"：一是生态环境制约。膨胀的人口和粗放型的经济增长方式，使得空气、水、土地、生物等环境要素遭破坏，自然灾害频发，资源支撑能力下降。同时，环境污染和生态破坏造成了巨大经济损失。据统计，因生态环境恶化我国每天要损失人民币 100 亿以上。二是能源资源制约。我国 45 种主要矿产，按现有储量和开采速度计算，15 年后将只剩下 6 种，特别是铁、锰、铬铁矿、铜、铝铁矿、钾盐等关系国家经济和安全的大宗矿产将长期短缺。三是科学技术制约。当前，"技术瓶颈"已成为我国经济社会发展的重要制约因素。在生物工程、药物等领域，美国、欧盟和日本拥有 95% 左右的专利，包括我国在内的其他国家仅占 4～5%。作为一个发展中大国，我国与发达国家及新兴工业化国家相比，在科学积累和技术水平方面还存在着巨大差距。四是人力资源制约。我国高层次创新型人才匮乏，人才创新能力不强，人才资源开发投入不足。根据新形势新任务和人才工作面临的新情况新问题，党中央、国务院颁布了《国家中长期人才发展规划纲要

（2010—2020 年）》，相信这些问题将逐渐好转。五是社会保障制约。尽管我国社会事业有了很大进步，但在就业、教育、住房、医疗卫生、环境保护、社会保障等关系群众切身利益的领域，还存在不少难点问题，主要表现在城乡社会保障发展不平衡，一些基本保障制度覆盖面还比较窄，基本统筹层次低，保障水平不高，与全体人民的期待相比还有不小差距。六是国际环境制约。从国际形势来看，在和平、发展、合作仍是时代潮流的基础上，全球经济分工新定位正在演变过程中，以美国为首的西方国家在看到中国崛起时产生了失落感、妒忌感、危机感，他们对我国采取"政治上孤立，经济上打压，文化上渗透，军事上遏制"等多重手段营造不利于我们发展的国际环境。

五是决不能抹黑国家形象。作为一个负责任的大国，我国政府在 2009 年 9 月的联合国气候变化峰会上提出争取到 2020 年，单位国内生产总值二氧化碳排放（碳排放强度）比 2005 年显著下降，这是中国节能减排政策的一个质变。每一名中国公民都有责任自觉为实现这一目标做出自己应有的贡献！

第二是绿色经济的内容

主要是在"六个方面有所突破"：

一是绿色能源。尽管世界上还没有一个国家依靠新能源可再生能源完成工业化，但面对气候变暖的现实，各国已将可再生能源作为投资和扩大就业的重要领域，并成为国际竞争的焦点。我国也已经加大投资和政策扶持力度，开发利用太阳能、风能、地热能、生物质能等新能源和可再生能源；依靠技术进步不断降低利用成本，切实解决新能源发电上网难题；加快研发先进技术和设备，推进第四代核能技术研发和产业化；多途径利用可再生能源，逐步提高其在能源中的比例，使之成为满足未来能源需求的重要补充，成为控制温室气体排放、保障能源安全的重要措施。

二是绿色交通。绿色交通是一个全新的理念，它与解决环境污染问题的可持续性发展概念一脉相承。它强调的是城市交通的"绿色性"，即减轻交通拥挤，减少环境污染，促进社会公平，合理利用资源。绿色交通理念应该成为现代城市轨道交通网络规划的指导思想，将绿色交通理念注入到城市轨道交通网络规划优化决策之中。从交通方式来看，绿色交通体系包括步行交通、自行车交通、常规公共交通和轨道交通。从交通工具上看，绿色交通工具包括各种低污染车辆，如双能源汽车、天然气汽车、电动汽车、氢气动力车、太阳能汽车等。绿色交通还包括各种电气化交通工具，如无轨电车、有轨电车、轻轨、地铁等。

三是绿色建筑。绿色建筑是指最大限度地节约资源，包括节能，节地，节水，节材等，保护环境和减少污染，为人们提供健康，适用和高效的使用空间，与自然和谐共生的建筑。绿色建筑以人、建筑和自然环境的协调发展为目标，在利用天然条件和人工手段创造良好、健康的居住环境的同时，尽可能地控制和减少对自然环境的使用和破坏，充分体现向大自然的索取和回报之间的平衡。

四是绿色食品。绿色食品在我国是对具有无污染的安全、优质、营养类食品的总称，是指按特定生产方式生产，并经国家有关的专门机构认定，准许使用绿色食品标志的

无污染、无公害、安全、优质、营养型的食品。食品安全
关系千家万户，关系人人的身体健康。现在我们在这方面
天天胆战心惊：猪肉有瘦肉精，西瓜有膨大剂，火锅有地
沟油，鸡蛋有苏丹红，奶粉有三聚氰胺，等等，让人民群
众防不胜防，不禁要问一句："我们还能吃什么？"

五是绿色科研。要大力提升原始创新能力，突破长期
制约生态环境保护的技术"瓶颈"；把自主创新和引进消化
吸收结合起来，集中力量组织攻关，力争在环保关键技术、
应用技术方面取得突破，切实提高我国环境保护的科技含
量。从现实情况来看，发展绿色科技主要应拓宽几个路子：
一是使用推广的路子，使科技转化为生产力。二是综合发
展的路子，调整产业结构加强节能减排。三是提高效益的
路子，真正做到经济效益、社会效益和环境效益的有机
统一。

六是绿色文化。科技界要宣传生态文明科普知识，法
学界要宣传生态文明法律知识，教育界要宣传生态文明基
础常识，文化界要宣传生态文明道德知识，新闻界要宣传
生态文明的经验和典型。使全社会公众牢固树立绿色价值
意识，绿色忧患意识，绿色消费意识，绿色责任意识，确
保真正使绿色文化理念进入课堂，进入教材，进入考场，
进入舞台，进入媒体，进入人们的头脑！

第三是发展绿色经济应采取的措施

一是靠绿色文化的引领。绿色经济作为一个新的理念，
有一个逐步认识和深化的过程。要树立绿色经济的文化理
念，我看就是要有"三个负责"的精神：一是对现实负责。

环境保护要从小做起，从我做起，从家庭做起，从单位做起，推进家庭日常生活用品的节约，把节约资源、回收利用废物等活动变成全体公民的自觉行为，逐步形成节约资源和保护环境的生活方式，建立节约型的社会消费模式，形成资源节约型，环境友好型，生态文明型社会的基础；二是对历史负责。我们不能吃了祖宗的饭，断了子孙的粮！政府机构要率先垂范、厉行节约，反对浪费；开展节约型城市和无浪费企业创建活动，创建"绿色饭店"，减少一次性产品消费；开展公共场所的资源节约活动，如学生食堂、饭店的节粮，各类教材的重复使用等；开展再生资源分类回收、再生能源利用等试点示范；三是对人类自身负责。要广造舆论，将绿色经济内容纳入国民教育体系和各高等院校教学计划，引导党员干部、青少年学生和社会公众树立循环经济意识，积极倡导合理消费。要搭建起有生动感人的载体。电视上有栏目，舞台上有节目，歌曲、曲艺、话剧等多种文艺形式宣传环保；此外，多组织一些宣传生态文明的社会活动，加快建设生态文明宣传教育示范基地，运用多种形式和手段，深入开展生态文明宣传教育和知识普及活动。

　　二是靠绿色产业的推动。加快产业结构调整，转变经济增长方式是历史发展的必然选择。对于大力发展绿色经济来说，我感觉应该是从以下九大产业入手，不断向前推进：一是环境产业。应该包含四个方面，一是面向末端污染控制的产业，二是面向洁净生产技术的产业，三是面向绿色洁净产品的产业，四是面向生态环境功能服务的产业。二是废弃物再生利用产业。在发达国家，废弃物再生利用已成为新兴的朝阳式产业。在国内也引起各地广泛重视，逐步发展成为重要产业。中央领导强调，要开发"城市矿山"。农业废弃物是宝贵的物质资源，用好了将产生巨大的经济效益、社会效益、生态效益，不利用将造成巨大浪费和严重污染。三是节能降耗产业。2010 年国家共安排节能减排资金 800 多亿元。由此可见，节能减排既是艰巨的战略攻坚任务，也是重要的发展机遇。四是可再生能源与新能源产业。现在世界各国都投入巨资，大力研究和发展太阳能、风能、水能、生物质能、地热能、潮汐能等可再生能源、新能源产业。五是健康产业。推行绿色经济就是给老百姓送去最大的健康。食品、药品、住房、生态环境建设等方面，都与健康产业密切相关。六是服务经济。我国服务业占 GDP 的比重只有 40% 左右，不仅低于世界平均水平 60%，而且低于发展中国家 45% 的水平。服务经济是实现绿色经济模式的重要途径，而绿色经济理念又是服务经济发展的重要指导原则。七是创意经济。创意经济在各个领域都有着广泛的运用，如创意工业、创意农业、创意商业、创意建筑业、创意旅游等等。国外学者在前几年就指出，全世界从事创意行业的人有 1 亿到 1.5 亿，创意经济每天创造 220 亿美元，已经占到全球 GDP 的 7%，并以每年 10% 的速度增长，大大高于全球 GDP 的增长速度。八是低碳经济。有一种说法，叫作农业文明是黄色文明，工业文明是黑色文明，以低碳经济和循环经济为代表的生态文明是绿色文明。2008 年全球经济大幅衰退，但低碳行业的收入大幅增长了 75%。低碳行业正成为全球经济新的支柱之一。九是甲醇经济。"甲醇经济"不同于传统的利用煤、石油、天然气为原料生产合成气，再在催化剂作用下转化生产甲醇的工艺，而是利用工业废气中的二氧化碳或大气中俘获的二氧化碳，直接转化成甲醇。因此既可以解除人类社会对正在不断减少的石油、天然气、甚至煤炭资源的依赖，又可通过对过量排放的二氧化碳气体的回收循环利用，减轻或消除日益严峻的全球气候变化问题，从而提供了一种跨越油气时代，解决能源问题新的可行性途径。

三是靠绿色标准的约束。明确细化技术标准，从技术层面加以规范。对部分产品强制实施能效标准，譬如汽车、家电等等；对节能产品实施认证，鼓励消费者通过对比后采购节能产品；对低碳产品制定政府采购清单，采购优先。

四是靠绿色政策的激励。长远来看，重点应强调以下"六大政策"。一是优惠的税收政策。通过一系列的优惠税收政策，支持和推动企业、公众大力发展绿色经济。对低碳经济企业给予税收方面的实惠，同时实施开征环境税，以帮助控制二氧化碳的排放量。二是积极地投资政策。加大对绿色经济产业的投资倾斜，我们欣慰地看到：我国最近几年用于"绿色行业"风险投资差不多增加了一倍，占总投资的19%。清洁能源项目（不包括大水电）投资据估计到2020年将达到2680亿美元，其中太阳能产业的开发利用世界领先。在2008年我国政府4万亿的经济激励计划中，环境基础设施建设、新能源开发和能效提高都成为了重点投资领域。三是倾斜的财政政策。去年2月5日，我国国家财政部、科技部发出了《节能与新能源汽车示范推广财政补助资金管理暂行办法》，针对公共服务领域购车进行一定的补贴，在北京、上海等13个城市进行试点示范。四是灵活的金融政策。我国政府不断加大财政预算，通过银行推动绿色信贷，还积极推行合同能源管理等新型融资方式，并与国际金融机构广开合作之门，建立了国内首个环境交易所，拓展了融资渠道。五是严格的采购政策。要将绿色产品列入政府采购目录，规定绿色产品的采购比例，采购范围和采购标准，实施严格的采购政策，以此推进绿色产品的推广和应用。六是合理的补偿政策。我国应该尽快建立完善的生态补偿制度，按照谁破坏谁补偿，谁保护谁受益的原则，对生态保护区进行补偿，使生态服务从无偿走向有偿。

五是靠绿色科技的支撑。实践表明，绿色经济模式的实现、效益的提升必须要有先进实用的科学技术。发展科技的根本出路我看不外乎三条：第一是让老百姓用得起，太昂贵了不行；第二是让老百姓用得住，老出毛病不行；第三是让老百姓用得会，太复杂了不行。要大力提升原始创新能力，突破长期制约生态环境保护的技术"瓶颈"；把自主创新和引进消化吸收结合起来，集中力量组织攻关，力争在环保关键技术、应用技术方面取得突破，切实提高我国环境保护的科技含量。有一句话叫作科技改变生活，通过循环经济科技的推广与应用，我也看到了企业自身在对待废弃物态度上的三大变化：过去是消极排放，现在是积极回收，变废为宝了；过去是当作包袱，现在是捧为财富，产生效益了；过去是疲于应付，现在是积极投入，看到前景了。

六是靠绿色法规的保障。近几年来，全国人大按照立法要科学，执法要严格，守法要自觉，司法要公正的原则，为了促进生态文明建设和保护环境，全面清理和修订了各种法规文件，重点在发展循环经济、防止水土流失，实施清洁生产、资源开发利用、生态环境保护等方面出台了20余项法律法规，明确了政府的领导责任，企业的社会责任，公众的参与责任。为此，国务院也发布了一系列的政策措施，大致可以归纳为"五个凡是"，即凡是污染严重的落后生产力一律淘汰；凡是不符合生态环保的项目一律不允许新建，凡是超标排放的企业一律停产治理，凡是未完成主要污染物排放总量控制任务的地区一律实行"区域限批"，凡是破坏生态环境的违法行为一律严惩。

七是靠绿色经济的合作。只有合作，才能解决国家间存在的利益差别，解决由于生态环境问题所导致的矛盾，解决气候变化问题，把共同利益放在首位，取得共识，展开协调行动。以开放的姿态积极参与，针对不同的需求，从立法层面、政府层面、企业层面以及科研层面等多渠道展开交流合作，才能在绿色经济发展中占领制高点。各地区发展绿色经济不能采取各自为政的做法，必须突破"造福一方"和"守土有责"的狭隘视界，坚持"造福八方"和"合作守土"的区域绿色经济共同体理念，进一步提高区域合作的自觉性和坚定性，保持合作的经常性和有效性。要做到在资金上互相支持，技术上互相转让，信息上互相提供，人才上互相流动，经验上互相借鉴，责任上互相承担，成果上互相分享，只有这样才能让绿色经济的发展迈上新的更高的台阶！

注：本文为 2011 发展中国论坛（厦门）上的主报告整理稿。

以改革创新精神
全面推进科学发展

　　2011 年是"十二五"规划的开局之年，回顾"十一五"可谓成果丰硕，成绩喜人：我国社会生产力、综合国力显著提高；各项社会事业加快发展、人民生活明显改善；改革开放取得重大进展和宝贵经验；我国国际地位和影响力显著提高。面对经济社会快速发展的大好形势，党中央保号召我们要清醒的头脑，客观的分析了当前和今后一个时期我们所面临的主要问题，震耳发聩的指出了我国发展中不平衡、不协调、不可持续的问题依然突出。

　　首先来看一看"不平衡"：发展不平衡问题是各种复杂因素共同作用的结果，对待这一现象要有一个客观的、历史的、辩证的认识。既不能放任各种不平衡发展，对不断拉大的不合理差距熟视无睹，也不能抽肥补瘦，搞平均主义。既不能因不平衡的客观存在产生消极负面情绪，怀疑改革开放和中国特色社会主义道路的正确性，也不能过分强调发展不平衡的合理性。我归纳了一下，是不是主要存在以下"六个不平衡"：

　　一是城乡不平衡。主要是城乡发展差距较大。改革开放后城乡收入差距曾一度有所缩小，1983 年城乡居民人均收入比为 1.82:1，但后来又逐步拉大，2009 年扩大到 3.33:1。从绝对差距来看，1978 年农民人均纯收入与城镇居民人均可支配收入相差 209.8 元，1992 年差距突破千元大关，达到 1242.6 元，2009 年达到 12022 元。城市拥有约 70% 的卫生资源，而广大农村只拥有约 30% 的卫生资源，农村居民人均卫生费用不足城市居民的 1/4。

二是东西不平衡。主要是区域发展差距明显。改革开放 30 多年来，各地居民收入都有了大幅度增长，但不同地区间收入差距在拉大。2009 年我国东部地区年人均收入为 38587 元，西部地区为 18090 元，差距达 2 万余元。从省际差别来看，最高的上海市年人均收入为 76976 元，最低的贵州省为 9187 元，两地相差 67789 元。目前全国 4000 万贫困人口中，中西部地区所占比重高达 94.1%。西部地区人均教育经费支出仅为东部地区的 73.5%。

三是贫富不平衡。主要是收入分配明显拉大。根据世界银行的最新报告，美国 5% 的人口掌握了 60% 的财富。而中国则是 1% 的家庭掌握了全国 41.4% 的财富，财富集中度远远超过了美国，成为全球两极分化最严重的国家之一，2010 首次跃居世界首位。我国上市国企高管与一线职工的收入差距在 18 倍左右，国有企业高管与社会平均工资相差 128 倍。

四是行业不平衡。主要是垄断行业一家独大。最新数据显示："我国行业间工资差距最高达 15 倍，全球第一"。电力、电信、石油、金融、保险、水电气供应、烟草等国有行业的职工数不到全国职工总数的 8%，但工资和工资外收入总额却相当于全国职工工资总额的 55%；平均工资是其他行业职工的 2 倍到 3 倍。

五是教育不平衡。主要是教育发展机会不均。首先是入学机会不均等，城乡之间、两性之间在中等和高等教育阶段入学机会还存在较大差距；其次是资源配置不均等，表现为教育经费的城乡差距、教师水平的城乡差距，这些差距导致抢夺优质教育资源的"择校风"愈演愈烈，社会中下层的子女因交不起高昂的择校费只能到薄弱学校，而高收入者和特权阶层的子女可以尽情享受优质教育资源，这进一步加重了教育机会的不均等；还有是完成学业的机会不均等，主要表现在不同地区之间教育质量相差较大，不同家庭背景的学生学业成功机会不均等。据调查显示，我国高校中工人子女是农民子女的 2.5 倍，干部子女是农民子女的 17.8 倍，企业管理人员子女是农民子女 12.8 倍。

六是就业不平衡。主要是结构性矛盾突出。虽然"十一五"时期，累计实现城镇新增就业 5700 万人以上，比"十五"时期增加 1000 多万人，但我国就业形势依然十分严峻，就业总量压力和结构性矛盾并存，一方面将长期面对劳动力供大于求的基本格局和巨大的就业压力；另一方面也将面临更加复杂的结构性矛盾，当前部分地区、企业在招工中存在的结构性短缺现象，正是就业结构性矛盾的一种具体表现，是经济回升向好背景下，企业用工需求与劳动力供给结构失衡的一种反映，是多种因素相互叠加的结果。

七是心理不平衡。由于分配不公、执法不公造成的社会"仇富"、"仇权"心理已经十分危险，这些情绪的积累和蔓延一旦遇到"导火索"就极易引发大规模的群体性事件。今年我国维稳预算为 6244 亿人民币比 2010 年增加了 21.5%，并且超出了 6011 亿元人民币的军费预算。

再来看一看不协调：不可否认的是我国改革开放 30 多年来经济建设取得了伟大的成就，经济总量已跃居世界第二，但我们也要看到经济社会发展"一条腿长、一条腿短"的问题还比较严重，还需要进一步加强社会事业的发展和进一步改善民生。我看是不是主要有以下"五个不协调"：

一是产业结构不协调。主要是农业基础薄弱，"靠天吃饭"的局面没有根本改变；工业大而不强，制造业规模虽已位居世界第三，但缺乏自主知识产权、核心技术和世界知名品牌，消耗高、污染多的行业和企业所占比重过高；服务业发展滞后，其增加值占国内生产总值的比重比中低收入国家平均水平低十几个百分点，特别是现代服务业的数量和质量远不能满足需求。从近些年发展的结果看，经济增长主要依靠第二产业带动的格局改变不大，进一步加重了资源环境的压力。第二产业增加值占国内生产总值的比重 2002 年以来一路攀升，由 44.8% 提高到 2009 年的46.8%，对经济增长的贡献率高达 50%。2009 年第三产业占整个 GDP 的 42.7%，远远低于发达国家的三产 70% 的比重。

二是就业压力和结构性矛盾不协调。2010 年，全国城镇新增就业 1168 万人、下岗失业人员再就业 547 万人、就业困难人员就业 165 万人，城镇登记失业率为 4.1%，比上年底降低 0.2 个百分点，应届高校毕业生就业率达 90.7%。但当前及今后一个时期，我国就业形势依然十分严峻。2011 年，全国应届高校毕业生将有 660 万人。就业总量压力和结构性矛盾并存，一方面将长期面对劳动力供大于求的基本格局和巨大的就业压力；另一方面也将面临更加复杂的结构性矛盾。春节过后，东南沿海一带出现"用工荒"，"招工难"成为困扰沿海企业的一大难题，但是缺口为一线操作人员，并不是管理者，而目前的大学毕业生大多不屑从一线员工做起，由此造成结构性矛盾。与此同时，2011 年的就业形势仍存在一些不确定性因素，如国外不断增设的贸易壁垒对我国出口企业的影响，内需不足影响着经济的发展进而影响着就业的扩大，结构性矛盾愈发突出，"招工难"与"就业难"并存的现象还将继续存在。

三是城镇化进程和配套管理不协调。人口的城镇化滞后于土地的城镇化是当前一个亟待解决的问题。我国在"十二五"末城镇化率将达到 51.5%，这意味着我国城镇人口数将首次超过农村人口数。但我们也看到这样的城镇化是"三个低成本"带来的，即低成本的土地资源；低成本的劳力资源；低成本的排放代价。说是城镇化了，但距离"绿化、美化、净化、亮化"的标准还有不小的差距，配套管理远未跟上。

四是企业兼并重组和管理能力不协调。企业通过兼并重组，目的是要提升自己的市场竞争力和市场适应力。但我国一些企业的兼并重组并非完全是市场经济的产物，自然又多了点先天不足。一些企业自完成了兼并重组后，不长时间里就面对了安全严峻、效益滑坡、人心涣散的困境，一路走来"风雨飘摇、艰难困苦"。究其原因，主要是管理能力跟不上企业的发展，主要表现在"三不三失"：即管理不善、用人不当、绩效不适；组织失能、制度失效、成本失控。

五是社会投资和公众消费不协调。投资与消费的比例关系，是国民经济结构调整与优化的重要内容。2010 年我国的投资占 GDP 比重超过 50%，而消费占 GDP 比重只有 27%。投资率过高而消费率偏低，对经济有一定的负面影响：一是容易导致经济结构的比例失调；二是意味着经济增长的质量与效率不高；三是与以人为本和全面建设小康社会的目标有一定差距。

最后来看一看不可持续：目前世界上存在：政治、金融、气候、资源四大危机，我们发展太快不可能，也不好。因为发展制约因素很多，是否可以概括为"六大制约"：

一是生态环境制约。中国人口已突破 13 亿，我国 960 万平方公里的陆地国土，天然无法居住的地带占 1/3，水土流失的面积又超过 1/3，现在能生存的土地仅占总量 1/3，我们现在的耕地的人均占有量占世界平均水平的 1/2，淡水是世界平均水平的 1/6。据统计，我国 1/3 的国土被酸雨侵蚀，七大江河水系中，劣五类水质占 41%，沿海赤潮的年发生次数比 20 年前增加了 3 倍，1/4 人口饮用不合格的水，1/3 的城市人口呼吸着严重污染的空气，全球污染最严重的 10 个城市中，我国占 5 个。膨胀的人口和粗放型的经济增长方式，使得空气、水、土地、生物等环境要素遭破坏，自然灾害频发，资源支撑能力下降。同时，环境污染和生态破坏造成了巨大经济损失。据统计，因生态环境恶化我国每天要损失人民币 100 亿以上。

二是能源资源制约。我国 45 种主要矿产，按现有储量和开采速度计算，15 年后将只剩下 6 种，特别是铁、锰、铬铁矿、铜、铝铁矿、钾盐等关系国家经济和安全的大宗矿产将长期短缺。我国森林面积仅为世界人均值的 1/6，林木蓄积量仅为世界人均值的 1/8。根据预测，2020 年我国石油对外依存度将超过 55%，天然气的进口依存度为 25%—40% 左右。与此同时，我国能源浪费消耗极大，我国矿产资源总回收率和共伴生矿产资源综合利用率分别为 30% 和 35% 左右，比国外先进水平低 20 个百分点。大中型矿山中，几乎没有开展综合利用的矿山占43%。

三是科学技术制约。当前，"技术瓶颈"已成为我国经济社会发展的重要制约因素。原始性创新能力不足不利于我国进一步扩大开放，主动参与国际竞争。创新能力已成为决定经济增长的关键因素，创新资源成为当今国际竞争的焦点。世界科技发展的不均衡性要远大于世界经济的不均衡性，当代绝大多数领域的技术制高点被发达国家所控制。根据世界银行统计，在全球科技投入中，美国、欧盟、日本等发达国家和地区占86%；在国际技术贸易收支方面，高收入国家获得全球技术转让和许可收入的98%。在生物工程、药物等领域，美国、欧盟和日本拥有95%左右的专利，包括我国在内的其他国家仅占4~5%。作为一个发展中大国，我国与发达国家及新兴工业化国家相比，在科学积累和技术水平方面不仅存在着巨大差距，而且在一些重要领域的差距还有不断扩大的趋势，竞争态势相当严峻。

四是人力资源制约。目前来看，我国已经从人才资源相对匮乏的国家发展成为人才资源大国，中国科协发布《科技人力资源发展研究报告》显示，到2005年底，我国科技人力资源总量已经达到4246万人，比美国的4200万人略多，居世界第一，成为名副其实的科技人力资源大国。同时，当前我国人才发展总体水平与世界先进水平相比还有较大差距，与我国经济社会发展需要相比还有很多不适应的地方，特别是高层次创新型人才匮乏，人才创新创业能力不强，人才资源开发投入不足。根据新形势新任务和人才工作面临的新情况新问题，党中央、国务院颁布了《国家中长期人才发展规划纲要（2010—2020年）》，相信这些问题将逐渐好转。

五是社会保障制约。 近年来，我国社会保障体系建设取得了明显成效，社会保障体系框架基本确立，城乡养老、医疗和最低生活保障制度建设取得了突破性进展，各项社会保险覆盖人群迅速增长，保障水平逐步提高，资金规模进一步扩大，管理服务网络不断完善，为维护改革发展稳定大局发挥了重要作用。但也要看到，尽管我国社会事业有了很大进步，但总体上依然滞后于经济发展，仍是现代化建设中的一块"短板"。在就业、教育、住房、医疗卫生、环境保护、社会保障等关系群众切身利益的领域，还存在不少难点问题，主要表现在城乡社会保障发展不平衡，一些基本保障制度覆盖面还比较窄，基本统筹层次低，保障水平不高，与全体人民的期待相比还有不小差距。

六是国际环境制约。 从国际形势来看，在和平、发展、合作仍是时代潮流的基础上，全球经济分工新定位正在演变过程中，以美国为首的西方国家在看到中国崛起时产生了失落感、妒忌感、危机感，他们对我国采取"政治上孤立，经济上打压，文化上渗透，军事上遏制"等多重手段营造不利于我们发展的国际环境，从炸我大使馆到南海撞机，从钓鱼岛事件到支持达赖破坏奥运圣火，从对台军售到东海军演，所有的一切都是在为我们的发展设置障碍，阻挠中国的崛起，对此我们一定要有清醒的认识。

当前，中国社会正处在第二次改革的十字路口。面临着过去的30多年市场经济发展所带来的各种社会问题以及深层次社会矛盾，"十二五规划"提出在继续保持经济平稳较快发展的同时，加强社会建设，注重以人为本，注重全面协调可持续发展，注重统筹兼顾，注重保障和改善民生，促进社会公平正义。改革是加快转变经济发展方式的强大动力，必须以更大决心和勇气全面推进各项领域改革。我看是不是可以从以下"七项改革"入手：

一是靠经济体制改革。要着眼于适应市场，加强调控，合理分配资源，物尽其用。主要做到"五个结合"：把保持经济增长与调整经济结构结合起来，着力完善促进经济发展方式转变的体制机制；把完善政府调控与充分发挥市场作用结合起来，着力激发经济发展内在动力与活力；把推进社会建设与创新公共服务体制结合起来，着力健全改善民生的保障机制；把提高经济效益与促进社会公平结合起来，着力形成促进社会和谐稳定的体制机制；把加快国内发展与提升开放水平结合起来，着力形成国际合作与竞争新优势。

二是靠政治体制改革。主要是抓好"三个着力点"：第一个着力点是政府的权力转移，从无所不管的全能政府转变成专注于提供公共服务的有限政府。第二个着力点是建立严密的监督体系，不仅要强化体制内的监督，完善问责制、官员收入公开制，还要增加民间力量的监督。第三个着力点是加快法治建设，通过完备的立法和严格的执法在各种权利主体之间实现公正，规范政府的行为，保护公民的基本权利不受侵犯。

三是靠教育体制改革。主要是促进"三个合理"：一是合理配置教育资源，我国目前的非基础教育使用国家公共教育资源的比例过高，而基础教育的经费投入严重不足，使基础教育在缺氧、断氧、贫血和饥饿的状态下生存。二是合理调整教育结构，要精办高等教育，广办职业教育，普办基础教育。三是合理改革入学体制。保证初级教育的机会平等，维护高等教育的机会平等，促进终身教育的机会平等。通过教育体制的改革不断提高国民的"四项素质",即不断提高思想道德素质,科学文化素质,职业能力素质和身体健康素质。

四是靠文化体制改革。文化是民族凝聚力和创造力的重要源泉,是综合国力竞争的重要因素,是经济社会发展的重要支撑。各级党委和政府要充分认识文化建设在经济社会发展中的重要地位和作用,主要是要做到"三个纳入,五个加强":即把文化建设纳入党委政府重要议事日程,纳入经济社会发展总体规划,纳入科学发展考核评价体系,加强组织领导,加强统筹协调,加强政策扶持,加强资金投入,加强督促检查。要继承优秀文化,摒弃落后文化,吸收外来文化,抵制腐朽文化。

五是靠社会体制改革。主要是要健全组织和制度,提高服务管理水平,立足完成好"五项任务":一是优化配置公共服务资源;二是加强人口调控管理;三是合理规划城区功能;四是提升城市运行保障水平;五是加大环境建设力度。通过行之有效的社会管理制度和方法使人民群众老有所养,病有所医,学有所教,住有所居,干有所岗。

六是靠分配体制改革。主要是注重效率,兼顾公平,坚持"两个同步",即居民收入增加与经济发展同步;劳动报酬增长与劳动生产率提高同步。分配体制改革从宏观层面看,需要进一步调整税收制度;优化财政支出结构,更多投向民生;完善财政转移支付,缩小地区差距等。从微观层面看,在基本公共服务领域,降低个人自付比例;完善定价机制,让公共投入真正转化为公众的福利;完善对公共服务机构的管理,避免利益目标冲突等。通过一系列改革明显增加低收入,持续扩大中等收入,适度调节过高收入，坚决取缔非法收入。

七是靠科研体系改革。主要是坚持自主创新、重点领域、支撑发展、引领未来的方针，完善科技创新体系和支持政策，着重推进重大科学技术突破。"十二五"期间，我国研究与实验发展经费支出占 GDP 比重将达到 2.2%。科研体系改革就是要探索完善社会主义市场经济条件下科技创新举国体制，全面推进国家创新体系建设，主要着力打造"五大体系"，即：一是建设以企业为主体、产学研结合的技术创新体系；二是建设科学研究与高等教育有机结合的知识创新体系；三是建设军民结合、寓军于民的国防科技创新体系；四是建设各具特色和优势的区域创新体系；五是建设社会化、网络化的科技中介服务体系。

注：本文为 2011 年作者应邀在山东几个政府机关、部队、企业作"七一"讲话学习辅导的授课提纲整理稿。

儒将人生　生态情怀

——访全国人大环境与资源保护委员会
副主任委员张文台上将

《国际生态与安全》记者　赵建姝

"他是一名从戎50余年的老战士、老党员，连续四届的全国人大代表，并连续两届出任全国人大环境与资源保护委员会副主任。他多次参加国际、国内有关应对气候变化的高层次论坛会议，并提出诸多独树一帜的见解和观点；他积极深入一线开展调研，总结实践经验，只为掌握大量翔实的一手资料。"他就是张文台将军，一位得到中国"环保之父"曲格平大师如此鼎力赞誉的人物，一位出身军旅半世纪却在花甲之年投身中国生态事业的真正大家。

初识张文台将军是在2009年第六届中华宝钢环境奖的颁奖仪式上，他言简生动的演讲带动了在场所有人的心绪，也给记者留下了非常深的印象。2011年获赠张将军的新作《生态文明建设论》，记者的心中再次充满了敬仰与慨叹，一位戎马半生的老将军究竟以怎样的心态投身于生态领域的研究？他对中国目前的生态文明建设究竟如何解读？机缘巧合，记者的老师，中国革命军事博物馆展览部主任李春华大校恰与老将军交往颇深，在他的引荐之下，记者有幸近距离地与这位得高望重的老将军进行了约一小时的访谈。

天人合一，追本溯源

国际生态与安全：在这次采访之前，我曾经拜读了您的新作《生态文明建设论》，这本书所构建的生态文明体系清晰明了，那么您如何看待中国的生态文明发展轨迹？

张文台：生态文明这一概念虽然正式提出是在党的十七大之后，但是在我们中国，人与自然相互和谐的生态思想却由来已久。早在春秋时期，我国思想家老子就已经认识到："水善利万物而不争"，这是对生物界与非生物界相互作用关系的早期思考。其后汉儒董仲舒又明确提出："天人之际，合而为一。"这里的天，就是大自然；人，就是人类；天人合一，合，就是互相理解，结成友谊。西方人总是企图以高度发展的科学技术征服自然掠夺自然，而东方先哲却告诫我们，人类只是天地万物中的一个部分，人与自然是息息相通的一体。因此，人类所创造的一切物质文化都与大自然的生态链密不可分，包括地域文化的创造也是依据地区生态系统的差异所产生的，可以说我们人类活动的方方面面都蕴含了生态的理念。所以人类活动所产生的一切行为必须要顺应与敬畏"自然"，只有这样人类社会才能沿着健康有序的轨迹生存与发展。这里我要说的是，维护生态平衡的理念并不是我们党和政府创造出来的，而是历史文化的一种沿承与发展。

国际生态与安全：您认为我国在党的十七大将生态文明理念作为一项执政理念提出有何意义？

张文台：这与当时的国际国内形势密不可分。从国际大气候来看，气候变化及突发的自然灾害已经危及到人类的生存安全，在此背景下，如果各国政府继续采取漠视的态度，不立即行动起来，顾全大局拯救地球健康的发展，而是继续盲目地开发，盲目地发展，盲目地掠夺资源，盲目地排放废气，其结果只能加速地球大环境的进一步恶化，最后也只能是危害整个人类的生存安全。

从国内的局势来看，改革开放 30 年，我国经济飞速发展，人们的生活水平不断提高，基础设施建设日益完善，城市规划随之发生了翻天覆地的变化，这是令人鼓舞的，但是在这一变化的背后，我们也不能忽视诸多矛盾的逐渐暴露，在这些尖锐矛盾当中有四个卡口是我们始终不能逾越的：第一，资源卡口。我国的自然资源相对不足，利用率不高，浪费严重。第二，能源卡口。我国能源的对外依存率已经达到 50%，而且在能源的使用中还存在一个最大的问题，就是节能力度相对不够。第三，环境卡口。从目前来看，我国各个企业的小环境治理基本上还是达标的，但是区域环境治标叠加后却仍旧超过了环境指导指数。第四，空间卡口。中国是一个人口大国，因此在空间上发展越来越受到限制。如越发达的城市空间越显拥挤，房产价格抬升、交通拥挤等问题接踵而至。

绿色经济，多方并进

国际生态与安全：您在生态经济体系框架中，详细地划分了绿色经济、循环经济、低碳经济三个概念，那么您认为这三个概念之间是怎样的一种关系？

　　张文台：20世纪末，当人们开始尝到生态环境破坏所带来恶果的时候，绿色经济的概念便已经诞生。但是始终没有得到各国政府的重视，直到近年来全球开始大规模遭遇能源、粮食、金融等多重危机，这一概念才得以重新倡导，并很快地成为一种全球的趋势。在保护中发展，在发展中实现保护，注重经济与生态的协调，这是绿色经济的基本要求，但是究竟如何才能在实现经济增长的同时，保证生态链不遭到破坏？这时循环经济的概念便被进一步地提了出来。我认为这是绿色经济理念的具体实践，对我们现有的生产资料加以循环利用，有利于减少资源的巨大浪费。有人说垃圾就是放错了位置的资源，这句话一点不错。举个例子，比如我们传统的冶炼厂，在产出我们生产建设所需钢铁的同时，还会伴随着二氧化硫和大量的固体废物，直接影响了环境的污染，而现在我们的企业积极地实现废物再利用，将二氧化硫等废气与固体废物通过技术改造重新加以利用，重新生产出石膏及可以改良盐碱地的改良剂等副产品，真正实现了效益与污染的统一。目前，我国最流行的口号是"低碳经济"，我认为它是循环经济的终极目标。这三个概念的提出是一个发展的过程，是我们用科学的发展观来解决生态问题的过程。

　　国际生态与安全：我们是否可以将近年来政府大力推广的节能减排工作看做低碳经济概念的一个重要实践？目前我国的节能减排工作开展得如何？

　　张文台：毫无疑问，节能减排是实现低碳经济的一个具体举措，目前我国对节能减排的力度逐年加大，可以从三方面具体体现：第一，国家财政投入逐年倾斜。如，2008年中央财政共计安排418亿元用于支持推进节能减排工作。而2009年实施的4万亿元经济投资计划中有2100亿元用于节能减排、发展循环经济和生态环境建设。第二，加快高效节能产品推广。实施"节能产品惠民工程"，通过财政补贴方式推广高效节能空调、冰箱等10大类产品，支持在13个城市开展节能与新能源汽车示范试点，推广节能灯等。第三，加大低碳产业技术的科研力度，奖励研发低碳产品、开发低碳建筑等。

当然我国在推广节能减排的过程中也遭遇了一些阻力，很明显的有两条，其一是地方保护主义的抬头。在国家推广的节能产业与地区传统产业遭遇利益矛盾的时候，个别地区政府领导为了坚守地方产业堡垒而从中阻挠，这对于节能减排工作的推广是非常不利的。其二是个别地区的公民仍然受到落后传统观念的束缚，在思想上没有树立低碳意识，因此胡锦涛总书记倡导的要牢固树立公民的低碳意识势在必行。

国际生态与安全：您刚刚提到胡锦涛总书记强调要在全社会牢固树立生态文明观念，您认为政府该如何引导公民树立生态安全理念？

张文台：我认为要全面实现生态文明建设，就应该在全社会各领域、各行业、各阶层普及生态文明理念，而不是仅仅局限于少数干部群众，因此，生态文明建设的重点就落在生态文明观的普及。我认为应该实现四个切入：一，加强生态文明意识教育。教育是改造人的灵魂、塑造人性的重要途径。要建设完善的生态文明教育机制，保证生态理念能进入教材，进入课堂，强化从家庭到学校再到社会的全方位生态教育体系。二，利用新闻媒体等宣传手段开路。广泛宣传有关生态文明建设的科普知识和价值取向，从而将生态文明的理念渗透到生产、生活各个层面，增强全民的生态忧患意识、参与意识和责任意识，树立全民的生态文明观、道德观、价值观，形成人与自然和谐相处的生产方式和生活方式。三，用法律法规进行约束。在解决生态问题时，需要人们具有高度的责任感，并以生态道德规范来约束和评价人与自然关系的一切活动。为此，必须制定和实施生态道德规范。而且除了强调道德规范建设，强化人们的自我控制力和自我约束力外，还要加强生态文明法制建设，完善生态立法，规范生态执法，严格生态司法。四，培养公民树立良好的生活习惯。引导公民从现在做起，从身边的细节做起，践行绿色的生活方式和消费方式，倡导勤俭节约的低碳生活。

国际生态与安全：生态文明建设不是一个国家或地区的责任，随着全球经济一体化的加速，国与国之间已经呈现出"利益交融、休戚与共"的态势，因此加强国际化的交流合作已经成为一种必然，对此我们国家的举措有哪些？

张文台：事实证明，任何一个国家都没有能力单独解决生态环境问题，即使是一个国家内部的生态环境问题，往往也需要其他国家的支持与帮助，因此国际生态环境问题的解决必须依靠国际合作，对此，我们国家的做法是：一，实现生态理念的交流与合作。任何一种文化都是多元的文化，我们要坚持吸纳与借鉴的原则，通过论坛、会议等交流方式，实现国家间的交流与合作。二，企业技术方面的交流与合作。我们的企业必须直面国际生态环境的挑战，坚持"请进来与走出去"的战略，吸收国外先进的技术加以改进，并将自己的优良技术广泛传播。三，积极推

动制定生态方面的国际法。如 2010 年 10 月在我国天津举办
的气候变化谈判会议就是旨在建立一个符合全球气候大环
境的法律保证。四，实现科研与人才的交流。科学技术是
第一生产力，我们既要坚持独立自主的研发，又要通过人
才的输送不断地学习借鉴国外的先进技术，减少研发成本，
提高研发效果。

隔行如隔山，隔山不隔理

国际生态与安全：2005 年，您从解放军总后勤部政委
的岗位上退休，可以说前半生都在为我国的军队建设与管
理发挥了光和热，当年底您出任全国人大环资委副主任一
职，您是如何实现两个不同领域的角色转化？

张文台：生态研究对于我来说是一个新的领域，但是
我认为研究军事与搞生态建设是隔行如隔山，隔山不隔理。
我是一名老军人，搞军队建设有 50 余年，现代军队的发展
可以说是与时俱进，甚至可以堪称国家地方政策实施的前
沿。现代化战争打的是什么，打的是政治，是科技，是人
才，是信息，是法律。这与我们任何一个地方政策领域都
是相通的，生态建设也是不外其理，我们的建设需要政府
政策支持，需要技术研究，需要人才培养，需要法律保证，
需要信息交流，这些都是一样的，我只是理论联系实际
而已。

国际生态与安全：您还是一名书法家，可否请您谈一
下您的书法情结？

张文台：平时我喜欢写一些书法，但是我的书法风格
相对来说比较随性。起初我也试图模仿一些书法名家的字

体，研究怎么把字写得更加中规中矩，实践的结果却是写出自己的风格最重要。其实写书法我觉得和我们的军人行姿一样，只要你写得横平竖直，再把自己对人生的体会酝酿进去，一幅完美的作品就相应出来了。常言道，字如其人也是这个道理。

国际生态与安全：张将军是一个名副其实的儒将，您除了写得一手好字外，还出版了一本诗集，如果请您描述一下您 2011 年的生活规划是怎样的呢？

张文台：出诗集、写书法都是我的一些爱好，我现在仍在全国人大环资委的职位上，我的生活重点还将围绕着生态研究这一领域。我认为现在、未来真正的出路，重点还在引导公民做到低碳技术、低碳经济、低碳生活等。就目前来看，低碳技术、低碳经济已经在政府的正确引导下，广泛深入到各个企业领导者的管理概念当中，并初具成效，但低碳生活方式，却依旧处于刚刚进入广大市民思想的阶段，所以我今后的工作重点主要是围绕这一方面。低碳生活是非常重要的，我们一定要把低碳经济的思想深入到家家户户，你节约一度电，我节约一吨水，他少排一吨污，这从根本上来讲，降低自身的成本，节约了能源，本身就节约了排放。13 亿人口，一人节约一度电，就够一个县一年的用电，一人节约一吨水，那是多大的一个水库啊。少用一次性用品也是一种低碳方式。

后　记

慈善、健谈，一举一动，一言一行中无不透露着军人的刚毅与果断。这是经与老将军的一番访谈后留在记者心中最深刻的记忆。将军在古稀之年仍旧坚持工作在生态建设的前沿阵地上，奔波劳碌兢兢业业，这军人钢铁般的精神无疑是我们所有生态领域工作者的楷模，希望老将军能带领我国的生态文明建设走上新的一级台阶。

我国生态文明建设的
新思路与新举措

——访全国人大环境与资源保护委员会
副主任委员张文台上将

《中国环境》记者　李　华　向菊梅

记者：您为什么一直这么重视生态文明建设问题？

张文台：生态文明建设论不只是一个理论问题，更是一个实践问题。研究生态文明，不要仅仅集中在生态这一点上，更要把国家的和谐发展、平衡发展、持续发展以及世界的和谐稳定紧密联系在一起，只有这样，其研究成果才能起到最实际的社会意义。对于生态文明建设问题的认识，现在是中央重视，全民关心、世界关注的问题。现在我国全党全民也都更加深刻，因为不抓生产难于可持续发展，社会难于持续稳定，人民的健康难于持续保障，国际地位难于持续保持。

全球地震频发，旱涝不均，中国亦如此。这些都能从生态上找到原因，比如被誉为"地球之肾"的湿地越来越少，就严重影响了环境的温度，从而破坏了生态的平衡。最后动物灭绝了，植物灭绝了，微生物灭绝了，人也就灭绝了。因此，生态问题不是政治问题，不是经济问题，也不是军事问题，而是关乎人类的生存问题，是最大的问题。

记者：目前我国生态文明建设遵循什么样的思路？进展如何？

张文台：现在我国生态文明建设的工作力度越来越大，各种重大决策或重大建设项目实行一票否决制，干部的政绩评价也都将环保列为重要考核指数。同时，群众监督意识越来越强，五六十年代群众上访多是为了解决历史遗留问题，现在上访则大部分是为了解决环保问题。同时，环保措施也越来越可行，比如强制性的拆补措施，生态补偿等。现在国家在这方面的投入也越来越多，目前环保投入在 GDP 中是占有相当比例的，并随着 GDP 的增长而增长。

目前，我国的环保法制也越来越健全，已经形成了比较完备的法律制度保障体系。目前我国有 29 部法律涉及生态文明问题。其中环境与资源保护综合类 4 部，污染防治类 7 部，资源和生态保护类 10 部，能源类 4 部，防止突发事件和减灾及其测绘类 4 部。特别是《中华人民共和国环境保护法》，它是专门保护环境的基本法，对环境保护的基本任务、基本原则、管理体制、组织结构、主要措施和法律责任做出了原则规定，确定了环境与经济、社会协调发展原则，环境保护公众参与原则，环境保护预防为主、防治结合原则，环境治理污染者负担原则；规定了环境标准制度、环境监测制度、环境规划制度、环境影响评价制度、清洁生产制度、"三同时"制度、排污许可证制度、排污收费制度以及限期治理制度。特别是为适应生态文明建设的需要，全国人大于 2008 年 8 月 29 日通过《中华人民共和国循环经济促进法》，并于 2009 年 1 月 1 日起施行，这是一部关系节能减排和建设资源节约型、环境友好型以及生态文明建设的重要法律。还有诸如《水资源保护法》、《清洁生产法》、《固体废物污染环境防治法》、《水土保持法》等，地方相关法律法规也越来越健全。

现在很多国家领导人，包括总书记、总理和外交部长等出访，一般都把焦点聚在四大危机上：

一是环境危机，在应对气候变化上要有积极心态，做一个负责任的大国，不然不受国际欢迎的；

二是金融危机，金融危机的后效应，要求我们从国内、国际多方面做出积极努力。

三是资源危机，中国资源的对外依存度目前已经到达百分之四十了，能源的对外依存度则已经超过百分之五十，对外依存度已经明显加大；

四是局部政治危机，当然这也归结于经济危机，美国伊拉克、出兵利比亚的其根本目都是对其资源的争夺。

记者：目前我国对生态补偿政策的制定有哪些新举措？

张文台：建立健全生态环境补偿机制，就是要使生态环境的外部成本内部化，形成生态环境的受益者付费、破坏者赔偿、建设者和保护者得到合理补偿的良性运行机制，从而提高社会各界的生态环境意识，促进经济发展方式的根本改变，调动各方面从事生态建设和环境保护的积极性，为建设资源节约型和环境友好型社会，促进人与自然和谐发展提供体制和政策保障。

从国情及环境保护实际形势出发，目前我国建立生态补偿机制的重点领域有四个方面，主要是：1. 自然保护区的生态补偿；2. 重要生态功能区的生态补偿；3. 矿产资源开发的生态补偿；4. 流域水环境的生态补偿。

建立生态环境补偿机制的实施重点包括：1. 建立健全生态补偿的长效机制，尽快出台符合我国国情的《生态环境补偿条例》和《生态环境补偿法》；2. 建立健全综合生态补偿机制；3. 建立多元化补偿方式；4. 进一步完善生态补偿的管理体制。

目前从政府到专家，对于建立生态环境补充政策的呼吁声音越来越强烈，但政策出台比较迟缓，由于各方面的原因，到目前为止仍然没有出台完善的政策。浙江省是第一个以较系统的方式全面推进生态补偿实践的省份。2005年8月，浙江省政府颁布了《关于进一步完善生态补偿机制的若干意见》，确立了建立生态补偿机制的基本原则，并且制定了一系列政策途径和措施。目前，杭州等6市已经制定或正在制定本地区生态补偿机制的政策，推进相关实践。

记者：我国在绿色税制改革、绿色金融政策制定方面有哪些新举措？

张文台：如何建立绿色税收制度，以保护和改善我国的环境，促进国民经济的可持续发展，已成为我国税收理论界和实务界面临的一个重要课题。我国现有税收绿色化程度并不高，我国应从三个方面开展研究和政策制定：1. 设立独立环境税，逐步设置一般环境税、污染排放税、污染产品税等环境税税种；2. 将环境因素融入到现有税种，如在消费税中增加污染产品税目、提高资源税税率；3. 对现有税收政策进行绿色化改造。目前，绿色税制改革进展较快，国家主要在节能灯、节能家电以及循环利用所得税三个方面实施减税或免税。

2007年以来，由国家环保部与金融业联手推出的"绿色信贷"、"绿色保险"、"绿色证券"三项绿色环保政策，使"绿色金融"制度初具框架。目前，绿色金融政策也日趋完善，最新的进展包括财税补贴，市场运用（推向市场，找到市场需求），生态补偿，生态证券（小范围内发行债券，募集资金，这主要靠民间资本人的高度自觉），国际交流（日本和欧共体对中国的环境保护给予了很大的支持）等方面。这些金融政策都是灵活且有效的，因为只有多方面地利用民间的大量闲置资本，才能更好地保护环境。

记者：您认为民营企业在绿色经济、低碳经济、循环经济上有什么样的发展机遇？

张文台：民营企业是很有作为的。现在节能减排的民营企业发展得特别快，包括节能灯、节能电视、节能家电、节能空调等企业都很有优势，虽然条件没有国有企业好，但发展潜力大。而且目前很多节能减排的尖端技术和高端人才都集中在民营企业里，这样会促使民营企业发展得更快。

国家重点培育了一批示范企业。比如在节电技术上，很多大型的钢铁厂和化工厂属于高耗电单位，于是国家投资为厂家换设备，不需要厂家投资，厂家只需按照国家的标准要求做事就行，前五年把电费交给国家，以后国家和企业分红，这样保证了企业的利益，从根本上也解决了环保问题。

而且对于节能减排产品，国家也给予了一定的财政补贴，这样民营企业得到了实惠，从而促使其快速发展。目前存在的主要难题是市场拉动力不够，消费者对于国家政策鼓励购买的节能产品消费量不大，很多人还没有形成这方面的消费习惯。

总之，投资少、研发快、技术高、周期短，这些都是民营企业的自身优势和机遇，再加上国家政策上、资金上给民营企业足够的空间，它们就会成长得很快。

记者：最后，请您谈谈我国生态文明建设目前最迫切需要解决的问题有哪些？

张文台：我认为主要有四个环节。

1. 完善统一的评价标准

三聚氰胺、皮革奶事件的发生不能仅仅说是企业的质量意识不正确，主要原因在于全国还缺乏一个严格科学的统一行业标准，这样使得大家都按照自己的企业标准进行生产，添加一定的添加剂，自以为是地进行正常加工。减排也是一样，各有各的标准，比如欧Ⅰ、欧Ⅱ、欧Ⅲ。如此多的标准，在检查监督时就会导致无章可循。因此要完善全国统一的标准，进行制度层面的整体推进，让企业有一个共同的原则可以遵循。

2. 加大执法力度

关于生态环境保护的法律已基本完善，已将近 30 部，但目前执法力度还不够严。执法成本高，违法成本低，有些惩罚不痛不痒。导致有些企业铤而走险。现在，很些企业、工厂存在有两套排污系统，一套是专门为迎接环保检查，另一套直接排污，大肆污染环境。这都需要我们加大执法力度。

3. 加大科技支撑

就拿电动车来说，要想推广使用，就一定要解决好跑得快、跑得远、充电时间短的问题。只要能解决这些问题，相信大众都会很选择使用这样的节能车。这就需要我们相关的科学技术发展能跟上，才能根本解决我们的电动车行业快速发展问题。同样，我们的国防方面也需要先进的科学技术才能解决好耐高温、耐摩擦、耐腐蚀等基本材料的质量问题，才能使我们的飞机飞得更高、坦克走得更远。

4. 加大推广试用的力度

现在国家一些高科技研发成果都还不适合或者没有被广泛推广，这方面，我们也应该不断加大推广试用力度，来不断提高我们的高科技研发能力。

总之，生态文明贵在创新，重在建设，成在持久。必须立足当前，着眼长远，常抓不懈，从生态文明建设最迫切最需要的方面、环节和任务着手，切实解决最突出的问题，推动生态文明建设取得积极进展。

参考文献

［1］曲格平：《曲格平文集》，中国环境科学出版社 2007 年版。

［2］周生贤：《转折点上的历史型抉择》、《机遇与抉择——松花江事件的深度思考》，新华出版社 2007 年版。

［3］陈学明：《生态文明论》，重庆出版社 2008 年版。

［4］姬振海：《生态文明论》，人民出版社 2007 年版。

［5］张慕、贺庆棠、严耕：《中国生态文明建设的理论与实践》，清华大学出版社 2008 年版。

［6］廖小军：《大力发展循环经济》，《发展研究》2004 年第 12 期，第 52－54 页。

［7］习近平：《大力发展循环经济，建设资源节约型环境友好型社会》，《管理世界》2005 年第 7 期，第 1－4 页。

［8］陈湘静：《建立重点领域生态补偿标准体系，探索多样化的生态补偿方法模式》，《中国环境报》2007－9－12（1）.

［9］陈寿朋：《加强生态道德建设促进人与自然和谐》，《求是》2006 年第 24 期，第 48－50 页。

［10］董小君：《建立生态补偿机制关键要解决四个核心问题》，《中国经济时报》2008－1－3，（5）。

［11］刘荣茂、张莉侠、孟令杰：《经济增长与环境质量：来自中国省际面板数据的证据》，《经济地理》，2006，

26（3）：第 374 - 377 页。

　　[12] 朱丹果：《论生态补偿法律制度的现状与完善》，《内蒙古环境科学》2009，21（3）：第 5 - 8 页。

　　[13] 杜力卿、刘楚琪、彭大鹏：《企业在生态文明建设中的角色定位》，《法律与社会》2008（10）：第 250 页。

　　[14] 洪涛：《生态与文明——生态文明的含义》，《武汉理工大学学报（社会科学版）》，2009，22（3）：第 16 - 17 页。

　　[15] 赵景柱、罗祺姗、严岩等：《完善我国生态补偿机制的思考》，《宏观经济管理》2006 年第 8 期，第 53 - 54 页。

　　[16] 国务院发展研究中心课题组：《我国可再生能源发展现状与政策取向》，《发展研究》2009 年第 1 期，第 4 - 8 页。

　　[17] 中国环境与发展国际合作委员会课题组李文华、井村秀文：《生态补偿机制课题组报告》2008 年 2 月 29 日。

　　[18] 朱志刚：《深化资源和环境有偿使用制度改革》，《人民日报》2006 年 5 月 31 日。

　　[19] 李华：《生态文明背景下流域生态补偿法制机制的构建》，《2008 年中国法学会环境资源法学研究会年会论文集》2008 年 10 月 21 日。

　　[20] 温建明、张宗君：《生态文明建设的财政政策思考》，《韶关日报》2009 年 7 月 6 日。

　　[21] 陈泉生：《生态文明与环境法制建设》，《法学论坛》2007 年第 1 期。

　　[22] 朱晚林、鲜婷：《强化外部监督须全面推进人民监督工》，《检察日报》2009 年 10 月 21 日。

[23] 李云燕：《论市场机制与政府行为在循环经济发展中的地位与作用》，《中央财经大学学报》2006 年第 1 期。

[24] 舒印彪：《金融危机下我国新能源战略走向及对策建议》，《学习时报》2009 年 9 月 15 日。

[25] 熊惠平：《公司社会责任思想演化视角下的生态文明建设》，《企业管理》2008 年第 21 期。

[26] 冯之浚、金涌、牛文元等：《关于推行低碳经济促进科学发展的若干思考》，《绿色财富》2009 年 9 月 7 日。

[27] 余正荣：《生态文化教养：创建生态文明所必需的国民素质》，《南京林业大学学报（人文社会科学版)》2008 年第 3 期。

[28] 环境保护部、中宣部、教育部：《关于做好新形势下环境宣传教育工作的意见（环发［2009］60 号)》2009 年 9 月 7 日。

[29] 周鸿：《生态文化与和谐社会》，《光明日报》2006 年 8 月 3 日。

[30] 袁国友：《中国少数民族生态文化的创新、转换与发展》，《云南社会科学》2001 年第 1 期。

[31] 杨通进：《生态公民：生态文明的主体基础》，《光明日报》2008 - 11 - 28。

[32] 李艳芳：《我国公众参与环境保护的局限性》，《中国环境报》2004 - 2 - 3。

[33] 方世南：《区域生态合作治理是生态文明建设的重要途径》《学习论坛》2009 年第 4 期。

[34] 王春业：《论省际间区域行政立法协作》，《行政法学研究》2007 年第 2 期。

［35］颜泽贤、张硕城：《9+2：区域发展的理论创新和实践突破》，《南方日报》2004 年 6 月 2 日。

［36］刘秀凤、陈湘静、丁士能等：《2010 年企业不得不面对的十大环保挑战》，《中国环境报》2010 年 1 月 6 日。

［37］李鸣：《绿色财富观：生态文明时代人类的理性选择》，《生态经济》2007 年第 8 期。

［38］周生贤：《积极建设生态文明》，《求是》2009 年第 22 期。

［39］姜春云：《中国生态演变与治理方略》，中国农业出版社 2004 年版。

［40］姜春云：《姜春云调研文集——生态文明与人类发展卷》，中央文献出版社、新华出版社 2010 年版。

［41］姜春云：《偿还生态欠债：人与自然和谐探索》，新华出版社 2007 年版。

后　记*

　　保护环境与资源，建设生态文明，这是一场深刻而伟大的革命，是前无古人的大事。在这个问题上，必须加强党和政府的领导。各级地方领导机关，必须坚持按党委统领，政府负责，企业运作，公众参与的原则。为此，要认真领会党中央和国务院的精神，深刻认识推进生态文明战略的重要意义，结合实际，创新思路，大胆推进。主要领导同志应亲自抓，负总责。

　　在全人类共同应对气候变化和我国走向经济结构战略调整，绿色经济和低碳经济成为发展潮流的时代背景下，生态文明既具有全人类文明的创造性视角，具有提升中华文明文化软实力的竞争力，更将给我国经济、政治、文化和社会等各个领域带来历史性的变革。

　　我作为一名从戎50多年的老战士和老党员，连续四届全国人大代表，已经担任了两届的全国人民代表大会环境与资源保护委员会副主任委员，并有机会接触到大量的一手情况和资料，经过长期的调查研究，一直期盼出一本能够使地方党政领导干部在实施生态文明建设这一社会系统工程中亟须把握的十大体系的读本，直接为生态文明建设奉献一点微薄的力量。

　　2012年是胡锦涛总书记在党的十七大报告中确立

生态文明战略五周年。为回顾和总结胡锦涛总书记在党的十七大提出生态文明战略五年以来的建设经验，进一步探索和明确生态文明建设带有全局性的重大理论和实践动向，出版了这本《生态文明十论》。本书以科学发展观为指导，反映全社会多年来关于生态文明的思想、观点、论断和实践经验，探索并总结我国生态文明建设以写入十七大党代会报告为里程碑所取得的显著成就、基本经验和理论成果，着眼于是当前和今后一个时期生态文明建设的主要方向和重点课题；着眼于如何提高生态文明建设的水平和质量。

《生态文明十论》作为"中国环境文库"收录书目得以付梓出版，凝结众多领导、专家和同仁的心血。原中共中央政治局委员、国务院副总理、全国人大常委会副委员长姜春云同志亲自为本书题写了书名；原全国人大环境与资源保护委员会主任委员、中华环境保护基金会理事长、世界著名环境科学家曲格平同志也拨冗作序；社会系统工程专家常远教授从系统科学的角度为本书的框架结构提出了许多有益的建议；原全国人大环境与资源保护委员会法案室主任薛惠锋同志在有关法律方面做了大量的论证和修改工作；长期战斗在环境保护及生态文明建设工作第一线的黄承梁、李新彦、黄勇、王德衡、石间等同志，在本书撰写过程中给与了我诸多的帮助；中央党校出版社副社长苏作霖同志，在出版和发行过程中提供了大力支持；中国环境科学出版社编辑兼中国环境杂志社总编郭媛媛同志为本书的最终问世倾注了大量心血；从事生态文明研究的陶冶、董会忠、张强、王海宁、王佳、张晓陶、戴巍等同志付出了不少辛勤的劳动；此外还有李晓东、刘泉、杨廷欣、蔡民基等同志，为本书的出版也做出了不少贡献。在此，我向上述同志一并表示衷心感谢。

张文台

2012 年 2 月于北京

＊此为 2012 年中国环境科学出版社出版的《生态文明十论》一书的后记。

总后记

在本套文丛付梓之际，总结过去，我发现我这一生不敢有半点懈怠之感，不敢有半点马虎之意，不敢有半点懒惰之心，每天都要读一点书、思考一点问题，写一点东西，日积月累也就汇集成了别人常说的所谓"著作"。可以说，从军半个多世纪，我经过各级领导岗位的磨砺和考验，也经过各种院校的培训和熏陶，还经历过国内外大量的实地调研和考察，特别是经过各级老首长教育和帮带，所以这套文丛的字里行间，表达的思想、总结的经验、凝聚的心血都是干出来的，而不是想出来的，是悟出来的，而不是憋出来的！在老前辈、老首长、老战友、老专家们的鼓励之下，编辑出版此文丛，以为祖国富强，民族振兴，人民富裕，国防强大，尽一点普通干部、普通党员、普通战士的微薄之心。

必须强调的是这套文丛是群众经验的升华，是集体智慧的结晶！这些思想和方法的来源既有老领导的口传心授，又有班子成员的经验积累，还有官兵的聪明才智，更有社会广大群众及各界有识之士给予的真诚帮助。因此，在文丛即将出版之时，回顾过去，忘不了老首长们对我的关心鼓励，忘不了同事们对我的帮助启发，忘不了官兵们对我的鼎力支持，忘不了广大人民群众的真知灼见，忘不了朋友们对我的真诚关怀，忘不了家人对我的包容理解，忘不了身边工作人员的日夜操劳。在此，向他们一并表示感谢：刘华清、张震、张万年、迟浩田、姜春云、杨汝岱、周克玉、曲格平、赵维臣、李羡林、文怀沙等老前辈、老首长、老领导、老专家都曾为作者的论著或题写书名或题词祝贺或作序鼓励；程宝山、高建国、张贡献、杨玉文、南兵军、张建华、于明松、李振领、王瑞成、梁本源、董玉麟、杨鸿问等老部下、老朋友给予了大力的支持和帮助；李鹏青、马清江、王志刚、薛惠锋、吴昀国、马芳亭、郭萍、黄承梁、李璜、许政、温和、秦清运、李庆田、张西立、苏作霖、孟凡刚、刘敬群、郭媛媛等同志为文丛的问世出谋划策做了不少工作；曾经和现在的身边工作人员刘华亭、范斌、李晓东、刘泉、谢永飞、于钦亮等同志也参与了大量的打印、整理、编辑、校对等工作。此外，还有许多领导师长、出版单位、专家学者、同志同仁以及我夫人闫桂香，女儿张晖、张洁也都付出了辛勤汗水和大量心血，在此就不一一列举，一并致以诚挚的谢意！

张文台

二〇一三年国庆节于北京

总编后

  这套七卷本的文丛是从张文台上将近 500 万字的著述中精挑细选出来的佳作上品。本套文丛涉猎领域广泛，思想内涵深刻，人生体会颇佳，条理清晰明了，语言通俗易懂。在编辑这套文丛的过程中，编者的心头始终存有一种敬仰、一种钦佩、一种激情、一种收获，可以说是既诚惶诚恐，又如获至宝；既感慨万千，又唏嘘岁月。

  在编辑这套文丛、接近作者本人的过程中，编者对作者的感觉是既亲切又敬畏。亲切不必多说，所有有幸接近作者的晚生后辈，都能感受到那种让人如沐春风的关爱，有循循善诱的师长形象。寻找编者对作者产生敬畏感的深层原因更有价值，他退出总后政委岗位之后，到全国人大环境与资源保护委员会之前，给军委首长写信表示："退而不休，发挥余热；老而不懈，严于律己；学而不厌，更新知识；为而不求，奉献社会。"这就告诉我们，一个人，不管他是将军还是士兵，不管他是官员还是平民，不管他是富贵还是贫穷，只要有这种忘我的精神，你能不敬畏他吗？这就不难理解为什么作者到全国人大环资委工作之后，竟能撰写出《生态文明十论》这样为各级政府和决策者提供理论高度和可操作性均为上乘的参考专著；不难理解作者何故"自带水杯，分文不取"，到国家行政学院、北京大学、清华大学、光大银行、招商银行、兰花集团、索普集团等党政机关、著名学府、大型国企，讲领导艺术，讲人才培养，讲企业管理，讲企业文化，讲道德修养，讲养生健康；也不难理解作者近千首诗所抒发的情怀，这种情怀与风花雪月无关、与无病呻吟无涉。这些诗呈现的是大志、是大气，是大爱，是大美！

可以说，这套文丛集中呈现了作者的抱负、使命、境界、情怀、智慧和才华。让世人透过这些文字认识到共和国上将所达到的那份无私情怀和治学精神。从文明史的角度看，这套文丛还让我们看到作者对老一代革命家思想与方法的传承，看到了中华文明中的优秀文化传统在一位当代中国高级将领身上的活力绽放。

由于编者水平所限，编辑工作难免疏漏，敬希读者批评指正！

本书编委会
二〇一四年元旦